高职高专教育会计专业精品课程教材新系

21世纪新概念教材：多元整合型一体化系列

国 家 级 精 品 课 程 教 材

基础会计——原理、实务、案例、实训

训练手册

(第二版)

周雪艳　汪行光　主编

罗忠　副主编

朱虹主审

中国百佳图书出版单位

东北财经大学出版社
Dongbei University of Finance & Economics Press
大连

图书在版编目（CIP）数据

《基础会计：原理、实务、案例、实训》训练手册／周雪艳，汪行光主编．—大连：东北财经大学出版社，2012.8
（高职高专教育会计专业精品课程教材新系）
ISBN 978-7-5654-0848-9

Ⅰ.基…　Ⅱ.①周…②汪…　Ⅲ.会计学-高等职业教育-教学参考资料　Ⅳ.F230

中国版本图书馆 CIP 数据核字（2012）第 169404 号

东北财经大学出版社出版
（大连市黑石礁尖山街 217 号　邮政编码　116025）
教学支持：（0411）84710309
营 销 部：（0411）84710711
总 编 室：（0411）84710523
网　　址：http：//www.dufep.cn
读者信箱：dufep@dufe.edu.cn

大连美跃彩色印刷有限公司印刷　　东北财经大学出版社发行

幅面尺寸：185mm×260mm　　字数：440 千字　　印张：19 1/2
2012 年 8 月第 1 版　　2012 年 8 月第 1 次印刷

责任编辑：许景行　孙佳音　　责任校对：百　果
封面设计：冀贵收　　版式设计：钟福建

ISBN 978-7-5654-0848-9
定价：33.00 元

前言

本书是《基础会计——原理、实务、案例、实训》（第二版）的配套教材。与侧重基础会计课程“教学环节”的主教材不同，本书侧重基础会计课程的学生“训练环节”，其各章正文内容包括“预习要览”、“客观题”、“主观题”、“实训资料”、“课业范例”和“参考答案与提示”，书后附有“职业核心能力强化训练‘知识准备’参照范围”、“案例分析、职业核心能力和职业道德训练与考核参照范围”两个“附录”和助学光盘。

“预习要览”指学生在使用本手册进行训练之前，先行预习的主要教学内容，包括“内容提要与结构”、“重点与难点”和“主要公式”。

“客观题”涵盖“单元训练”的全部“自测题”，全面充分地练习这些类型多样、数量足够的习题，可以巩固和强化各章“教学环节”的知识建构，并为学生通过助学光盘进行自我测试与考核，乃至介入“主观题”训练提供必要准备。其中：“理论题”的功能是通过训练，强化学生对“是什么”的概念或观念的记忆，这种记忆和强化是了解“做什么”和“怎么做”的条件；“实务题”的功能是通过训练，强化学生对“做什么”和“怎么做”的操作规则的记忆，记住并强化这些规则建构，旨在克服学生实训操练时对专业规范的盲目性；“案例题”的功能是通过训练，强化学生对“主要观念”的记忆，记住并强化这些“主要观念”建构，是学生在主教材“主观题”的“案例分析题”中运用“主要观念”分析问题和决策设计的前提和基础；“实训题”的功能是包括计算在内的各种“按照规则操作”，训练学生“运用规则”的技能，为其后实施“主观题”之“实训题”的全面操练做必要准备。

“主观题”以学生通过“客观题”对各章知识要点的记忆和掌握为前提，通过对各章教学内容的简要复述、深入解析和实际运用，全面培养其职业胜任力。与四大“教学环节”相对应的主观“操练题型”亦为“理论题”、“实务题”、“案例题”和“实训题”。

“实训资料”与各章“单元训练”中“主观题”的“实训题”相配套，为每章的“情境设计”提供了至少三组资料，供“实训组”在进行实训操练时选择。

“课业范例”为各章“主观题”的“案例题”和“实训题”课业展示了具体的示范参照，有助于化解学生完成相关课业的难点。

“参考答案与提示”收入了“客观题”、“主观题”和“实训资料”相关题型的“参考答案”或“分析提示”，旨在帮助学生查证其各项训练任务完成结果的对错。

“职业核心能力强化训练‘知识准备’参照范围”系参照中华人民共和国劳动和社会保障部职业技能鉴定中心的《职业核心能力标准》编制，其范围是为操练构成学生职业发展后劲的能力圈定的，任课教师的“指导准备”和学生的相关操练均可按图索骥。

“案例分析、职业核心能力和职业道德训练与考核参照范围”参照行业标准编制，为本课程的学生训练与考核提供了可以参照的规范与标准。

助学光盘内含“‘自测/考核’系统”，其范围涉及本手册的全部“客观题”。使用建议：对学生进行“客观题”考核前，应要求学生预习本手册中相关范围的“客观题”各题型习题，并利用本系统进行必要的自我测试；“客观题”的“单元考核”和“期末考核”均可通过助学光盘的“考核系统”进行，考核结束可自动输出学生的“考核成绩单”。

本书是湖北职业技术学院会计专业“基础会计”国家级精品课程教学团队教师共同编写完成，由周雪艳和汪行光主编，罗忠副主编，朱虹主审。具体分工如下：周雪艳负责前言、提纲、参考书目、样章、第1章、第2章、第3章的编写，罗忠负责第4章、第5章、第6章的编写，汪行光负责第7章、第8章、第9章的编写，书后的两个“附录”由东北财经大学出版社许景行撰写。

在编写过程中我们参阅了有关中外书籍，得到了有关领导、专家的支持和帮助，在此一并表示衷心感谢！尽管付出了不懈的努力，但由于水平有限，书中错误与不足之处在所难免，恳请广大读者朋友批评指正！

周雪艳
2012年7月

目 录

第 1 章 总论

1.1 预习要览

1.1.1 内容提要与结构

1. 内容提要

会计是以货币为主要的计量单位，运用一整套科学的专门方法，对企事业等单位的经济活动进行连续、系统、全面、综合的核算和监督，为会计信息使用者提供有用会计信息的一种经济管理活动。会计的基本特点是以货币为主要计量单位，会计核算具有可验证性、连续性、系统性、全面性、综合性的特点。

会计的基本职能是核算和监督，二者相辅相成、不可分割。会计核算是会计监督的前提和基础，没有会计核算提供的数据资料，会计监督就失去了依据；会计监督是会计核算的目的和保障，只进行会计核算而不进行会计监督，就难以保证所提供的会计信息的真实性、可靠性，会计核算也就失去了存在的意义。

会计的对象是会计核算和监督的内容。企事业等单位能够以货币表现的经济活动都是会计的对象。会计的最终目标是提高企业的经济效益，会计的具体目标是提供会计信息使用者所需要的会计信息。会计的本质是一项经济管理活动。

会计假设是会计工作赖以进行的基本前提条件，是对会计工作的客观环境所作的基本假定，它包括会计主体、持续经营、会计分期、货币计量四项。会计主体假设规定了会计工作的空间范围，它是持续经营、会计分期、货币计量假设的前提。持续经营假设规定了会计工作的时间范围，会计的确认、计量和报告应当以持续经营为前提。会计分期是对持续经营假设的必要补充，会计期间分为会计中期和会计年度，会计中期包括半年度、季度和月度。货币计量假设规定了会计核算的计量单位。我国《会计法》第 12 条规定：会计核算以人民币为记账本位币。业务收支以人民币以外的货币为主的单位，可以选定其中一种货币作为记账本位币，但是编制的财务会计报告应当折算为人民币。在境外设立的中国企业向国内报送的财务会计报告，应当折算为人民币。

权责发生制和收付实现制是会计的基础。权责发生制又称应收应付制，它是以权利或责任的发生与否为标准，来确认本期收入和费用的一种会计处理方法。《企业会计准则——基本准则》第 9 条规定：企业应当以权责发生制为基础进行会计的确认、计量和报告。收付实现制也称实收实付制，是以现金的实际收到或支付为标准来确认本期的收入和费用的一种会计处理方法。目前，我国行政单位会计主要采用收付实现制，事业单位会计除经营业务可以采用权责发生制以外，其他大部分业务都采用收付实现制。

会计要素是对会计对象进行的基本分类，是会计核算对象的具体化。它是反映企业财务状况和经营成果的基本单位，是会计报表的基本构件。我国《企业会计准则》规定会计要素包括资产、负债、所有者权益、收入、费用和利润六个。资产是指过去的交易、事项形成的，由企业拥有或控制的，预期会给企业带来经济利益的资源，包括各种财产、债权和其他权利。资产按流动性可分为流动资产和非流动资产。负债是指企业过去的交易或事项形成的，预期会导致经济利益流出企业的现时义务。负债按其偿还期的长短可以分为流动负债和非流动负债。所有者权益，又称为股东权益，是指所有者在企业资产中所享有的剩余权益。所有者权益包括实收资本、资本公积、盈余公积和未分配利润四项内容。收入是企业在日常活动中形成的、会导致所有者权益增加的与所有者投入资本无关的经济利益总流入。收入包括主营业务收入、其他业务收入。费用是企业在日常活动中发生的、会导致所有者权益减少的与所有者分配利润无关的经济利益总流出。费用按其是否形成产品成本可分为生产费用和期间费用。利润是企业在一定会计期间的经营成果，包括收入减去费用后的净额、直接计入当期利润的利得和损失等。利润有营业利润、利润总额和净利润。

其中资产、负债和所有者权益是反映企业财务状况的静态会计要素，它们之间的关系是“资产=负债+所有者权益”。收入、费用和利润是反映企业经营成果的动态会计要素，它们之间的关系是“收入-费用=利润”。不论企业发生何种经济业务，都不会破坏会计等式的平衡关系。

会计核算方法包括设置账户、复式记账、填制和审核会计凭证、登记账簿、成本计算、财产清查和编制会计报表七种方法。它们之间相互联系、密切配合，形成了会计核算科学完整的方法体系。企业日常发生的各项经济业务，首先要填制和审核会计凭证；然后按照规定的账户，运用复式记账法记入有关账簿；对于经营过程中发生的各项费用，应当进行成本计算；期末通过财产清查，在账证相符、账账相符和账实相符的基础上，最后根据账簿记录编制会计报表。填制和审核会计凭证、登记账簿、编制会计报表是会计核算工作的三大环节，构成一个会计循环。

2. 内容结构

本章内容结构如图 1—1 所示。

3. 主要概念和观念

1）主要概念

会计　会计对象　会计要素　资产　负债　所有者权益　收入　费用　利润

2）主要观念

会计的基本前提　会计核算的基础　会计要素与会计恒等式　会计核算方法与工作程序

1.1.2　重点与难点

1. 重点理论

会计的概念与特点　会计基本职能　会计的对象和目标　会计基本前提与基础的相关概念　会计要素

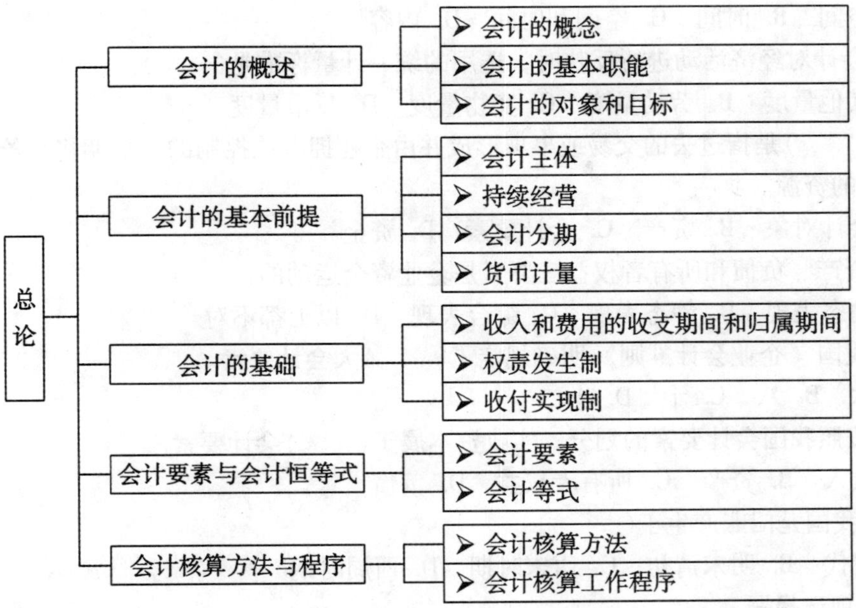

图1—1　本章内容结构图

2. 重点实务

权责发生制下收入、费用和利润计算　收付实现制下收入、费用和利润计算　会计恒等式及其相关计算　会计核算方法与工作程序

3. 重点操作

会计要素的确认与归类　经济业务的分析　资产和权益平衡表编制

4. 难点

会计基础　会计要素与会计恒等式

1.1.3　主要公式

1）静态会计等式：

资产=负债+所有者权益=权益

2）动态会计等式：

收入-费用=利润

1.2　客观题

1.2.1　理论题

1. 单项选择题

1）会计的总体目标是(　　)。

A. 进行价值管理　B. 提高经济效益　C. 提供会计信息　D. 控制和指导经济活动

2）会计的基本职能是(　　)。

A. 核算与监督　B. 分析与考核　C. 预测和决策　D. 核算与预测

3）会计对象是企业再生产过程中的(　　)。

A. 实物运动　B. 资产　C. 资金运动　D. 收入

4）会计主体从(　　)上对会计核算范围进行了有效的界定。

A. 空间　B. 时间　C. 空间和时间　D. 内容

5）会计对经济活动进行反映时，选用的统一计量标准是(　　)。

A. 其他量度　B. 劳动量度　C. 实物量度　D. 货币量度

6）(　　)是指过去的交易或事项形成并由企业拥有或控制的，预期将会给企业带来经济利益的资源。

A. 会计对象　B. 资产　C. 会计要素　D. 资金

7）资产、负债和所有者权益三要素是企业资金运动的(　　)。

A. 动态表现　B. 静态表现　C. 综合表现　D. 以上都不对

8）我国《企业会计准则》明确规定了(　　)大会计要素。

A. 六　B. 八　C. 十　D. 十二

9）按照我国会计要素的划分，实收资本属于(　　)会计要素。

A. 收入　B. 资产　C. 所有者权益　D. 负债

10）我国龙门账产生于(　　)。

A. 清代　B. 明末清初　C. 唐宋时期　D. 西周时期

2. 多项选择题

1）会计可以采用(　　)计量单位。

A. 货币量度　B. 实物量度　C. 劳动量度　D. 价值指标　E. 会计计量

2）会计的特点包括(　　)。

A. 从价值量上反映　B. 连续性　C. 完整性　D. 系统性　E. 以会计凭证为依据

3）会计核算的基本前提包括(　　)。

A. 会计主体　B. 持续经营　C. 会计分期　D. 货币计量　E. 币值稳定

4）作为会计要素的收入，包括(　　)。

A. 主营业务收入　B. 营业外收入　C. 其他业务收入　D. 投资收益　E. 资本公积

5）资产的特点可归纳为(　　)。

A. 企业所拥有或控制　B. 过去的交易、事项形成的　C. 预期带来经济利益的资源　D. 表示为一瞬间的费用　E. 伴随着收入的取得

6）会计分期可分为(　　)。

A. 年度　B. 季度　C. 半年度　D. 月度　E. 半个月

7）下列关于会计职能的表述正确的有(　　)。

A. 核算和监督是会计的基本职能　B. 会计核算是会计监督的前提　C. 会计监督是会计核算的保障　D. 核算职能是会计最基本的职能　E. 会计的核算职能和监督职能相辅相成，不可分割

8）我国的会计要素主要反映企业的(　　)。

A. 营业收入　B. 财务状况　C. 偿债能力　D. 经营成果　E. 市场占有率

9）会计监督是一个过程，它分为(　　)。

A. 内部监督　B. 社会监督　C. 事前监督　D. 事中监督　E. 事后监督

10）下列可以是一个会计主体的是(　　)。

A. 个体经营者商店　B. 某公司下属的独立核算的后勤部门　C. 医院　D. 全国残疾人联合会　E. 车间

3. 判断题

1）会计的本质是一项经济管理活动。（　）

2）会计主体都是法人企业。（　）

3）企业集团不是一个独立的法人，但也可以作为一个会计主体。（　）

4）资产只能是企业拥有的能以货币计量的经济资源。（　）

5）会计分期不同，对各期的利润总额不会产生影响。（　）

6）会计核算基本前提之所以称为会计假设，是由于其缺乏客观性和人们无法对其进行证明。（　）

7）随着经济的发展和会计活动范围及内容的不断扩大，会计的职能也在不断扩大。（　）

8）我国所有企业都必须采用人民币作为记账本位币。（　）

9）会计计量单位只有货币计量单位。（　）

10）应收账款和预收账款都是企业的资产。（　）

1.2.2　实务题

1. 单项选择题

1）下列各项中属于流动资产的有（　）。

A. 现金　B. 运输设备　C. 专利权　D. 商标权

2）下列项目中，引起资产和负债同时增加的经济业务的是（　）。

A. 收到投资者投入机器一台　B. 购买材料，货款未付　C. 向银行贷款直接偿还前欠外单位货款　D. 收回外单位所欠货款

3）下列各项中属于所有者权益的有（　）。

A. 房屋　B. 银行存款　C. 银行借款　D. 未分配利润

4）工业企业供应过程的资金运动主要是（　）。

A. 货币资金转化为储备资金　B. 货币资金转化产品资金　C. 生产资金转化产品资金　D. 产品资金转化货币资金

5）应付账款属于会计要素中的（　）。

A. 负债　B. 所有者权益　C. 费用　D. 资产

6）企业向银行贷款20万元用来直接偿还前欠外单位货款，该业务引起企业（　）。

A. 资产增加20万元　B. 负债增加20万元　C. 负债总额保持不变　D. 资产负债同时增加20万元

7）下列属于企业资产的是（　）。

A. 临时租入的设备　B. 出租的厂房　C. 报废损毁的库存材料　D. 计划购买的商品

8）企业对固定资产计提折旧是以（　）为假设前提的。

A. 会计主体　B. 持续经营　C. 会计分期　D. 货币计量

9）下列经济业务引起资产与负债同时减少的是（　）。

A. 收到投资者投入的设备一台，价值8万元　B. 购入材料一批，价值5万元，货款未付　C. 以银行存款归还以前欠货款6万元　D. 生产甲产品领用材料费5 400元

10）下列经济业务的发生不会使等式两边总额发生变化的是（　）。

A. 从银行取得借款存入银行　B. 购入设备，货款未付　C. 以现金发放职工工资　D. 收到应收账款存入银行

2. 多项选择题

1）在会计核算方法体系中，(　　)三大环节构成一个会计循环。

A. 设置账户　B. 填制和审核会计凭证　C. 成本计算　D. 登记账簿　E. 编制会计报表

2）下列哪些会计处理方法是以会计分期假设为前提的(　　)。

A. 应收　B. 应付　C. 权责发生制　D. 对固定资产计提折旧　E. 以人民币作为记账本位币

3）下列属于流动资产的是(　　)。

A. 现金　B. 原材料　C. 应收账款　D. 预付账款　E. 预收账款

4）下列属于流动负债的是(　　)。

A. 其他应付款　B. 预收账款　C. 应付职工薪酬　D. 应交税费　E. 预付账款

5）按照权责发生制下列属于本期收入的有(　　)。

A. 本期实现但尚未收到的收入　B. 本期实现且已经收到的收入　C. 本期收到但尚未提供货物的收入　D. 本期未收到但尚未提供货物的收入　E. 本期收到前期实现的收入

6）企业购进原材料 20 万元，其中用银行存款支付 16 万元，其余 4 万元暂欠。该业务引起(　　)。

A. 资产增加 20 万元　B. 资产增加 4 万元　C. 负债增加 4 万元　D. 负债增加 20 万元　E. 负债增加 4 万元

7）非流动负债包括(　　)。

A. 长期借款　B. 长期应付款　C. 应付债券　D. 应付税费　E. 应付账款

8）企业取得收入时可能会影响到(　　)会计要素。

A. 资产 B 负债　C. 所有者权益　D. 费用　E. 利得

9）下列经济业务中，仅引起资产项目内部一增一减的有(　　)。

A. 用现金支付职工工资　B. 向银行贷款，存入银行　C. 将现金存入银行　D. 用银行存款采购一批原材料　E. 收到投资者投资

10）下列属于资金退出企业的是(　　)。

A. 向投资者分配利润或股利　B. 上交税款　C. 购买材料　D. 生产领用材料　E. 向银行借款

3. 混合选择题

1）“自我学习能力（初级）”的“基本要求”是(　　)。

A. 具备学习的基本能力，在常规条件下能运用这些能力适应工作和学习要求　B. 具备学习的超强能力，在特殊条件下能运用这些能力适应工作和学习要求　C. 能较熟练灵活地运用各种学习方法在最短时间内掌握急需知识信息；能广泛底搜集、整理、开发和运用信息，善于学习、接受新的事物，以适应复杂工作和终身发展的要求　D. 主要用理解式接受法，对有兴趣的任务可以用发现法掌握知识信息；在更广泛的工作范围内灵活运用这些能力以适应工作岗位各方面需要

2）“解决问题能力（初级）”包括的技能点是(　　)。

A. 分析问题、提出问题，实施计划、解决问题，验证方案、改进计划 B. 分析问题、提出方案，实施计划、解决问题，验证方案、改进方式 C. 分析问题、提出对策，实施方案、解决问题，验证方案、改进计划 D. 分析问题、提出方案，实施方案、解决问题，验证方案、改进计划

3）“解决问题能力（初级）”的“基本要求”是(　　)。

A. 具备进入工作岗位较强解决问题的能力，在常规条件下能根据工作的需要，解决复杂和熟悉的问题 B. 在有限的资源条件下，根据工作岗位的需要，解决复杂的问题 C. 具备进入工作岗位最基本的解决问题能力，在常规条件下能根据工作的需要，解决一般简单和熟悉的问题 D. 在工作岗位上表现出更强的解决问题能力，在多种资源条件下，根据工作需要解决复杂和综合性问题

4）“会计基础性观念运用”这一“专业能力领域”包括的技能点有(　　)。

A. 会计要素的归类技能 B. 经济业务的分析技能 C. 资产和权益平衡表编制技能 D. 撰写企业资产和权益平衡表，编制《实训报告》技能

5）“会计要素的归类技能”的“规范与标准”有(　　)。

A. 能熟悉经济业务四种类型 B. 能正确掌握资产、负债、所有者权益等会计要素的概念 C. 能根据会计要素的概念对企业期初资产和权益的相关资料进行正确地分析、判断 D. 能根据分析、判断的结果准确对会计要素的归类

6）“经济业务的分析技能”的“规范与标准”有(　　)。

A. 能熟悉经济业务四种类型 B. 能对某企业发生的日常经济业务正确地分析对资产、权益的影响情况及其结果 C. 能准确地判断日常经济业务所属的经济业务类型 D. 能根据分析、判断的结果准确对会计要素的归类

7）“资产和权益平衡表编制技能”的“规范与标准”有(　　)。

A. 能正确规范地制作企业资产和权益增减情况平衡表 B. 能正确地将某企业期初资产和权益会计要素的归类结果过入期末资产和权益增减情况平衡表的增减前金额栏中，并根据资产=权益会计恒等式保证其平衡 C. 能正确地将企业发生的日常经济业务的分析结果过入期末资产和权益增减情况平衡表的增加金额或减少金额项目栏中 D. 能正确地计算期末资产和权益增减情况平衡表的增减后金额栏，并根据资产=权益会计恒等式保证其平衡

8）“撰写关于‘会计基础性观念运用’相应《实训报告》技能”的“规范与标准”有(　　)。

A. 能合理设计关于“会计基础性观念运用”的相应《实训报告》 B. 能正确规范地制作资产和权益平衡表 C.《实训报告》结构、层次较分明 D. 能较规范撰写所述《实训报告》

4. 判断题

1）会计方法主要是指会计核算方法。（　　）

2）“收入-费用=利润”是复式记账的理论基础，也是编制资产负债表的依据。（　　）

3）企业对使用的机器设备在其使用年限内计提折旧是以持续经营假设为前提的。（　　）

4）任何经济业务的发生都不会改变“资产=负债+所有者权益”的恒等关系。（　）

5）会计监督不仅体现在过去的经济业务，还体现在业务发生过程中和尚未发生之前，包括事前、事中、事后监督。（　）

6）会计记录不一定要求连续地记录，对于不重要的经济业务可以不记录。（　）

7）企业发生的任何经济业务都必须要取得会计凭证。（　）

8）所有者权益等于实收资本加上未分配利润。（　）

9）“四柱清册”是通过“旧管（期初结存）+新收（本期收入）=开除（本期支出）+实在（期末结存）”的平衡公式来结算本期财产物资增减变化及其结果的。（　）

10）融资租入的设备其所有权不属于企业，因此不应作为企业的资产。（　）

1.2.3 案例题

持续经营能力的判断——深圳大华天诚会计师事务所与ST中华

背景与情境：从2001年度起，ST中华一直保持接近20亿元的负资产，或者说连续三年严重资不抵债。这足以引起注册会计师对公司是否仍具有持续经营能力产生警惕。遗憾的是，深圳大华天诚会计师事务所依然对该公司年报出具了标准无保留意见审计报告。

依据公开信息，在《独立审计具体准则第17号——持续经营》第7条中列示的可能导致对被审计单位持续经营能力产生重大疑虑的事项或情况中，ST中华至少涉及其中6项，具体包括：①无法偿还到期债务。表现为：一方面，公司存在大量还款诉讼；另一方面，因公司资金短缺，账面反映有账龄超过3年的大额应付账款1.26亿元、大额其他应付款1.17亿元尚未偿还。②经营性亏损数额巨大。2003年年末ST中华未分配利润为-24.87亿元。③资不抵债。如上文所述，公司至2003年12月31日止，所有者权益为-16.85亿元。④营运资金出现负数。根据ST中华2003年资产负债表列示，公司流动资产（143 670 834.23元）减去流动负债（1 098 944 171.77元）后的余额为-9.55亿元。⑤经营活动产生的现金流量净额为负数。公司2003年度现金流量表显示，经营活动产生的现金流量净额为-14 022 030.58元。同时，截至2003年年末，公司共有9宗劳资纠纷案，案由为135名员工起诉公司拖欠工资及养老保险金等纠纷，涉案金额107万元，公司报告称上述纠纷案正在执行中。此外，ST中华还存在有下属七家控股子公司停止经营，并已对其投资全额计提减值准备等情况。

资料来源　佚名：《投资者跨越“审计鸿沟”的八条途径》，http：//biz.163.com/05/0328/16/1FUNB7F900021E3S_3.html，2007-03-21。原文经过整理。

要求：请根据案例在下列题中填入适当选项：

1）会计核算的基本前提又称会计假设，其内容包括（　）。

A. 会计主体　B. 持续经营　C. 会计分期　D. 货币计量

2）会计分期假设、实际成本计价、权责发生制、配比性原则等都是以（　）为假设前提的。

A. 会计主体　B. 持续经营　C. 会计分期　D. 货币计量

3）根据资料信息，ST中华的持续经营能力存在重大疑虑，是因为（　）。

A. 无法偿还到期债务　B. 资不抵债　C. 累计经营性亏损数额巨大　D. 营运资金出现负数

4）深圳大华天诚会计师事务所对ST中华年报出具了标准无保留意见审计报告。其结果是(　　)。

A. 职业判断准确　B. 职业不判断准确　C. 该审计报告是不值得信任　D. 影响了投资者利益

5）从这个案例，我们可以看到失去(　　)作为前提，会计核算就变得毫无意义。

A. 会计职业判断　B. 会计假设　C. 投资者约束　D. 投资者风险意识

1.2.4 实训题

1. 单项选择题

1）从任何一个时点看，企业的资产总额与权益总额在数量上必须保持平衡关系，用等式表示是(　　)。

A. 资产=负债+所有者权益　B. 资产=所有者权益　C. 资产=负债　D. 资产=费用+所有者权益

2）某企业10月份的资产总额为150万元，收回应收账款50万元后，该企业资产总额为(　　)万元。

A. 100　B. 200　C. 150　D. 120

3）下列会计等式错误的是(　　)。

A. 资产=负债+所有者权益　B. 收入-费用=利润　C. 资产+费用=负债+所有者权益+收入　D. 资产+收入=负债+所有者权益-费用

4）某企业月初资产总额为100万元，本月发生了以下4笔经济业务：(1) 用银行存款购买商品2万元；(2) 向银行贷款10万元存入银行；(3) 以银行存款偿还前欠货款3万元；(4) 收回外单位前欠货款4万元。月末该企业的资产总额为(　　)万元。

A. 109　B. 110　C. 105　D. 107

5）某企业资产总额为120万元，负债为30万元，将15万元负债转作实收资本经济业务发生后，资产总额为(　　)万元。

A. 120　B. 165　C. 90　D. 105

6）反映动态会计要素之间关系的会计恒等式是(　　)。

A. 资产=负债+所有者权益　B. 资产=所有者权益　C. 收入-费用=利润　D. 资产+收入=负债+所有者权益-费用

7）当一笔经济业务只涉及负债或所有者权益项目时，会计等式两边的金额(　　)。

A. 同减　B. 同增　C. 一边增加，一边减少　D. 不变

8）企业期末所有者权益总额等于(　　)。

A. 期末资产-本期费用　B. 期末资产-本期费用　C. 期末资产-期末负债　D. 期末负债+本期费用

9）某公司8月初资产总额为90 000元，负债总额为35 000元。8月份取得收入25 000元，发生费用12 000元，则8月末该公司所有者权益总额为(　　)元。

A. 125 000　B. 68 000　C. 55 000　D. 13 000

10）最基本的会计等式是(　　)。

A. 收入-费用=利润　B. 资产+负债=所有者权益　C. 资产=负债　D. 资产=负债+

所有者权益

2. 多项选择题

1）会计恒等式用公式表示为(　　)。

A. 资产=负债+所有者权益　B. 资产=权益　C. 资产=负债+所有者权益+（收入-费用）　D. 资产=所有者权益　E. 收入-费用=利润

2）下列经济业务中，属于资产和权益同减的是(　　)。

A. 上缴所得税　B. 销售产品货款已收　C. 以银行存款偿还前欠货款　D. 用银行存款偿还长期借款　E. 收到投资者投资

3）下列属于计算企业经营成果以及盈利状况依据的是(　　)

A. 成本核算　B. 支出核算　C. 收入核算　D. 费用核算　E. 资产核算

4）下列经济业务中不会发生的有(　　)。

A. 资产减少，权益增加　B. 资产减少，权益减少　C. 资产增加，权益增加　D. 一项资产增加，另一项也增加　E. 资产增加，负债也增加

5）企业的资产总额和权益总额相等，原因是(　　)。

A. 任何资产都有其相应的权益　B. 资产和权益是同一资金的不同侧面　C. 某一资产增加，另一权益同时也增加　D. 任何权益都能形成相应的资产　E. 收入-费用=利润

6）下列属于引起资产和权益同增的经济业务的有(　　)。

A. 收到投资者无形资产投资　B. 购入设备货款已付　C. 计提短期借款利息　D. 取得长期借款存入银行　E. 资本公积转增资本

7）企业收入的取得可能影响下列会计要素的情况有(　　)。

A. 资产的增加　B. 负债的减少　C. 费用的减少　D. 所有者权益的增加　E. 资产减少

8）下列经济业务中，不会引起“资产=负债+所有者权益”等式两边发生变化的是(　　)。

A. 资本公积转增资本　B. 从银行提取现金　C. 赊购固定资产　D. 支付职工工资　E. 取得银行借款

9）下列经济业务中属于资产内部有增有减的是(　　)。

A. 用现金预支差旅费　B. 将现金存入银行　C. 从银行提取现金　D. 收到外商投资存入银行　E. 资本公积转增资本

10）经济业务发生后，会计等式的平衡关系(　　)。

A. 可能会影响　B. 可能会破坏　C. 不变　D. 不会影响　E. 可能增加

1.3 主观题

1.3.1 理论题

1. 简答题

1）会计的特点是什么?

2）会计有哪些基本职能?

3）资产的概念及特征是什么?

4）会计通常以哪些假设条件为基本前提?

5）会计要素的概念和内容？

2. 理解题

1）如何理解会计主体假设？

2）如何理解会计各项基本职能之间的关系？

3）比较负债与所有者权益的异同。

1.3.2 实务题

1. 规则复习

1）什么是权责发生制？如何运用权责发生制确认本期收入和费用？

2）什么是收付实现制？如何运用收付实现制确认本期收入和费用？

3）什么是静态会计恒等式？其计算公式如何？

4）什么是动态会计恒等式？其计算公式如何？

5）经济业务发生对会计等式有什么影响？

2. 业务解析

1）比较说明权责发生制和收付实现制的不同。

2）经济业务发生对会计等式有什么影响？

3）如何理解一个会计循环？

1.3.3 案例题

会计不是凭想象

背景与情境：张山和李斯拥有一个面包房，他们做的姜汁面包非常有名。他们都没有接受过会计教育。但他们认为只要在记录时采用复式记账的方法就不会出现错误了，于是自己设计了一个用来记录交易的系统。下面列示的是本月所发生的一些交易：

（1）收到商品的订单，当货物发出后将收到 1 000 元。

（2）发出一份商品订单，定购价值 600 元的商品。

（3）将货物运给顾客并收到 1 000 元。

（4）收到所定的货物并支付 600 元现金。

（5）用现金支付银行 400 元利息。

（6）赊购 6 000 元的设备。

张山和李斯对以上业务进行了记录，见表 1—1。

表 1—1　**张山和李斯对业务的记录**　单位：元

资产=		负债+所有者权益		+（收入-费用）	
收到商品订单	1 000			销售	1 000
发出定购商品的订单	600			存货支出	-600
收到现金	1 000				
将货物发运给顾客	-1 000				
收到所定的商品	600	应付账款	-600		
支付现金	400			利息支出	-400
赊购设备		应付账款	6 000	设备支出	-6 000

问题：

1）张山和李斯对业务的记录是否正确？列举其中的错误。

2）正确的记录应该运用什么样的会计处理方法？

3）请改正他们在记录中的错误。

分析要求：

1）形成性要求

（1）了解本教材“附录二”中附表2—1“形成性考核”的“考核指标”与“考核内容”。

（2）学生分析案例提出的问题，分别拟定《案例分析提纲》，提交小组讨论后各自修订。

（3）学生以其《案例分析提纲》修订稿为基础，各自撰写《案例分析报告》，提交小组讨论并修订后，评出小组优秀《案例分析报告》。

（4）班级交流并修订小组优秀《案例分析报告》，评出班级优秀《案例分析报告》。

（5）教师对班级优秀《案例分析报告》进行点评。

（6）将附有“教师点评”的班级优秀《案例分析报告》纳入该课程教学资源库，通过校园网课程平台展示，并允许学生拷贝借鉴。

2）成果性要求

（1）了解本教材“附录二”中附表2—1“课业考核”的“考核指标”与“考核内容”。

（2）案例课业要求：以经班级交流和教师点评的《案例分析报告》为最终成果。

（3）课业的结构、格式与体例要求：参照《训练手册》“1.5.1 ‘案例题’课业范例”。

1.3.4 实训题

“会计基础性观念运用”业务胜任力训练

【实训目的】

见本章“章名页”之“学习目标”中的“实训目标”。

【能力与道德领域】

专业能力——会计基础性观念运用

技能 I

名称：会计要素的归类技能

规范与标准：

（1）能正确掌握资产、负债和所有者权益等会计要素的概念。

（2）能根据会计要素的概念对企业期初资产和权益的相关资料进行正确的分析、判断。

（3）能根据分析、判断的结果准确地对会计要素进行归类。

技能 II

名称：经济业务的分析技能

规范与标准：

（1）能熟悉经济业务的四种类型。

（2）能正确地分析企业日常经济业务的发生对资产、权益的影响情况及结果。

（3）能准确地判断日常经济业务所属的经济业务类型。

技能 III

名称：资产和权益平衡表编制技能

规范与标准：

（1）能熟练掌握“资产=权益”会计恒等式原理。

（2）能正确规范地制作企业期末资产和权益增减情况平衡表。

（3）能正确地将企业期初资产和权益会计要素的归类结果过入期末资产和权益增减情况平衡表的增减前金额栏中，并根据“资产=权益”会计恒等式保证其平衡。

（4）能正确地将企业发生的日常经济业务的分析结果过入期末资产和权益增减情况平衡表的增加金额或减少金额栏中。

（5）能正确地计算期末资产和权益增减情况平衡表的增减后金额栏，并根据“资产=权益”会计恒等式保证其平衡。

技能Ⅳ

名称：撰写关于“会计基础性观念运用”的相应《实训报告》技能

规范与标准：

（1）能合理设计关于“会计基础性观念运用”的相应《实训报告》，其结构、层次较分明。

（2）能较规范撰写所述《实训报告》。

（3）本教材网络教学资源包中《学生考核手册》考核表1—2所列各项“考核指标”和“考核标准”。

职业核心能力——自我学习、解决问题、革新创新（初级）

上述能力领域的“基本要求”、“技能点”和“规范与标准”见本教材“附录二”中的附表2—2。

职业道德——职业观念、职业守则（顺从级）

各道德领域的“规范与标准”见本教材“附录二”中的附表2—2。

【实训任务】

（1）对“会计基础性观念运用”专业能力领域各技能点实施阶段性基本训练。

（2）对“自我学习”、“解决问题”、“革新创新”等职业核心能力领域各技能点实施“初级”强化训练。

（3）对“职业观念”和“职业守则”等职业道德领域实施“顺从级”相关训练。

【实训要求】

（1）实训前学生要了解并熟记本实训的“目的”、“能力与道德领域”、“任务”与“要求”，了解并熟记本教材网络教学资源包中《学生考核手册》考核表1—1、考核表1—2中的“考核指标”与“考核标准”的内涵，将其作为本实训的操练点和考核点来准备。

（2）通过“实训步骤”，将“实训任务”所列四种训练整合并落实到本实训的“活动过程”和“成果形式”中。

（3）实训后学生要对本次“资产和权益平衡表编制”的实训活动进行总结，在此基础上撰写实训报告。

【情境设计】

将学生分成若干实训组。各实训组结合本实训“成果形式”的“实训课业”题目，在“1.4 实训资料”的三组资料中任选一组（每组资料包括针对“技能Ⅰ”至“技能Ⅲ”的“实务操作题”各一套，题量以必需、够用为限），进行针对“会计基础性观念运用”的实训。各实训组通过对所选资料中会计要素的确认与归类、经济业务的分析、资产和权益平衡表的编制以及相应《实训报告》的准备、撰写、讨论与交流等实践活动的参与和体验，依照本章“实训要求”完成各自实训任务。

【指导准备】

知识准备：

（1）“总论”的理论与实务知识。

（2）本教材“附录一”的附表1—1中，与本章“职业核心能力‘强化训练项’”各技能点相关的“‘知识准备’参照范围”。

（3）本教材“附录二”的附表2—2和附表2—3中，涉及本章“职业核心能力领域‘强化训练项’”各技能点和“职业道德领域‘相关训练项’”的“规范与标准”知识。

操作指导：

（1）教师向学生阐明“实训目的”、“能力与道德领域”和“知识准备”。

（2）教师就“知识准备”中的第（2）、（3）项，对学生进行培训。

（3）教师指导学生就“实训资料”中企业期初资产和权益的相关情况进行熟悉、分析、判断，并根据分析、判断的结果准确地进行会计要素的归类。

（4）教师指导学生就“实训资料”中企业发生的日常经济业务对资产、权益的影响情况及结果进行正确的分析。

（5）教师指导学生正确地编制“实训资料”中企业期末资产和权益增减情况平衡表。

（6）教师指导学生撰写关于“会计基础性观念运用”的相应《实训报告》。

【实训时间】

本章课堂教学内容结束后的双休日和课余时间，为期两天。

【实训步骤】

（1）将学生组成若干个实训组，每8位同学分成一组，每组确定1~2人负责。

（2）对学生进行资产和权益平衡表编制的培训，熟悉实训目的、步骤。

（3）各实训组成员熟悉所选实训资料，按要求进行关于技能Ⅰ至技能Ⅳ的全面操练，制作企业期末资产和权益增减情况平衡表，并与“1.6　参考答案与提示”中本组资料的参考答案相对比。

（4）各实训组成员在实施上述训练的过程中，融入对“自我学习”、“解决问题”和“革新创新”等职业核心能力的各“技能点”的“初级”强化训练和对“职业观念”、“职业守则”等职业道德各“素质点”的“顺从级”相关训练，并对训练过程作简要记录与说明。

（5）各实训组成员整合上述操练的过程与结果，分别撰写作为最终成果形式的关于“会计基础性观念运用”的相应《实训报告》。

（6）各实训组成员的《实训报告》提交小组讨论并修订后，评出小组优秀《实训报告》。

（7）班级交流并修订各组优秀《实训报告》，评出班级优秀《实训报告》。

（8）教师对班级优秀《实训报告》进行点评。

（9）将附有“教师点评”的班级优秀《实训报告》纳入该课程教学资源库，通过校园网课程平台展示，并允许学生拷贝借鉴。

【成果形式】

实训课业：《会计基础性观念运用实训报告》

课业要求：

（1）本课业应包括“关于本组资料的专业训练”（列入“技能I”至“技能III”的阶段性训练成果）、“关于‘职业核心能力’与‘职业道德’选项的融入性操练”和“关于《资产和权益平衡表编制实训报告》的撰写训练”三部分内容。

（2）《实训报告》的内容、结构与体例参照《训练手册》“1.5.2 ‘实训题’课业范例”。

（3）各组成员完成的《实训报告》须由指导教师、实训组长和本人三方签字负责。

1.4 实训资料

1.4.1

【资料】

（1）假定某企业2012年9月30日资产和权益的情况见表1—2。

表1—2 **2012年9月30日资产和权益情况表** 单位：元

库存现金	1 000	原材料	52 000
银行存款	27 000	应收账款	35 000
应付账款	32 000	应交税费	9 000
短期借款	10 000	长期借款	61 000
实收资本	240 000	长期股权投资	60 000
固定资产	200 000	资本公积	23 000

（2）该企业10月份发生下列经济业务：

①用银行存款购入一台价值30 000元的新机器。

②接受投资者投入价值10 000元的原材料一批。

③以银行存款偿还前欠货款5 000元。

④收回购货单位货款8 000元存入银行。

⑤将一笔长期借款50 000元转化为对企业投资。

⑥将资本公积20 000元转增资本金。

【要求】

（1）根据资料（1）正确地进行会计要素归类（技能I训练）。

（2）根据资料（2）正确地分析经济业务（技能II训练）。

（3）正确地编制该企业10月末资产和权益增减情况平衡表（技能III训练）。

（4）通过实训过程的全程参与和体验，在基本完成实训操练各项技能任务的基础上，独立形成资产和权益平衡表编制实训报告（技能 IV 训练）。

1.4.2

【资料】

（1）假定长江公司 2012 年 4 月 30 日资产和权益的情况见表 1—3。

表 1—3　**2012 年 4 月 30 日资产和权益的情况表**　单位：元

库存现金	20 000	原材料	100 000
银行存款	360 000	长期借款	100 000
应付账款	100 000	实收资本	450 000
短期借款	80 000	资本公积	50 000
利润分配	100 000		
固定资产	400 000		

（2）该公司 5 月份发生下列经济业务：

①购入价值 6 000 元原材料一批，货款未付。

②接受投资者投资 200 000 元，存入银行。

③以银行存款偿还短期借款 50 000 元。

④购入机器一台，价值 60 000 元，以银行存款支付。

⑤从银行取得短期借款 5 000 元，直接偿还前欠货款。

⑥将资本公积 20 000 元转增资本。

⑦进行利润分配，应付给投资者现金股利 40 000 元。

【要求】

（1）根据资料（1）正确地进行会计要素归类（技能 I 训练）。

（2）根据资料（2）正确地分析经济业务（技能 II 训练）。

（3）正确地编制该公司 5 月末资产和权益增减情况平衡表（技能 III 训练）。

（4）通过实训过程的全程参与和体验，在基本完成实训操练各项技能任务的基础上，独立形成资产和权益平衡表编制实训报告（技能 IV 训练）。

1.4.3

【资料】

（1）假定某公司 2012 年 3 月末资产和权益的情况见表 1—4。

表 1—4　**2012 年 3 月末资产和权益情况表**　单位：元

库存现金	200	原材料	46 000
银行存款	45 800	低值易耗品	5 000
应付账款	3 000	应交税费	7 000
短期借款	60 000	应收账款	4 000
库存商品	54 000	实收资本	895 000
固定资产	810 000	资本公积	

(2) 该公司4月份发生下列经济业务：

①购入价值8 000元原材料一批，以银行存款支付。

②从银行提取现金1 500元。

③收到投资者投入机器设备一台，价值4 000元。

④以银行存款归还短期借款5 000元。

⑤用银行存款偿还前欠货款1 000元。

⑥用银行存款上交税金4 600元。

⑦将现金400元存入银行。

⑧用商业汇票偿还前欠货款2 000元。

【要求】

(1) 根据资料 (1) 对会计要素进行归类（技能I训练）。

(2) 根据资料 (2) 分析经济业务（技能II训练）。

(3) 编制该公司4月末资产和权益增减情况平衡表（技能III训练）。

(4) 通过实训过程的全程参与和体验，在基本完成实训操练各项技能任务的基础上，独立形成资产和权益平衡表编制实训报告（技能IV训练）。

1.5 课业范例

1.5.1 “案例题”课业范例

会计货币计量假设案例分析报告

（成员： ）

背景与情境：某市红旗股份有限公司系合资企业，生产的产品既在国内销售，又销往欧洲国家。随着业务的不断拓展，外销业务不断扩大，到2012年10月外销业务占全部业务量的80%以上，而且主要集中在德国等西欧国家，财务部门考虑业务收入主要来自德国等欧元区国家，而且每天按外汇牌价折算成人民币非常繁琐，于是向董事会提出会计核算由人民币记账本位币改为以欧元为记账本位币。

问题：

1）该公司财务部门向董事会的提议是否正确？

2）他们的提议是建立在什么基础上的？如何理解？

3）如果该公司改用欧元进行日常核算后，还应注意什么问题，你能给出好的建议吗？

分析：

1）红旗股份有限公司财务部门向董事会提出的会计核算由人民币记账本位币改为以欧元为记账本位币的建议是正确的。

2）他们的提议是建立在会计货币计量假设基础上的。因为会计核算必须以货币作为主要的计量单位，用货币形式反映公司生产经营活动的全过程，反映公司的财务状况和经营成果。人民币是我国的法定货币，在我国境内有很广泛的流动性，因此《会计法》和企业会计准则都规定，会计核算以人民币为记账本位币，业务收支以人民币以外的货币为主的单位，可以选定其中一种货币作为记账本位币，但是编报的财务会计报告应当折算为人民币。在境外设立的中国企业向国内报送的财务会计报告，应当折算为人民币。红旗公司生产的产品主要销往德国等地，货币收支主要以欧元为主，因此可以选择欧元作为记账本位币。

3）红旗公司一旦改用欧元作为记账本位币后，不得随意变更。同时年末在编制财务会计报告时，应当按一定的汇率折算为人民币反映。

1.5.2 “实训题”课业范例

会计基础性观念运用实训报告

（报告人：　　　　　　　　　　　　　　　　）

【资料】

1）假定某企业2012年6月30日资产和权益的情况见表1—5。

表1—5　　**2012年6月30日资产和权益情况表**　　单位：元

固定资产	650 000	原材料	32 000
应交税费	5 000	应收账款	110 000
银行存款	210 000	实收资本	1 000 000
本年利润	120 000	库存现金	800
应付账款	29 800	短期借款	150 000
生产成本	260 000	其他应收款	3 000
库存商品	39 000		

2）该企业7月份发生下列经济业务：

①从银行提取现金5 000元。

②采购员王红预借差旅费5 000元，财务科以现金支付。

③以银行存款缴清上月欠缴税金5 000元。

④从某厂购入材料8 000元，货款尚未支付。

⑤外单位投入新机器一台，作为对该企业的投资，价值35 000元。

⑥从银行取得短期借款100 000元，存入银行。

⑦以银行存款偿还某厂货款37 800元（包括上月所欠29 800元和本月所欠8 000元）。

⑧生产车间领用材料16 000元。

⑨收到新华厂归还上月所欠货款8 000元，存入银行。

⑩以银行存款归还银行短期借款150 000元。

【要求】

1）根据资料1）对会计要素进行归类（技能I训练）。

2）根据资料2）分析经济业务（技能II训练）。

3）根据资料编制该企业7月末的资产和权益增减情况平衡表（技能III训练）。

4）综合上述训练成果，撰写《实训报告》（技能IV训练）。

【实训课业】

一、关于“本组资料”的专业训练

技能Ⅰ训练：会计要素的归类

项目组根据会计要素的概念，对资料（1）进行分析判断，最后明确属于资产要素的有（按流动性排列）：库存现金、银行存款、应收账款、其他应收款、原材料、库存商品、生产成本、固定资产。属于负债要素的有（按偿还期长短排序）：短期借款、应付账款、应交税费。属于所有者权益要素的有：实收资本、本年利润。

技能Ⅱ训练：经济业务的分析

项目组根据经济业务四种类型，对资料（2）企业发生的日常经济活动逐笔进行分析，判断其所属的业务类型，明确资产、负债、所有者权益的增减变化情况。具体分析如下：业务①的发生使企业的现金增加5 000元，银行存款相应地减少了5 000元，现金、银行存款都是企业的资产，因此业务①属于经济业务的第三种类型，资产项目内部一增一减，增减金额相等，业务①发生后，资产总额没有变化。业务②的发生使企业的债权其他应收款增加5 000元，现金相应也减少5 000元，其他应收款、现金都是企业的资产项目，因此业务②也属于经济业务的第三种类型，资产项目内部一增一减，增减金额相等，业务②发生后，资产总额没有变化。业务③的发生使企业的银行存款减少5 000元，债务应交税费相应地也减少5 000元，银行存款是企业的资产，应交税费是企业的负债，二者同时增加，因此业务③属于经济业务的第一种类型，业务发生后资产、负债同时增加5 000元，会计等式的平衡关系没有被破坏。业务④的发生使企业的原材料增加8 000元，债务应付账款相应地也增加8 000元，原材料属企业资产，应付账款属企业负债，二者同时减少，因此业务④属于经济业务的第二种类型，业务发生后资产、负债同时减少8 000元，会计等式的平衡关系没有被破坏。业务⑤的发生使企业的固定资产增加35 000元，实收资本也相应地增加了35 000元，固定资产属企业资产，实收资本属企业所有者权益，二者同时增加，因此业务⑤属于经济业务的第一种类型，业务发生后资产、所有者权益同时增加35 000元，会计等式的平衡关系没有被破坏。业务⑥的发生使企业的短期借款增加100 000元，银行存款也相应地增加100 000元，短期借款属企业负债，银行存款属企业资产，二者同时增加，因此业务⑥也属于经济业务的第一种类型，业务发生后资产、负债同时增加100 000元，会计等式的平衡关系没有被破坏。业务⑦的发生使企业的银行存款减少37 800元，债务应付账款也相应减少37 800元，银行存款是企业的资产，应付账款是企业的负债，二者同时减少，因此业务⑦属于经济业务的第二种类型，业务发生后资产、负债同时减少37 800元，会计等式的平衡关系没有被破坏。业务⑧的发生使企业的原材料减少16 000元，生产成本增加16 000元，原材料、生产成本都是企业资产，因此业务⑧属于经济业务的第三种类型，资产项目内部一增一减，增减金额相等，业务⑧发生后，资产总额没有变化。业务⑨的发生使企业的银行存款增加8 000元，债权应收账款相应地减少8 000元，银行存款、应收账款都是企业资产，因此业务⑨也属于经济业务的第三种类型，资产项目内部一增一减，增减金额相等，业务⑨发生后，资产总额没有变化。业务⑩的发生使企业的短期借款减少150 000元，银行存款相应地减少150 000元，银行存款是企业资产，短期借款是企业负债，二者同时减少，因此业务⑩属于经济业务的第二种类型，业务发生后资产、负债同时减少150 000元，会计等式的平衡关系没有被破坏。

技能III训练：资产和权益增减情况平衡表的编制

由各实训组成员将期初会计要素的归类结果过入期末资产和权益平衡表的增减前金额栏中，将经济业务的分析结果过入期末资产和权益平衡表的增加金额或减少金额栏中，正确地计算期末资产和权益平衡表的增减后金额栏，并根据“资产=权益”会计恒等式保证其平衡。所编制的资产和权益增减情况平衡表见表1—6。

表1—6

资产和权益增减情况平衡表

2012年7月31日

单位：元

资产	增减前金额	增加	减少	增减后金额	负债和所有者权益	增减前金额	增加	减少	增减后金额
库存现金	800	5 000	5 000	800	短期借款	150 000	100 000	150 000	100 000
银行存款	210 000	108 000	197 800	120 200	应付账款	29 800	8 000	37 800	
应收账款	110 000		8 000	102 000	应交税费	5 000		5 000	
其他应收款	3 000	5 000		8 000					
原材料	32 000	8 000	16 000	24 000					
库存商品	39 000			39 000					
生产成本	260 000	16 000		276 000	实收资本	1 000 000	35 000		1 035 000
固定资产	650 000	35 000		685 000	本年利润	120 000			120 000
合　计	1 304 800	177 000	226 800	1 255 000	合　计	1 304 800	143 000	192 800	1 255 000

二、关于“职业核心能力”与“职业道德”选项的融入性操练

实训前，我们对列入本章“实训题”【指导准备】中“知识准备”的那些知识进行了必要预习，接受了指导老师的全部“操作指导”。通过参加“知识准备”第（2）、(3)项的培训，使我们了解了本章涉及的“专业能力”各项技能、“职业核心能力”和“职业道德”选项的“规范与标准”，克服了实训过程中对相关操作规范的盲目性。

在实训中，我们在实施本组“实训资料”的专业操练和《实训报告》的准备、撰写、讨论与交流的同时，有意识地融入了“自我学习”、“解决问题”和“革新创新”等“职业核心能力”强化训练和“职业观念”和“职业守则”等“职业道德”的相关训练。

三、关于《资产和权益平衡表编制实训报告》的撰写训练

资产和权益平衡表编制实训报告		
项目实训班级：0904201	项目小组：01	项目组成员：刘玲等
实训时间：2012年9月25日	实训地点：多媒体教室	
实训目的：熟悉会计要素的概念、经济业务的四种类型，理解掌握“资产=权益”会计恒等式		
实训步骤：①由项目组根据企业期初资产和权益的资料对会计要素进行准确的归类；②以小组为单位，对企业发生的日常经济业务进行讨论分析，正确地分析其对资产、负债和所有者权益的影响及结果；③由成员自己将期初会计要素的归类结果过入期末资产和权益增减情况平衡表的增减前金额栏中，将经济业务的分析结果过入期末资产和权益增减情况平衡表的增加金额栏或减少金额栏中，并正确地计算期末资产和权益增减情况平衡表的增减后金额栏，根据“资产=权益”会计恒等式保证其平衡；④由各成员根据所编制的企业期末资产和权益增减情况平衡表撰写实训报告		

续表

实训结果：编制企业2012年7月31日资产和权益增减情况平衡表（见附件）
企业财务状况简单说明：该企业7月31日总资产为1 255 000元，其中库存现金为800元、银行存款为120 200元、应收账款为102 000元、其他应收款为8 000元、原材料为24 000元、库存商品为39 000元、生产成本为276 000元、固定资产为685 000元。负债总额为100 000元，其中短期借款为100 000元。所有者权益总额为1 155 000元。资产总额等于负债加所有者权益总额
实训感言：本次实训是在学习和把握了“总论”的理论、实务知识及“职业核心能力”与“职业道德”选项的“规范与要求”基础上进行的，力求做到关于“总论”的职业认知以其“理论知识”为指导，关于“会计基础性观念运用”的技能操作以其“实务知识”为规范、关于“职业核心能力”和“职业道德”选项的训练以其“规范与标准”为参照，从而有效克服了“会计基础性观念运用”中的各种盲目性。在本次实训中，我们熟悉了资产、负债、所有者权益三大会计要素的概念、种类、内容及三者之间的恒等关系，掌握了经济业务四种类型及其分析方法，明确了期末资产和权益增减情况平衡表编制的格式、步骤，进一步理解了为什么经济业务的发生不会破坏“资产=权益”的会计恒等式。针对“职业核心能力”和“职业道德”选项的融入性训练培养和提高了我们的“可持续发展能力”和“职业道德素质” 我们相信：对于我们“职业胜任力”的阶段性建构来说，所有这些训练都是必不可少的
不足与今后改进：通过实训过程的体验，认识到会计工作是非常细致和严谨的，容不得半点疏忽和马虎。今后要在数字的敏感性和计算的准确性上下工夫
项目组长评定签字：　　　　　　　　　　项目指导教师评定签字：

1.6 参考答案与提示

1.2 客观题参考答案

1.2.1 理论题

1. 单项选择题

1）B 2）A 3）C 4）A 5）D 6）B 7）B 8）A 9）C 10）C

2. 多项选择题

1）ABC 2）ABCDE 3）ABCDE 4）AC 5）ABC 6）ABCD 7）ABCDE 8）BD 9）CDE 10）ABCD

3. 判断题

1）√ 2）× 3）√ 4）× 5）× 6）× 7）√ 8）× 9）× 10）×

1.2.2 实务题

1. 单项选择题

1）A 2）B 3）D 4）A 5）A 6）C 7）B 8）B 9）C 10）D

2. 多项选择题

1）BDE 2）ABCD 3）ABCD 4）ABCD 5）AB 6）BC 7）ABC 8）ABC 9）CD 10）AB

3. 混合选择题

1）A 2）B 3）C 4）ABCD 5）BCD 6）ABC 7）ABCD 8）ACD

4. 判断题

1）√ 2）× 3）√ 4）√ 5）√ 6）× 7）√ 8）× 9）√ 10）×

1.2.3 案例题

1）ABCD 2）B 3）ABCD 4）BCD 5）B

1.2.4 实训题

1. 单项选择题

1）A 2）C 3）D 4）D 5）A 6）C 7）D 8）C 9）B 10）D

2. 多项选择题

1）ABCE 2）ACD 3）ABCD 4）AD 5）ABD 6）AD 7）ABD 8）AB 9）ABC 10）CD

1.3 主观题参考答案与提示

1.3.1 理论题

1. 简答题

参考答案：

1）会计的特点是指会计和其他经济核算的不同点。由于会计核算是会计的基本环节。会计的特点主要体现在会计核算方面，它有四个基本特点。（1）以货币为主要计量尺度，具有综合性。（2）会计核算要以凭证为依据，并严格遵循会计规范。（3）会计核算具有完整性、连续性和系统性。（4）采用一系列科学专门的核算方法。

2）会计的基本职能主要有会计核算职能和会计监督职能。会计核算职能，又称会计反映职能，是以货币为主要计量单位，通过确认、记录、计量和报告等环节，从数量方面对特定主体的经济活动进行记账、算账和报账，为各方面提供会计信息的功能。它是会计最基本的职能。会计监督职能，是指会计人员在进行会计核算的同时，对特定主体经济活动的合法性、合理性进行审查。

3）资产是指过去的交易、事项形成的，由企业拥有或控制的，预期会给企业带来经济利益的资源，包括各种财产、债权和其他权利。资产具有如下基本特征：①资产是由于过去交易或者事项所产生形成的。资产必须是现实的资产，而不能是预期的资产。②资产是企业拥有或者控制的。一项资源要作为企业的资产予以确认，要么企业对该资源拥有所有权，要么能够实际控制。③资产能够给企业带来未来经济利益。可以为企业带来未来的经济利益是资产的本质特征，一旦不能为企业带来经济利益，则不能确认为资产。

4）会计假设是指会计工作赖以进行的基本前提条件，它是对会计工作的客观环境所作的基本假定。我国《企业会计准则——基本准则》第5条、第6条、第7条、第8条规定了四项会计假设，即会计主体、持续经营、会计分期和货币计量。

5）会计要素是对会计对象进行的基本分类，是会计核算对象的具体化。它是反映企业财务状况和经营成果的基本单位，是会计报表的基本构件。我国《企业会计准则》规定会计要素包括资产、负债、所有者权益、收入、费用和利润六个。

2. 理解题

参考答案：

1）会计主体是指会计工作为之服务的特定单位或组织，会计主体假设规定了会计工作的空间范围。它是持续经营、会计分期、货币计量假设的前提。对于会计人员来说，首先需要确定为谁核算，核算谁的业务，明确哪些经济活动应当予以确认、计量和报告，哪些不应包括在其核算的范围内，也就是要确定会计主体。

会计主体和法律主体不是同一概念。一般来说，法律主体必然是会计主体，但会计主体并不一定是法律主体。会计主体，可以是独立法人，也可以是非法人；可以是一个企业，也可以是企业内部的某一单位或企业内部的某一个特定的部分（如企业的分公司、企业设立的事业部）；可以是单一企业，也可以是由几个企业组成的企业集团。

2）会计的核算职能和监督职能之间存在着相辅相成、辩证统一的关系。会计核算是会计监督的基础，没有会计核算所的各种信息，监督就失去了依据；而会计监督又是会计核算的保障，只进行会计核算而不进行会计监督，就难以保证所提供的会计信息的真实性、可靠性，会计核算也就失去了存在的意义。

3）二者的联系是所有者权益与负债同属于“权益”，权益是指对企业资产的求偿权。二者的区别是：(1) 性质不同。负债是债权人权益，到期可以收回本息。所有者权益是所有者对企业净资产的求偿权，没有明确的偿还期限。(2) 偿还责任不同。负债要求企业按规定时间和利率支付利息，到期偿还本金。所有者权益则与企业共存亡，无需偿还。(3) 享受权利不同。债权人享受收回本金和按约定收回利息的权利，没有参与经营的权利，也没有参与企业收益分配的权利。所有者既具有参与企业管理的权利，也具有参与收益分配的权利。(4) 计量特性不同。负债可以单独直接计量，而所有者权益除了投资者投资时以外，一般不能直接计量，通过资产和负债的计量来进行间接的计量。(5) 风险和收益的大小不同：负债风险小，收益一般也要小些。所有者权益风险大，收益可能较高。

1.3.2 实务题

1. 规则复习

参考答案：

1）权责发生制，又称应计制或应收应付制，是以权利或责任的发生与否为标准，来确认本期收入和费用的一种会计处理方法。凡当期已经实现的收入和已经发生或应当负担的费用，无论款项是否收付，都应当作为当期的收入和费用；凡不属于当期的收入和费用，不管其款项是否收付，都不应作为本期的收入和费用。

2）所谓收付实现制，也称实收实付制，是以现金的实际收到或支付为标准来确认本期的收入和费用的一种会计处理方法。凡是本期收到的收入和支付的费用，不论其是否应归属于本期，都应该作为本期的收入和费用；反之，凡本期未收到的收入和未支付的费用，即使应归属于本期，也不能作为本期的收入和费用。

3）静态会计等式，是指由静态会计要素资产、负债和所有者权益组成的反映企业一定时点财务状况的等式。其表达式为：资产=负债+所有者权益或资产=权益

4）动态会计等式，是由动态会计要素收入、费用和利润组成的反映企业一定时期经营成果的会计等式。其表达式为：收入-费用=利润

5）会计核算方法一般包括：设置账户、复式记账、填制和审核会计凭证、登记账簿、成本计算、财产清查和编制会计报表七种方法。

设置账户是对会计对象的具体内容即会计要素进行更具体的科学分类核算和监督的一种专门方法。复式记账就是对任何一项经济业务，都必须以相等的金额，同时在两个或两个以

上相互联系的账户中进行登记的记账方法。填制和审核凭证是保证会计记录真实，审核经济活动是否合理合法而采用的一种专门方法。登记账簿是把复式记账和设置账户融为一体，在账簿的账页上设置账户，根据会计凭证所提供的初始核算资料，将所有经济业务按发生时间的顺序，分门别类地记入有关账户（俗称“过账”），并定期进行对账和结账，以便为编制会计报表提供必要资料的一种专门方法。成本计算就是按照一定的对象和标准，对企业生产经营过程中发生的各种成本、费用进行归集和分配，借以计算确定各成本对象的总成本和单位成本的一种方法。财产清查是通过盘点实物、核对账目来查明货币资金、财产物资、债权债务实有数额，并与账存数核对，检查账实是否相符的一种方法。编制会计报表是以书面报告的形式，定期总括地反映企业财务状况、经营成果和现金流量等会计信息的一种专门方法。

2. 业务解析

参考答案：

1）①概念不同。权责发生制是相对于收付实现制而言的。权责发生制是按照收益、费用是否归属本期为标准来确定本期收益、费用的一种方法。收付实现制是按照收益、费用是否在本期实际收到或付出为标准确定本期收益、费用的一种方法。②优缺点不同。权责发生制的优点是科学、合理、盈亏的计算比较准确，但缺点是比较复杂。收付实现制的优点是处理手续简便，缺点是不科学，对盈亏计算不准确。③适用范围不同。根据我国《企业会计准则》规定，我国企业都采用权责发生制，行政单位会计主要采用收付实现制，事业单位会计除经营业务可以采用权责发生制以外，其他大部分业务都采用收付实现制。

2）企业发生的经济业务一般包括以下四种类型，它们对会计恒等式的影响情况如下。第一种类型：会计等式左右两方同时等额增加，会计恒等式保持平衡。第二种类型：会计等式左右两方同时等额减少，会计恒等式保持平衡。第三种类型：会计等式的资产一方一个项目增加，一个项目减少。增减的金额相等，资产总额不变，会计等式左右两方仍保持平衡。第四种类型：会计等式的权益一方包括负债和所有者权益各自它们之间的一个项目增加，另一个项目减少，增减的金额相等，权益总额不变，会计等式左右两方仍保持平衡。不论发生何种经济业务，会计要素怎样变化，都不会破坏会计等式的平衡关系。

3）设置账户、复式记账、填制和审核会计凭证、登记账簿、成本计算、财产清查和编制会计报表是会计核算的七种专门方法。它们之间相互联系，密切配合的一个科学完整的方法体系。企业日常发生的各项经济业务，首先要填制和审核会计凭证；然后按照规定的账户，运用复式记账法记入有关账簿；对于经营过程中发生的各项费用，应当进行成本计算；期末通过财产清查，在账证相符、账账相符和账实相符的基础上，最后根据账簿记录编制会计报表。填制和审核会计凭证、登记账簿、编制会计报表是会计核算工作的三大环节，构成一个会计循环。

1.3.3 案例题

分析提示：

1）张山和李斯对业务的记录是不正确。会计核算应该采用复式记账法，这种理解是不错的。但复式记账法并不是像张山和李斯想象的那样。

2）作为企业来说，确认收入、费用、资产和负债应该采用权责发生制原则。而他们的记录却违背了这些原则与方法。

3）更正错误：①对于收到商品订单，不应确认收入，也不能作为资产价值增加；

②发出定购商品的订单，不应作为资产的增加，也不能确认费用；③将货物发给顾客并收到现金，应该确认收入，同时增加资产价值，即记录收入增加1 000元，现金增加1 000元；④收到所定的商品并支付现金，应该是现金减少和商品增加，即一项资产增加，另一项资产减少，不涉及负债；⑤用现金支付银行利息的做法是对的；⑥赊购设备6 000元，应付账款增加没有错，但设备应作为资产，而不能作为费用处理。

1.4 实训资料参考答案与提示

1.4.1

会计基础性观念运用实训报告

一、关于“本组资料”的专业训练

技能Ⅰ训练：会计要素的归类

根据会计要素的概念，对资料（1）进行分析判断，最后明确属于资产要素的有（按流动性排列）：库存现金、银行存款、应收账款、原材料、长期股权投资、固定资产。属于负债要素的有（按偿还期长短排序）：短期借款、应付账款、应交税费、长期借款。属于所有者权益要素的有：实收资本、资本公积。

技能Ⅱ训练：经济业务的分析

根据经济业务四种类型，对资料（2）企业发生的日常经济活动逐笔进行分析，判断其所属的业务类型，明确资产、负债、所有者权益的增减变化情况。具体分析如下：业务①的发生使企业的固定资产增加30 000元，银行存款相应地减少了30 000元，固定资产、银行存款都是企业的资产，因此业务①属于经济业务的第三种类型，资产项目内部一增一减，增减金额相等，业务①发生后，资产总额没有变化。业务②的发生使企业的原材料增加10 000元，实收资本也增加了10 000元，原材料是企业的资产项目，实收资本属企业所有者权益项目，因此业务②属于经济业务的第一种类型，资产和所有者权益项目同增，增加金额相等，业务②发生后，会计等式的平衡关系没有被破坏。业务③的发生使企业的银行存款减少5 000元，债务应付账款也减少5 000元，银行存款是企业的资产，应付账款是企业的负债，二者同时减少，业务③属于经济业务的第二种类型，业务发生后资产、负债同时减少5 000元，会计等式的平衡关系没有被破坏。业务④的发生使企业的银行存款增加8 000元，债权应收账款减少8 000元，银行存款、应收账款都属企业资产，业务④属于经济业务的第三种类型，资产项目内部一增一减，增减金额相等，资产总额没有变化。业务⑤的发生使企业的长期借款减少了50 000元，实收资本也相应地增加了50 000元，长期借款属企业负债，实收资本属企业所有者权益，二者一增一减，因此业务⑤属于经济业务的第四种类型，业务发生后会计等式的平衡关系没有被破坏。业务⑥的发生使企业的实收资本增加20 000元，资本公积减少了20 000元，实收资本、资本公积都属企业所有者权益，二者一增一减，因此业务⑥也属于经济业务的第四种类型，业务发生后会计等式的平衡关系没有被破坏。

技能Ⅲ训练：资产和权益增减情况平衡表的编制

由实训成员将期初会计要素的归类结果过入期末资产和权益平衡表的增减前金额栏中，将经济业务的分析结果过入期末资产和权益平衡表的增加金额或减少金额栏中，正确地计算期末资产和权益平衡表的增减后金额栏，并根据“资产=权益”会计恒等式保证其平衡。所编制的资产和权益增减情况平衡表见表1—7。

表1—7

资产和权益增减情况平衡表

2012年10月31日

单位：元

资产	增减前金额	增加	减少	增减后金额	负债和所有者权益	增减前金额	增加	减少	增减后金额
库存现金	1 000			1 000	短期借款	10 000			10 000
银行存款	27 000	8 000	35 000	0	应付账款	32 000		5 000	27 000
应收账款	35 000		8 000	27 000	应交税费	9 000			9 000
原材料	52 000	10 000		62 000	长期借款	61 000		50 000	11 000
长期股权投资	60 000			60 000	实收资本	240 000	80 000		320 000
固定资产	200 000	30 000		230 000	资本公积	23 000		20 000	3 000
合　计	375 000	48 000	43 000	380 000	合　计	375 000	80 000	75 000	380 000

二、关于“职业核心能力”与“职业道德”选项的融入性操练

（参照“1.5.2‘实训题’课业范例”的“二”）

三、关于《资产和权益平衡表编制实训报告》的撰写训练

（参照“1.5.2‘实训题’课业范例”的“三”）

1.4.2

会计基础性观念运用实训报告

一、关于“本组资料”的专业训练

技能Ⅰ训练：会计要素的归类

根据会计要素的概念，对资料（1）进行分析判断，最后明确属于资产要素的有（按流动性排列）：库存现金、银行存款、原材料、固定资产。属于负债要素的有（按偿还期长短排序）：短期借款、应付账款、长期借款。属于所有者权益要素的有：实收资本、资本公积、利润分配。

技能Ⅱ训练：经济业务的分析

根据经济业务四种类型，对资料（2）公司发生的日常经济活动逐笔进行分析，判断其所属的业务类型，明确资产、负债、所有者权益的增减变化情况。具体分析如下：业务①的发生使公司的原材料增加6 000元，应付账款增加了6 000元，原材料是公司的资产，应付账款是公司负债，因此业务①属于经济业务的第一种类型，资产和负债项目同时增加6 000元，等式两边总额相等。业务②的发生使公司的银行存款增加200 000元，实收资本也增加了200 000元，银行存款是公司的资产项目，实收资本属公司所有者权益项目，因此业务②也属于经济业务的第一种类型，资产和所有者权益项目同增，增加金额相等，业务②发生后，会计等式的平衡关系没有被破坏。业务③的发生使公司的银行存款减少50 000元，短期借款也减少50 000元，银行存款是公司的资产，短期借款是公司的负债，

二者同时减少，业务③属于经济业务的第二种类型，业务发生后资产、负债同时减少50 000元，会计等式的平衡关系没有被破坏。业务④的发生使公司的固定资产增加60 000元，银行存款减少60 000元，固定资产、银行存款都属公司资产，业务④属于经济业务的第三种类型，资产项目内部一增一减，增减金额相等，资产总额没有变化。业务⑤的发生使公司的应付账款减少了5 000元，短期借款增加了5 000元，应付账款、短期借款都属于公司负债，二者一增一减，因此业务⑤属于经济业务的第四种类型，业务发生后会计等式的平衡关系没有被破坏。业务⑥的发生使公司的实收资本增加20 000元，资本公积减少了20 000元，实收资本、资本公积都属公司所有者权益，二者一增一减，因此业务⑥也属于经济业务的第四种类型，业务发生后会计等式的平衡关系没有被破坏。业务⑦的发生使公司的应付股利增加40 000元，利润分配减少了40 000元，应付股利是公司的负债项目，利润分配属公司所有者权益项目，因此业务⑦也属于经济业务的第四种类型，两者一增一减，增减金额相等，业务⑦发生后，会计等式的平衡关系没有被破坏。

技能III训练：资产和权益增减情况平衡表的编制

由实训成员将期初会计要素的归类结果过入期末资产和权益平衡表的增减前金额栏中，将经济业务的分析结果过入期末资产和权益平衡表的增加金额或减少金额栏中，正确地计算期末资产和权益平衡表的增减后金额栏，并根据“资产=权益”会计恒等式保证其平衡。所编制的资产和权益增减情况平衡表见表1—8。

表1—8

资产和权益增减情况平衡表

2012年5月31日

单位：元

资产	增减前金额	增加	减少	增减后金额	负债和所有者权益	增减前金额	增加	减少	增减后金额
库存现金	20 000			20 000	短期借款	80 000	5 000	50 000	35 000
银行存款	360 000	200 000	110 000	450 000	应付账款	100 000	6 000	5000	101 000
原材料	100 000	6 000		106 000	应付股利		40 000		40 000
固定资产	400 000	60 000		460 000	长期借款	100 000			100 000
					实收资本	450 000	220 000		670 000
					资本公积	50 000		20 000	30 000
					利润分配	100 000		40 000	60 000
合 计	880 000	266 000	110 000	1036 000	合 计	880 000	271 000	115 000	1 036 000

二、关于“职业核心能力”与“职业道德”选项的融入性操练

（参照“1.5.2‘实训题’课业范例”的“二”）

三、关于《资产和权益平衡表编制实训报告》的撰写训练

（参照“1.5.2‘实训题’课业范例”的“三”）

1.4.3

会计基础性观念运用实训报告

一、关于“本组资料”的专业训练

技能Ⅰ训练：会计要素的归类

根据会计要素的概念，对资料（1）进行分析判断，最后明确属于资产要素的有（按流动性排列）：库存现金、银行存款、应收账款、原材料、库存商品、低值易耗品、固定资产。属于负债要素的有（按偿还期长短排序）：短期借款、应付账款、应交税费。属于所有者权益要素的有：实收资本。

技能Ⅱ训练：经济业务的分析

根据经济业务四种类型，对资料（2）公司发生的日常经济活动逐笔进行分析，判断其所属的业务类型，明确资产、负债、所有者权益的增减变化情况。具体分析如下：业务①的发生使公司的原材料增8 000元，银行存款减少了8 000元，原材料和银行存款都是公司的资产，因此业务①属于经济业务的第三种类型，资产项目内部一增一减，增减金额相等，资产总额没有变化。业务②的发生使公司的银行存款增加1 500元，库存现金减少了1 500元，银行存款和库存现金都是公司的资产项目，因此业务②属于经济业务的第三种类型，资产项目内部一增一减，增减金额相等，资产总额没有变化。业务②发生后，会计等式的平衡关系没有被破坏。业务③的发生使公司的固定资产增加了4 000元，实收资本也增加了4 000元，固定资产是公司的资产，实收资本是公司的所有者权益，二者同时增加，业务③属于经济业务的第一种类型，业务发生后资产、所有者权益同时增加4 000元，会计等式的平衡关系没有被破坏。业务④的发生使公司的银行存款减少了5 000元，短期借款也减少了5 000元，银行存款属公司资产，短期借款是公司负债，业务④属于经济业务的第二种类型，资产和负债项目同时减少5 000元，会计等式的平衡关系没有被破坏。业务⑤的发生使公司的应付账款减少了1 000元，银行存款也减少了1 000元，应付账款属于公司负债，银行存款是公司资产，业务⑤属于经济业务的第二种类型，资产和负债项目同时减少1 000元，会计等式的平衡关系没有被破坏。业务⑥的发生使公司的银行存款减少了4 600元，应交税费也减少了4 600元，应交税费属于公司负债，银行存款是公司资产，业务⑥属于经济业务的第二种类型，资产和负债项目同时减少4 600元，会计等式的平衡关系没有被破坏。业务⑦的发生使公司的银行存款增加400元，库存现金减少了400元，库存现金和银行存款都是公司的资产，因此业务⑦属于经济业务的第三种类型，资产项目内部一增一减，增减金额相等，资产总额没有变化。会计等式的平衡关系没有被破坏。业务⑧的发生使公司的应付票据增加2 000元，应付账款减少了2 000元，应付票据和应付账款都是公司的负债，因此业务⑧属于经济业务的第四种类型，负债项目内部一增一减，增减金额相等，负债总额没有变化。会计等式的平衡关系没有被破坏。

技能Ⅲ训练：资产和权益增减情况平衡表的编制

由实训成员将期初会计要素的归类结果过入期末资产和权益平衡表的增减前金额栏中，将经济业务的分析结果过入期末资产和权益平衡表的增加金额或减少金额栏中，正确地计算期末资产和权益平衡表的增减后金额栏，并根据“资产=权益”会计恒等式保证其平衡。所编制的资产和权益增减情况平衡表见表1—9。

表 1—9

资产和权益增减情况平衡表

2012 年 4 月 30 日

单位：元

资产	增减前金额	增加	减少	增减后金额	负债和所有者权益	增减前金额	增加	减少	增减后金额
库存现金	200	1 500	400	1 300	短期借款	60 000		5 000	55 000
银行存款	45 800	400	20 100	26 100	应付账款	3 000		3 000	0
应收账款	4 000			4 000	应付票据		2 000		2 000
原材料	46 000	8 000		54 000	应交税费	7 000		4 600	2 400
低值易耗品	5 000			5 000	实收资本	895 000	4 000		899 000
库存商品	54 000			54 000					
固定资产	810 000	4 000		814 000					
合 计	965 000	13 900	20 500	958 400	合 计	965 000	6 000	12 600	958 400

二、关于“职业核心能力”与“职业道德”选项的融入性操练

（参照“1.5.2‘实训题’课业范例”的“二”）

三、关于《资产和权益平衡表编制实训报告》的撰写训练

（参照“1.5.2‘实训题’课业范例”的“三”）

第 2 章 账户和复式记账

2.1 预习要览

2.1.1 内容提要与结构

1. 内容提要

会计科目是对会计要素的具体内容进行分类核算的项目。会计科目按反映的经济内容分类可分为资产类、负债类、共同类、所有者权益类、成本类和损益类六大类。按提供会计信息的详细程度分类可分为总分类科目和明细分类科目。会计账户是根据会计科目开设的，具有一定格式和结构，用于分类反映会计要素的增减变化情况及其结果的载体。设置账户是会计核算的专门方法之一。账户划分为左方、右方，分别登记增加数和减少数。在借贷记账法下，左方称借方，右方称贷方。

会计科目与账户都是对会计对象的具体内容进行的科学分类，两者反映的经济内容相同，性质相同。但是会计科目只有名称，没有一定的格式和结构，无法将企业发生的经济业务连续、系统、完整地记录下来。因此，企业必须根据会计科目开设相应的会计账户，并通过账户记录经济业务的增减变化及结果。实际工作中，会计科目和账户并不加以严格区分，可以相互通用。

复式记账法是对发生的每一项经济业务，都要以相等的金额在两个或两个以上相互联系的账户同时进行登记的一种记账方法。它便于了解经济业务的来龙去脉，并能检查账户记录的正确性，因此，是一种科学的记账方法。借贷记账法是以“借”和“贷”作为记账符号的一种国际通用的复式记账法。

资产类账户一般用借方登记资产的增加额，贷方登记资产的减少额，期末余额一般为借方余额。负债及所有者权益类账户一般用贷方登记负债及所有者权益的增加额，借方登记负债及所有者权益的减少额，期末余额一般为贷方余额。成本、费用类账户同于资产类账户。收入类账户同于负债及所有者权益类账户。借贷记账法的记账规则是“有借必有贷，借贷必相等”。每一笔经济业务发生后，都必须同时记入两个或两个以上相互联系的账户，即在记入一个账户借方的同时，要记入另一个或另几个账户的贷方，或者在记入一个账户贷方的同时，要记入另一个或另几个账户的借方，或者在记入几个账户借方的同时，要记入另几个账户的贷方，并且记入借方的金额必须等于记入贷方的金额。

在借贷记账法下，账户之间形成的应借应贷相互关系，称为账户对应关系。存在着应借应贷对应关系的账户称为对应账户。

会计分录是在记账凭证上标明经济业务应记入的账户及登记方向和金额的记录。会计分录包括账户名称、记账方向和记账金额三要素。会计分录分为简单会计分录和复合会计分录。简单会计分录就是一借一贷的分录，复合会计分录就是一借多贷、一贷多借和多借多贷的分录。一笔复合会计分录可以分解为若干个简单分录，若干个内容相同的简单分录也可以合并为一个复合会计分录。会计分录的编制步骤可以概括为以下四步：第一步分析经济业务所涉及的账户名称及性质；第二步分析账户的增减情况，确定账户的记账方向；第三步确定借贷方金额是否相等；第四步按照会计分录的格式要求，编制完整的会计分录。

试算平衡是根据借贷记账法的记账规则和会计恒等式，对全部账户的发生额和余额进行汇总计算和比较，来检查账户记录是否正确的一种方法。试算平衡方法有发生额平衡法和余额平衡法。通过编制试算平衡表，若借贷不平衡，则可以肯定账户记录或计算有错误，需要进一步查明原因，予以更正。若借贷平衡了，只能推断账户记录或计算基本正确。为了保证账户记录的完全正确，除试算平衡外，还应采用其他专门方法对会计记录进行日常或定期的复核。

账户按提供会计信息的详细程度不同，可分为总分类账户和明细分类账户。它们之间既相互联系又相互制约。首先，它们的性质相同，反映的经济内容相同，区别在于反映会计信息的详尽程度不同。其次，总分类账户对所属明细分类账户起着总括、统驭和控制作用；明细分类账户对其总分类账户起着细分、辅助、补充说明的作用，每个明细分类账户都从属于总分类账户。最后，记入总分类账户的金额，必须与记入其所属的明细分类账户的金额之和相等。

总分类账户和明细分类账户之间的平行登记法，是指对涉及明细分类账户的每一笔经济业务，既要根据会计凭证在总分类账户中进行登记，又要在其所属的有关明细分类账户进行登记。平行登记法的要点是同依据、同时期、同方向和同金额。同依据是对于发生的同一笔经济业务，要根据相同的会计凭证在总分类账户和其所属的明细分类账户中进行登记。同时期是对于发生的同一笔经济业务，在记入总分类账户的同时，也要在同一会计期间内（如一个月度内）记入所属的明细分类账户。同方向是对于发生的同一笔经济业务，记入总分类账户的方向应该与记入所属明细分类账户的记账方向保持一致。总分类账户登记在借方，明细分类账户也应登记在借方；总分类账户登记在贷方，明细分类账户也应登记在贷方。同金额是对于发生的同一笔经济业务，记入总分类账户的金额，应该与记入所属明细分类账户的金额之和相等。

2. 内容结构

本章内容结构如图 2—1 所示。

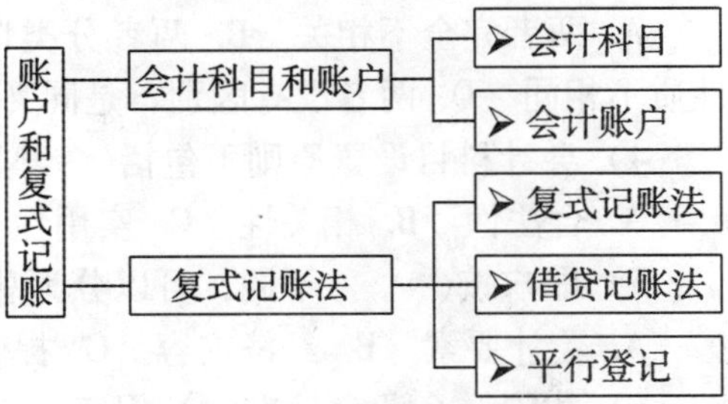

图 2—1　本章内容结构

3. 主要概念和观念

1）主要概念

会计科目　会计账户　总分类账户　明细分类账户　账户对应关系　对应账户

2）主要观念

会计科目和账户　复式记账法

2.1.2　重点与难点

1. 重点理论

会计科目的概念与分类　账户的概念与分类

2. 重点实务

账户基本结构　账户期末余额的计算　平行登记

3. 重点操作

编制会计分录　登记T形账户　编制试算平衡表

4. 难点

复式记账法

2.1.3　主要公式

1）账户期末余额公式：

期末余额＝期初余额＋本期增加发生额－本期减少发生额

2）发生额平衡公式：

全部账户本期借方发生额合计＝全部账户本期贷方发生额合计

3）余额平衡公式：

全部账户期初借方余额合计＝全部账户期初贷方余额合计

全部账户期末借方余额合计＝全部账户期末贷方余额合计

2.2　客观题

2.2.1　理论题

1. 单项选择题

1）会计科目是对(　　)的具体内容进行分类核算的项目。

A. 会计要素　B. 会计账户　C. 会计分录　D. 经济业务

2）账户是根据(　　)开设的，具有一定格式和结构，用来分类反映会计要素增减变动情况及其结果的载体。

A. 会计要素　B. 会计主体　C. 会计科目　D. 会计信息

3）会计科目与会计账户之间的关系是(　　)。

A. 两者完全不相关　B. 两者分类口径一致，性质相同　C. 两者分类口径一致，但性质不相同　D. 两者没有区别，是同义语

4）会计科目设置原则不包括(　　)。

A. 合法性　B. 相关性　C. 实用性　D. 真实性

5）账户按(　　)不同，可以分为总分类账户和明细分类账户。

A. 会计要素　B. 经济内容　C. 提供核算指标的详细程度　D. 用途和结构

6）我国《企业会计准则》规定，会计记账采用(　　)。

A. 复式记账法　B. 借贷记账法　C. 单式记账法　D. 以上均可

7）下列(　　)不属于会计科目按其经济内容分类的项目。

A. 资产类 B. 损益类 C. 成本类 D. 利润类

8）存在着对应关系的账户是(　　)。

A. 对应账户 B. 账户对应关系 C. 勾稽关系 D. 平衡关系

9）下列属于成本类科目的是(　　)。

A. “财务费用” B. “管理费用” C. “制造费用” D. “销售费用”

10）下列属于总分类科目的有(　　)。

A. 钢材 B. 汽油 C. 库存现金 D. 应交增值税

11）会计科目是(　　)。

A. 会计要素的名称 B. 账户的名称 C. 账簿的名称 D. 会计报表的项目

2. 多项选择题

1）会计科目按照经济内容的不同可分为(　　)。

A. 所有者权益类 B. 负债类 C. 资产类 D. 成本类 E. 损益类

2）下列描述正确的是(　　)。

A. 总分类科目对明细科目具有统御和控制作用 B. 总分类科目提供总括的信息 C. 明细科目提供详细的信息 D. 总分类科目和明细科目都是财政部统一制定的 E. 明细科目对总分类科目起控制作用

3）制造业“原材料”账户属于(　　)。

A 总分类账户 B. 明细分类账户 C. 一级账户 D. 资产类账户 E. 费用类账户

4）会计科目按提供指标的详细程度不同，可分为(　　)。

A. 所有者权益类 B. 总账科目 C. 负债类 D. 明细科目 E. 损益类

5）设置会计科目的原则有(　　)。

A. 权责发生制原则 B. 合法性原则 C. 相关性原则 D. 谨慎性原则 E. 收付实现制

6）下来属于会计科目的有(　　)。

A. 固定资产 B. 运输设备 C. 原材料 D. 完工产品 E. 专利权

7）会计分录的种类有(　　)。

A. 一借一贷 B. 一借多贷 C. 多借一贷 D. 多借多贷 E. 一借二贷

8）会计分录的基本要素包括(　　)。

A. 记账时间 B. 账户名称 C. 账户方向 D. 账户金额 E. 摘要

9）明细分类科目(　　)。

A. 也称二级会计科目 B. 是进行明细分类核算的依据 C. 是进行总分类核算的依据 D. 提供更加详细具体的指标 E. 提供总括信息指标

10）下列(　　)会计科目是负债类会计科目。

A. “应付票据” B. “短期借款” C. “预付账款” D. “预收账款” E. “应收账款”

3. 判断题

1）对于明细科目较多的会计科目，可在总分类科目下设置二级或多级明细科目。(　　)

2）会计科目与账户都是对会计对象具体内容的科学分类，两者口径一致，性质相同，具有相同的格式和结构。(　　)

3）所有的账户都是依据会计科目开设的。（　　）

4）会计科目仅有名称，若要体现会计要素的增减变化及其结果则要借助于账户。（　　）

5）所有总分类账户都要设置明细分类账户。（　　）

6）账户是对会计要素的进一步分类。（　　）

7）会计科目只有总分类科目一级。（　　）

8）设置会计科目应遵循统一性和灵活性相结合的原则。（　　）

9）复合会计分录仅指多借多贷的会计分录。（　　）

10 会计科目和账户的分类口径和核算内容并不完全一致。（　　）

2.2.2　实务题

1. 单项选择题

1）下列不属于账户基本结构的有(　　)。

A. 账户类别　B. 借方　C. 贷方　D. 余额

2）一般说，一个账户的增加发生额与该账户的期末余额应记在账户的(　　)。

A. 借方　B. 相同方向　C. 贷方　D. 不同方向

3）一般说，一个账户的增加发生额与该账户的减少发生额应记在账户的(　　)。

A. 借方　B. 相同方向　C. 贷方　D. 不同方向

4）某账户期初余额为5 000元，期末余额为6 000元，本期减少发生额为800元，则该账户本期增加发生额为(　　)元。

A. 1 800　B. 5 800　C. 700　D. 11 000

5）某账户本期增加发生额为1 000元，减少发生额为1 200元，期初余额为1 500元，则该账户期末余额为(　　)元。

A. 2 500　B. 1 300　C. 1 000　D. 1 100

6）(　　)是根据借贷记账法的记账规则和资产权益的平衡关系，通过对全部账户的发生额和余额的汇总计算和比较，来检查账户记录是否正确的一种方法。

A. 发生额平衡法　B. 余额平衡法　C. 试算平衡　D. 平行登记法

7）期末余额一般在贷方的是(　　)。

A. 应收账款　B. 预付账款　C. 主营业务收入　D. 盈余公积

8）“应收账款”账户的期末余额等于(　　)。

A. 期初余额+本期借方发生额-本期贷方发生额　B. 期初余额-本期借方发生额+本期贷方发生额　C. 期初余额+本期借方发生额+本期贷方发生额　D. 期初余额-本期借方发生额+本期贷方发生额

9）某公司应付账款总分类账户期初贷方余额为9 000元，明细分类账户分别为：A工厂贷方3 500元，B工厂贷方2 500元，则C工厂为(　　)。

A. 借方3 000元　B. 贷方3 000元　C. 借方6 000元　D. 贷方6 000元

10）下列对应关系中错误的有(　　)。

A. 资产增加——权益增加　B. 资产增加——资产减少　C. 资产减少——权益减少　D. 权益增加——权益增加

2. 多项选择题

1）借贷记账法中“借”表示(　　)。

A. 资产的增加 B. 成本、费用支出的增加 C. 负债、所有者权益的减少 D. 收入成果的减少 E. 收入成果增加

2）平行登记法的要点包括(　　)。

A. 同时登记 B. 同金额登记 C. 同一人登记 D. 同方向登记 E. 同地点

3）有关借贷记账法说法正确的是(　　)。

A. 以“借”、“贷”作为记账符号 B. 记账规则是“有借必有贷，借贷必相等” C. 以“资产=负债+所有者权益”作为理论依据 D. 是我国法定记账方法 E. 是一种单式记账方法

4）(　　)的说法是正确的。

A. 本期期末余额即为下期的期初余额 B. 如果账户在左方记录增加额，即在右方记录减少额 C. 会计科目仅仅是对会计要素进行具体分类的项目名称 D. 账户余额一般与记录增加额在同一方向 E. 账户余额一般与记录增加额在相反方向

5）下列账户中，用借方登记增加的有(　　)。

A. 应收账款 B. 其他应收款 C. 固定资产 D. 无形资产 E. 坏账准备

6）下列账户中，用贷方登记增加的账户有(　　)。

A.“应付账款” B.“预付账款” C.“实收资本” D.“管理费用” E.“预收账款”

7）某经济业务发生后，若只涉及两个账户，一个资产账户记借方，则有可能(　　)。

A. 另一个资产账户记贷方 B. 另一个负债账户记贷方 C. 另一个所有者权益账户记贷方 D. 另一个资产账户记借方 E. 另一个负债账户记借方

8）总分类账户与其所属的明细分类账户平行登记的结果，必然是(　　)。

A. 总分类账期初余额=所属明细分类账户期初余额之和 B. 总分类账期末余额=所属明细分类账户期末余额之和 C. 总分类账本期借方发生额=所属明细分类账户本期借方发生额之和 D. 总分类账本期贷方发生额=所属明细分类账户本期贷方发生额之和 E. 总分类账期初余额=总分类账期末余额

9）会计账户各金额之间的关系可用(　　)表示。

A. 期末余额=期初余额+本期增加发生额-本期减少发生额 B. 期末余额-期初余额=本期增加发生额-本期减少发生额 C. 期末余额-期初余额-本期增加发生额=本期减少发生额 D. 期末余额+本期减少发生额=期初余额+本期增加发生额 E. 期初余额=期末余额+本期增加发生额-本期减少发生额

10）某企业用银行存款6万元偿还前欠其他单位货款2万元和银行借款4万元。在借贷记账法下该经济业务涉及(　　)等账户。

A. 银行存款减少 B. 应付账款减少 C. 短期借款减少 D. 应付账款增加 E. 应收账款

3. 混合选择题

1）“信息处理能力（初级）”的“基本要求”是(　　)。

A. 在更广泛的工作范围内获取需要的信息，进行信息开发处理，并根据工作岗位各

方面的需要展示组合信息 B. 具备进入工作岗位最基本的信息处理力，在常规条件下能收集、整理并传递适应既定工作需要的信息 C. 能较熟练灵活地运用各种学习方法在最短时间内掌握急需知识信息；能广泛地搜集、整理、开发和运用信息，善于学习、接受新的事物，以适应复杂工作和终身发展的要求 D. 广泛地搜集、深入地整理开发、多样地传递、灵活地运用信息，以适应复杂的工作需要，具备信息处理工作的设计与评估能力

2）“信息处理能力（初级）”包括的技能点是(　　)。

A. 获取信息、整理信息、传递信息 B. 获取信息、开发信息、展示信息 C. 获取信息、开发信息、传递信息 D. 获取信息、整理信息、开发信息

3）“信息处理能力（初级）”的“规范与标准”是(　　)。

A. 能定义复杂信息任务，通过寻访法和观察法搜寻信息 B. 能分析复杂信息任务，选择适当技术，适应各种电子方法发现和搜寻信息 C. 能通过阅读计算机或网络获取信息，能使用不同方法，从多个资源中选择、收集综合信息，并通过计算机编辑、生成和保存信息，通过电子手段传输信息 D. 能用新闻方式发布、平面方式展示、网络技术传递、利用信息预测趋势、创新设计、收集信息反馈、评估使用效果

4）“借贷记账法基本理论运用”这一“专业能力领域”包括的技能点有(　　)。

A. 会计分录的编制技能 B. 经济业务的过账技能 C. 试算平衡表的编制技能 D. 撰写企业《试算平衡表编制实训报告》技能

5）“会计分录的编制技能”的“规范与标准”有(　　)。

A. 能掌握会计分录的概念、要素、编制步骤 B. 能对企业发生的日常经济业务进行正确地分析、确定其所涉及的账户名称 C. 能正确地分析账户的增减变动情况，确定账户的记账方向 D. 能正确确定借贷方金额，并保证其相等

6）“T形账户的过账技能”的“规范与标准”有(　　)。

A. 能根据经济业务资料开设相应的账户，并将期初余额的数据资料过入相关账户 B. 能正确地根据会计分录将本期借方发生额、本期贷方发生额的数据录入相关账户 C. 能正确地计算结出每个账户的期末余额 D. 能根据分析、判断的结果准确的对会计要素归类

7）“试算平衡表编制技能”的“规范与标准”有(　　)。

A. 能正确规范地制作企业本期发生额及余额试算平衡表 B. 能熟练掌握试算平衡表发生额平衡法、余额平衡法的公式 C. 能正确地将所有账户期初余额、本期发生额、期末余额的数据录入企业本期发生额及余额试算平衡表对应栏目中 D. 能运用试算平衡公式检验试算平衡表的平衡

8）“撰写企业《试算平衡表编制实训报告》技能”的“规范与标准”有(　　)。

A. 能运用较规范地文字如实地描述实训目的、实训步骤、实训感言等 B. 能合理设计《试算平衡表编制实训报告》的结构，层次较分明 C. 能较规范地制作《本期发生额及余额试算平衡表》 D. 能用较规范的文字撰写《试算平衡表编制实训报告》

4. 判断题

1）对每一个账户而言，期末余额只可能在账户一方，即借方或贷方。(　　)

2）企业只能编制一借一贷、一借多贷方、多借一贷的会计分录，不能编制多借多贷的会计分录。(　　)

3）通过试算平衡并不能保证全部记账工作是完全正确的。（　　）

4）总分类账户和明细分类账户在金额上必然相等的关系，称为勾稽关系。（　　）

5）总分类账户登记在借方，其所属的明细分类账户可以登记在贷方。（　　）

6）一个会计主体一定时期内全部账户借方发生额合计与贷方发生额合计一定相等。（　　）

7）任何账户都用借方表示增加，贷方表示减少。（　　）

8）账户中的本期增加发生额是增减相抵后的净增加额。（　　）

9）损益类账户一般无期末余额。（　　）

10）“所得税费用”账户属于负债类账户。（　　）

2.3.3　案例题

会计科目按经济内容的分类

背景与情境：某工业企业发生了以下经济业务：（1）存放在出纳处的现金 1 000 元；（2）存放在银行的款项 150 000 元；（3）向银行借入 6 个月的周转借款 600 000 元；（4）存放在仓库的材料 380 000 元；（5）仓库中存放的商品 60 000 元；（6）房屋及建筑物 2 400 000 元；（7）所有者投入资本 2 400 000 元；（8）机器设备 750 000 元；（9）应收外单位货款 140 000 元；（10）应付给外单位货款 121 000 元；（11）以前年度积累的未分配利润 260 000 元；（12）对外长期股票投资 500 000 元；（13）向银行借入两年期贷款 1 000 000 元。

要求：请根据案例在下列题中填入适当选项：

1）会计科目按经济内容分类，可分为(　　)。

A. 资产类　B. 负债类　C. 所有者权益类　D. 成本计算类

2）会计科目的设置应符合(　　)原则。

A. 合法性　B. 合理性　C. 相关性原则　D. 灵活性

3）根据资料应该设置(　　)资产类会计科目。

A. “库存现金”、“银行存款”、“应收账款”　B. “原材料”、“库存商品”　C. “固定资产”、“长期股权投资”　D. “其他应收款”、“预付账款”

4）根据资料应设置(　　)负债类会计科目。

A. “短期借款”　B. “长期借款”　C. “应付股利”　D. “应付账款”

5）根据资料应设置(　　)所有者权益类科目。

A. “实收资本”　B. “盈余公积”　C. “资本公积”　D. “利润分配”

2.2.4　实训题

1. 单项选择题

1）复式记账法是对每一笔经济业务都要在(　　)相互联系的账户中进行登记。

A. 1 个　B. 2 个　C. 3 个　D. 2 个或 2 个以上

2）下列选项中，属于简单会计分录的是(　　)。

A. 一借一贷　B. 一借多贷　C. 一贷多借　D. 多借多贷

3）试算平衡的理论依据是(　　)。

A. 会计等式的基本原理 B. 账户结构的原理 C. 会计要素分类的原理 D. 经济业务的内容

4）编制总分类账户发生额与余额试算平衡表时，若出现三对平衡数字，则(　　)。

A. 全部总分类账户记录一定正确 B. 全部明细分类账户记录一定正确 C. 全部总分类账户记录也不能肯定正确 D. 全部明细分类账户记录也不能肯定正确

5）为保证账户之间清晰的对应关系，借贷记账法下，一般不编制(　　)的会计分录。

A. 一借一贷 B. 一借多贷 C. 多借多贷 D. 一贷多借

6）一般企业收到投资者的投资存入银行，编制会计分录时，应记入(　　)账户贷方。

A. “银行存款” B. “实收资本” C. “盈余公积” D. “长期股权投资”

7）借贷记账法下，发生额试算平衡的理论依据是(　　)。

A. 会计等式 B. 平行登记 C. 经济业务变化类型 D. 借贷记账规则

8）收到购货方的预付款，应作(　　)确认。

A. 预付账款 B. 预收账款 C. 应付账款 D. 其他应收款

9）存在着对应关系的账户，称为(　　)。

A. 平衡账户 B. 对应账户 C. 关联账户 D. 总分类账户

10）借贷记账法下，账户哪方登记增加，哪方登记减少，取决于(　　)。

A. 核算方法 B. 记账形式 C. 记账规则 D. 账户性质

2. 多项选择题

1）复合会计分录的表现形式有(　　)。

A. 一借多贷的会计分录 B. 多借多贷的会计分录 C. 一借一贷的会计分录 D. 多借一贷的会计分录 E. 二借一贷

2）下列错误不能通过试算平衡发现的有(　　)。

A. 某经济业务重复记账或漏记 B. 应借应贷账户中借贷方向颠倒 C. 借贷双方同时多记了相等的金额 D. 借贷双方一方多记金额，另一方少记金额 E. 借贷双方同时少记了相等的金额

3）某企业月末进行试算平衡时，因漏记一个账户，计算的月末借方余额合计为160 000元，月末贷方余额合计为200 000 元，则漏算的账户(　　)。

A. 为借方余额 B. 为贷方余额 C. 余额为40 000 元 D. 余额为16 000 元 E. 余额为200 000 元

4）企业用银行存款偿还短期借款，引起会计要素变化的有(　　)。

A. 资产减少 B. 资产增加 C. 负债增加 D. 负债减少 E. 所有者权益增加

5）借贷记账法下试算平衡的公式有(　　)。

A. 借方科目金额=贷方科目金额 B. 全部账户借方发生额合计=全部账户贷方发生额合计 C. 全部账户借方余额合计=全部账户贷方余额合计 D. 借方余额=借方月初余额+本月借方发生额 −本月贷方发生额 E. 全部账户期初借方余额合计=全部账户期末贷方余额合计

6）购买材料 1 500 元已入库，支付货款 1 000 元，余款暂欠。正确的会计分录

有(　　)。

A. 借：原材料　　1 500
　　贷：银行存款　　1 000
　　　　应付账款　　500

B. 借：原材料　　1 500
　　贷：银行存款　　1 000
　　　　预付账款　　500

C. 借：原材料　　1 000
　　贷：银行存款　　1 000
　　借：原材料　　500
　　　贷：应付账款　　500

D. 借：原材料　　1 500
　　贷：银行存款　　1 000
　　　　应收账款　　500

E. 借：材料　　1 500
　　贷：银行存款　　1 000
　　　　应收账款　　500

7）生产产品领用原材料 5 000 元，车间一般耗材 1 500 元，应记入(　　)账户借方。

A.“管理费用”　B.“生产成本”　C.“制造费用”　D.“原材料”　E.“销售费用”

8）下列记账错误，可运用试算平衡查出的错误有(　　)。

A. 一笔经济业务的记录被漏记　B. 过账时误将贷方数额过入借方　C. 一笔经济业务记录借贷双方金额发生同样错误　D. 某账户借方或贷方本期发生额的计算有误　E. 某经济业务重复记账或漏记

9）编制会计分录时，必须考虑(　　)。

A. 登记在哪些账户的借方或贷方　B. 经济业务发生所涉及会计要素的增减　C. 在账户登记是借方还是贷方　D. 账户余额是借方还是贷方　E. 是简单会计分录还是复合会计分录

10）用银行存款偿还前欠某单位货款，应记入(　　)。

A.“银行存款”和“应收账款”账户　B.“银行存款”和“应付账款”账户　C. 银行存款减少记借方，应收账款减少记贷方　D. 银行存款减少记贷方，应付账款减少记借方　E.“银行存款”和“预收账款”账户

2.3 主观题

2.3.1 理论题

1. 简答题

1）什么是会计科目？什么是会计账户？两者之间的关系是什么？

2）会计科目按经济内容如何分类？

3）账户按经济内容如何进行分类？

4）会计科目按提供会计信息的详细程度不同如何进行分类？

5）账户按提供会计信息的详细程度不同如何进行分类？

2. 理解题

1）什么是账户的对应关系，什么是对应账户？请举例说明。

2）简述总分类账户和明细分类账户之间的关系。

3）如何理解会计科目设置的原则？

2.3.2 实务题

1. 规则复习

1）简述借贷记账法的特点。

2）复式记账法与单式记账法相比有哪些优点？

3）简述借贷记账法下账户基本结构。

4）简述借贷记账法的记账规则。

5）如何计算账户的期末余额？

2. 业务解析

1）简述会计分录的编制步骤。

2）简述试算平衡的方法。

3）简述平行登记法的要点？

2.3.3 案例题

背景与情境：小李为会计专业学生，毕业后自主创业租了一间门面开了一家打字社。购置了一台价值5 000元的电脑，一台价值6 000元的打印机，一台价值10 000元的复印机和纸张油墨等耗材，并添置了桌椅等用具，打字社已开业经营1年。小李根据打字室的情况自己设计了一套会计科目：固定资产——房屋、固定资产——电脑、固定资产——打印机、固定资产——复印机、固定资产——桌椅、原材料——纸张、原材料——油墨、库存现金、银行存款、应收账款、其他应收款、应交税费、应付账款、其他应付款、应付职工薪酬、股本——小杨、主营业务收入、管理费用、所得税费用、本年利润等科目。

问题：

1）请问小李设计的会计科目是否正确，并分析原因。

2）如果小李请你来做账，请列示你所设计的会计科目。

分析要求：

1）课业的结构、格式与体例要求：参照《训练手册》“2.5.1　‘案例题’课业范例”。

2）其他要求同“1.3.3　案例题”的“分析要求”。

2.3.4 实训题

“借贷记账法应用”业务胜任力训练

【实训目的】

见本章“章名页”之“学习目标”中的“实训目标”。

【能力与道德领域】

专业能力——借贷记账法应用

技能Ⅰ

名称：会计分录的编制技能

规范与标准：

（1）能正确掌握会计分录的概念，明确会计分录的三要素。

（2）能根据会计分录的编制步骤对企业发生的日常经济业务进行正确地分析、确定其所涉及的账户名称及性质。

（3）能根据发生的经济业务正确地分析账户的增减变动情况，确定账户的记账方向。

（4）能正确确定借贷方金额，并保证其相等。

（5）能按照会计分录的格式要求，先借后贷、上借下贷、“借”“贷”及其金额错一格书写，金额后不带单位，正确地书写会计分录。

技能Ⅱ

名称：T 形账户的过账技能

规范与标准：

（1）能根据经济业务资料开设相应的账户，并将期初余额的数据资料过入相关账户。

（2）能正确地根据会计分录将本期借方发生额、本期贷方发生额的数据过入相关账户。

（3）能正确地结出每个账户的期末余额。

技能Ⅲ

名称：试算平衡表的编制技能

规范与标准：

（1）能熟练掌握试算平衡表发生额平衡法、余额平衡法的公式。

（2）能正确、规范地制作企业本期发生额及余额试算平衡表。

（3）能正确地将所有账户期初余额、本期发生额、期末余额的数据过入企业本期发生额及余额试算平衡表对应栏目中。

（4）能根据发生额和余额的平衡公式编制试算平衡表。

技能Ⅳ

名称：撰写企业《试算平衡表编制实训报告》技能

规范与标准：

（1）能合理设计《试算平衡表编制实训报告》的结构，层次较分明。

（2）能较规范地制作《本期发生额及余额试算平衡表》。

（3）能用较规范的文字撰写《试算平衡表编制实训报告》。

（4）本教材网络教学资源包中《学生考核手册》考核表 2—2 所列各项“考核指标”和“考核标准”。

职业核心能力——信息处理、解决问题、革新创新（初级）

上述能力领域的“基本要求”、“技能点”和“规范与标准”见本教材“附录二”中的附表 2—2。

职业道德——职业理想、职业守则（顺从级）

各道德领域的“规范与标准”见本教材“附录二”中的附表 2—3。

【实训任务】

（1）对“借贷记账法应用”专业能力领域各技能点实施阶段性基本训练。

（2）对“信息处理、解决问题、革新创新”等职业核心能力领域各技能点实施“初级”强化训练。

（3）对“职业理想”和“职业守则”等职业道德领域实施“顺从级”相关训练。

【实训要求】

（1）实训前学生要了解并熟记本实训的“实训目标”、“能力与道德领域”、“实训任务”与“实训要求”，了解并熟记本教材网络教学资源包中《学生考核手册》考核表2—1、考核表2—2中的“考核指标”与“考核标准”内涵，将其作为本实训的操练点和考核点来准备。

（2）通过“实训步骤”，将“实训任务”所列三种训练整合并落实到本实训的“活动过程”和“成果形式”中。

（3）实训后学生要对本次“试算平衡表编制”的实训活动进行总结，在此基础上撰写实训报告。

【情境设计】

将学生分成若干实训组。各实训组结合本实训“成果形式”的“实训课业”题目，在“2.4 实训资料”的三组资料中任选一组（每组资料包括针对“技能Ⅰ”至“技能Ⅲ”的“实务操作题”各一套，题量以必需、够用为限），进行针对“借贷记账法应用”的实训。各实训组通过对所选资料中企业经济业务会计分录的编制、过账、企业本期发生额及余额试算平衡表的编制以及相应《实训报告》的准备、撰写、讨论与交流等实践活动的参与和体验，依照本章“实训要求”完成各自实训任务。

【指导准备】

知识准备：

（1）“账户和复式记账”的理论与实务知识。

（2）本教材“附录一”的附表1中，与本章“职业核心能力‘强化训练项’”各技能点相关的“‘知识准备’参照范围”。

（3）本教材“附录二”的附表2—2和附表2—3中，涉及本章“职业核心能力领域‘强化训练项’”各技能点和“职业道德领域‘相关训练项’”的“规范与标准”知识。

操作指导：

（1）教师向学生阐明“实训目的”、“能力与道德领域”和“知识准备”。

（2）教师就“知识准备”中的第（2）、（3）项，对学生进行培训。

（3）教师指导学生就“实训资料”中企业发生的日常经济业务的资料进行熟悉、分析、判断，并根据分析、判断的结果正确地编制会计分录。

（4）教师指导学生就“实训资料”中企业编制的会计分录完成过账任务。

（5）教师指导学生正确地编制“实训资料”中企业本期发生额及余额试算平衡表。

（6）教师指导学生撰写关于“借贷记账法应用”的相应《实训报告》。

【实训时间】

本章课堂教学内容结束后的双休日和课余时间，为期二天。

【实训步骤】

（1）将学生组成若干个实训组，每8位同学分成一组，每组确定1~2人负责。

（2）对学生进行试算平衡表编制的培训，熟悉实训目的、步骤。

（3）各实训组成员熟悉所选实训资料，按要求进行关于技能Ⅰ至技能Ⅳ的全面操练，制作企业企业本期发生额及余额试算平衡表，并与“2.6　参考答案与提示”中本组资料的参考答案相对比。

（4）各实训组成员在实施上述训练的过程中，融入对“信息处理”、“解决问题”、“革新创新”等职业核心能力的各“技能点”的“初级”强化训练和对“职业理想”、“职业守则”等职业道德各“素质点”的“顺从级”相关训练，并对训练过程作简要记录与说明。

（5）各实训组成员整合上述操练的过程与结果，分别撰写作为最终成果形式的关于“借贷记账法应用”的相应《实训报告》。

（6）各实训组成员的《实训报告》提交小组讨论并修订后，评出小组优秀《实训报告》。

（7）班级交流并修订各组优秀《实训报告》，评出班级优秀《实训报告》。

（8）教师对班级优秀《实训报告》进行点评。

（9）将附有“教师点评”的班级优秀《实训报告》纳入该课程教学资源库，通过校园网课程平台展示，并允许学生拷贝借鉴。

【成果形式】

实训课业：《试算平衡表编制实训报告》

课业要求：

（1）《实训报告》的内容、结构与体例参照《训练手册》“2.5.2　‘实训题’课业范例”。

（2）各组成员完成的《实训报告》须由指导教师、实训组长和本人三方签字负责。

2.4　实训资料

2.4.1

【资料】

（1）某企业 2012 年 9 月有关账户期末余额见表 2—1。

表 2—1　　**2012 年 9 月有关账户期末余额**　　单位：元

库存现金	800	短期借款	13 000
银行存款	30 000	应付账款	54 200
应收账款	35 200	应交税费	8 800
原材料	90 000	实收资本	680 000
生产成本	40 000	盈余公积	40 000
库存商品	20 000	本年利润	20 000
固定资产	600 000		
合　计	816 000	合　计	816 000

（2）该企业 10 月份发生下列经济业务：

①收到投资者投入资金 30 000 元存入银行。

②从银行提取现金 500 元。

③生产产品领用材料 2 200 元。

④用银行存款上缴税款 8 800 元。

⑤收回货款 15 000 元存入银行。

⑥取得长期借款 200 000 元存入银行。

⑦购买材料 34 000 元，货款未付。

⑧以银行存款偿还前欠货款 24 000 元。

【要求】

1）根据资料（2）编制会计分录（技能 I 训练）。

2）根据资料（1）和编制的会计分录登记 T 形账户（技能 II 训练）。

3）根据 T 形账户编制甲企业本期发生额及余额试算平衡表（技能 III 训练）。

4）综合上述训练成果，撰写《实训报告》（技能 IV 训练）。

2.4.2

【资料】

（1）某企业 2011 年 4 月 30 日有关账户期末余额见表 2—2。

表 2—2 **2011 年 4 月 30 日有关账户期末余额表** 单位：元

库存现金	12 000	短期借款	200 000
银行存款	360 000	应付账款	50 000
其他应收款	1 000	实收资本	500 000
原材料	127 000		
固定资产	250 000		
合　计	750 000	合　计	750 000

（2）该公司 5 月份发生下列经济业务：

①购入价值 6 000 元原材料一批，货款未付。

②接受投资者投资 100 000 元，存入银行。

③以银行存款偿还短期借款 20 000 元。

④购入机器一台，价值 50 000 元，以银行存款支付。

⑤从银行取得短期借款 10 000 元，直接偿还前欠货款。

【要求】

1）根据资料（2）编制会计分录（技能 I 训练）。

2）根据资料（1）和编制的会计分录登记 T 形账户（技能 II 训练）。

3）根据 T 形账户编制甲企业本期发生额及余额试算平衡表（技能 III 训练）。

4）综合上述训练成果，撰写《实训报告》（技能 IV 训练）。

2.4.3

【资料】

（1）假定甲公司 2012 年 3 月有关账户月初余额见表 2—3。

表2—3　　2012年3月有关账户月初余额表　　单位：元

库存现金	3 000	短期借款	14 000
银行存款	150 000	应付账款	6 000
原材料	63 000	实收资本	360 000
固定资产	164 000		
合　计	380 000	合　计	380 000

（2）该公司3月份发生下列经济业务：

①从银行提取现金1 500元。

②用银行存款购买机器设备一台，价值60 000元。

③购买价值80 000元材料一批，用银行存款支付其中40 000元，余款暂欠。

④用银行存款偿还前欠货款2 000元。

⑤收到投资者投入资金100 000存入银行。

⑥生产产品领用材料23 000元。

【要求】

1）根据资料（2）编制会计分录（技能Ⅰ训练）。

2）根据资料（1）和编制的会计分录登记T形账户（技能Ⅱ训练）。

3）根据T形账户编制甲企业本期发生额及余额试算平衡表（技能Ⅲ训练）。

4）综合上述训练成果，撰写《实训报告》（技能Ⅳ训练）。

2.5 课业范例

2.5.1 “案例题”课业范例

会计科目设计案例分析报告

（成员：　　　　　　　　　　　　）

背景与情境：小张在大学城租了一间80平方米的门面开了一家卡拉OK厅。购置了一台价值120 000元的高档音响设备和灯具、皮沙发、茶具等用具，该卡拉OK厅还对外提供酒水、饮料等服务。小张聘请了会计专业大学生王燕全权负责卡拉OK厅的管理工作。王燕为歌厅设计了一套会计科目如下：库存现金、银行存款、原材料、应收账款、其他应收款、固定资产——房屋、固定资产——卡拉OK设备、固定资产——沙发等、短期借款、应付账款、应交税费、应付职工薪酬、其他应付款、股本、主营业务收入、主营业务成本、所得税费用、管理费用、财务费用、本年利润等。

问题：

1）分析王燕设计的会计科目是否正确、合理。

2）如果聘请你做该歌厅管理员，你将为歌厅怎样设计会计科目？

分析：

1）王燕设计的下列会计科目不合理：“原材料”设计的不合理，因为歌厅是娱乐业，没有产品加工过程。“固定资产——房屋”设计得不对，因为门面是临时租的，没有取得所有权和控制权，不能作为固定资产核算。“股本”设计也不合理，只有股份制企业才使用该账户，一般企业使用“实收资本”较合理。“所得税费用”设计不正确，因为个体经营户只用交个人所得税。

2）如果我做该歌厅管理员，我为歌厅设计的会计科目如下：资产类有库存现金、银行存款、库存商品、低值易耗品、应收账款、其他应收款、固定资产——卡拉 OK 设备、固定资产——沙发、累计折旧等，负债类科目有短期借款、应付账款、应交税费、应付职工薪酬、其他应付款，所有者权益类科目有实收资本、盈余公积、本年利润、利润分配等，损益类科目有管理费用、财务费用、主营业务收入、主营业务成本、营业税金及附加等。

2.5.2　“实训题”课业范例

试算平衡表编制实训报告

（报告人：　　　　　　　　　　）

【资料】

（1）甲企业 2012 年 3 月初有关账户的余额见表 2—4：

表 2—4　　**2007 年 3 月初有关账户的余额表**　　单位：元

会计科目	借方余额	贷方余额
银行存款	30 000	
应收账款	50 000	
原材料	40 000	
短期借款		40 000
应付账款		30 000
实收资本		50 000
合　计	120 000	120 000

（2）3 月发生如下业务：

① 收回应收账款 40 000 元并存入银行。

② 用银行存款 20 000 元购入原材料（假定不考虑增值税），原材料已验收入库。

③ 用银行存款偿还短期借款 30 000 元。

④ 从银行借入短期借款 10 000 元直接偿还应付账款。

⑤ 收到投资人追加投资 50 000 元并存入银行（假定全部为实收资本）。

⑥ 购入原材料，货款 30 000 元（假定不考虑增值税），原材料已验收入库，货款尚未支付。

【要求】

1）根据资料（2）编制会计分录（技能 I 训练）。

2）根据资料（1）和编制的会计分录登记 T 形账户（技能 II 训练）。

3）根据 T 形账户编制甲企业本期发生额及余额试算平衡表（技能 III 训练）。

4）综合上述训练成果，撰写《实训报告》（技能 IV 训练）。

【实训课业】

一、关于“本组资料”的专业训练

技能Ⅰ训练：会计分录的编制

项目组根据会计分录的概念和构成要素，按照会计分录的编制步骤和格式要求，完成对资料（2）六笔经济业务的分析，编制出以下会计分录：

①借：银行存款 40 000
　　贷：应收账款 40 000

②借：原材料 20 000
　　贷：银行存款 20 000

③借：短期借款 30 000
　　贷：银行存款 30 000

④借：应付账款 10 000
　　贷：短期借款 10 000

⑤借：银行存款 50 000
　　贷：实收资本 50 000

⑥借：原材料 30 000
　　贷：应付账款 30 000

技能Ⅱ训练：T 形账户的过账技能

项目组根据资料（1）开设相应的账户，并将期初余额的数据资料过入相关账户；根据步骤一编制的会计分录，能正确地将账户本期借方发生额、本期贷方发生额的数据过入相关账户；能正确地结出每个账户的期末余额。

应收账款

借方		贷方	
期初余额：	50 000		
			① 40 000
本期发生额：	0	本期发生额：	40 000
期末余额：	10 000		

银行存款

借方		贷方	
期初余额：	30 000		
	① 40 000		② 20 000
	⑤ 50 000		③ 30 000
本期发生额：	90 000	本期发生额：	50 000
期末余额：	70 000		

原材料

借方		贷方	
期初余额：	40 000		
	② 20 000		
	⑥ 30 000		
本期发生额：	50 000		
期末余额：	90 000		

短期借款

借方		贷方	
		期初余额：	40 000
	③ 30 000		④ 10 000
本期发生额：	30 000	本期发生额：	10 000
		期末余额：	20 000

实收资本

借方		贷方	
		期初余额：	50 000
			⑤ 50 000
		本期发生额：	50 000
		期末余额：	100 000

应付账款

借方		贷方	
		期初余额：	30 000
	④ 10 000		⑥ 30 000
本期发生额：	10 000	本期发生额：	30 000
		期末余额：	50 000

技能Ⅲ训练：试算平衡表的编制

由各实训组成员正确、规范地制作企业本期发生额及余额试算平衡表（见表 2—5），能正确地将所有账户期初余额、本期发生额、期末余额的数据过入企业本期发生额及余额试算平衡表的对应栏目中，能根据全部账户本期借方发生额合计=全部账户本期贷方发生额合计，全部账户期初借方余额合计=全部账户期初贷方余额合计，全部账户期末借方余额合计=全部账户期末贷方余额合计的平衡公式检验试算平衡表的平衡。

表2—5　**本期发生额及余额试算平衡表**　单位：元

账户名称	期初余额		本期发生额		期末余额	
	借方	贷方	借方	贷方	借方	贷方
银行存款	30 000		90 000	50 000	70 000	
应收账款	50 000			40 000	10 000	
原材料	40 000		50 000		90 000	
短期借款		40 000	30 000	10 000		20 000
应付账款		30 000	10 000	30 000		50 000
实收资本		50 000		50 000		100 000
合　计	120 000	120 000	180 000	180 000	170 000	170 000

二、关于"职业核心能力"与"职业道德"选项的融入性操练

实训前，我们对列入本章"实训题"【指导准备】中"知识准备"的那些知识进行了必要预习，接受了指导老师的全部"操作指导"。通过参加"知识准备"第（2）、（3）项的培训，使我们了解了本章涉及的"专业能力"各项技能、"职业核心能力"和"职业道德"选项的"规范与标准"，克服了实训过程中对相关操作规范的盲目性。

在实训中，我们在实施本组"实训资料"的专业操练和《实训报告》的准备、撰写、讨论与交流的同时，有意识地融入了"信息处理"、"解决问题"、"革新创新"等"职业核心能力"强化训练和"职业理想"和"职业守则"等"职业道德"的相关训练。

三、关于《试算平衡表编制实训报告》的撰写训练

《试算平衡表编制实训报告》		
项目实训班级：0904201	项目小组：02	项目组成员：杨阳
实训时间：2012年10月15日	实训地点：多媒体教室	
实训目的：熟悉会计分录的概念、掌握会计分录的编制方法和试算平衡的原理		
实训步骤：①由项目组根据企业发生的日常经济业务资料，编制会计分录；②各项目组成员根据编制的会计分录完成过账的任务；③由各项目组成员正确地将所有账户期初余额、本期发生额、期末余额的数据分别过入企业本期发生额及余额试算平衡表的对应栏目中，并根据平衡公式保证试算平衡表的平衡；④各项目组成员根据所编制的试算平衡表撰写作为最终成果形式的《试算平衡表编制实训报告》		
实训结果：编制企业2012年3月31日试算平衡表（见附件）		
企业账户记录的简单说明：从该企业2007年3月31日试算平衡表看出，该企业全部账户本期借方发生额合计=全部账户本期贷方发生额合计，全部账户期初借方余额合计=全部账户期初贷方余额合计，全部账户期末借方余额合计=全部账户期末贷方余额合计，以此为依据可以推断该企业2007年3月份的账户记录基本是正确的		

续表

实训感言：通过本实训，熟悉了会计分录的概念、种类、要素，掌握了会计分录的编制步骤和书写格式要求，掌握了企业本期发生额及余额试算平衡表的规范格式及编制步骤，进一步理解了为什么试算平衡了只能初步推断会计记录基本正确。感悟到会计工作要认真、仔细、严谨、来不得半点马虎。本次实训有助于理解和掌握会计分录的基本概念、编制方法和试算平衡的原理，有助于动手能力的提高
不足与今后改进：步骤二这个环节还不熟练，今后要加强这方面的训练
项目组长评定签字：　　　　　　　　　　项目指导教师评定签字：

2.6 参考答案与提示

"2.2 客观题"参考答案

2.2.1　理论题

1. 单项选择题

1）A　2）C　3）B　4）D　5）C　6）B　7）D　8）A　9）C　10）C　11）B

2. 多项选择题

1）ABCDE　2）ABC　3）ACD　4）BD　5）BC　6）AC　7）ABCD　8）BCD　9）ABD　10）ABD

3. 判断题

1）√　2）×　3）√　4）√　5）×　6）√　7）×　8）√　9）×　10）×

2.2.2　实务题

1. 单项选择题

1）A　2）B　3）D　4）A　5）B　6）C　7）D　8）A　9）B　10）D

2. 多项选择题

1）ABCD　2）ABD　3）ABCD　4）ABCD　5）ABCD　6）ACE　7）ABC　8）ABCD　9）ABD　10）ABC

3. 混合选择题

1）B　2）A　3）C　4）ABCD　5）ABCD　6）ABC　7）ABCD　8）BCD

4. 判断题

1）√　2）×　3）√　4）√　5）×　6）√　7）×　8）×　9）√　10）×

2.3.3　案例题

1）ABCD　2）ACD　3）ABC　4）ABD　5）AD

2.2.4　实训题

1. 单项选择题

1）D　2）A　3）A　4）C　5）C　6）B　7）D　8）B　9）B　10）D

2. 多项选择题

1）ABD　2）ABCE　3）AC　4）AD　5）BC　6）AC　7）BC　8）BD　9）ABC　10）BD

“2.3 主观题”参考答案与提示

2.3.1 理论题

1. 简答题

参考答案：

1）会计科目是对会计要素的具体内容进行分类核算的项目。账户是根据会计科目开设的，具有一定格式和结构，用于分类反映会计要素的增减变化情况及其结果的载体。从理论上看，账户和会计科目既有联系又有区别。两者的联系：会计科目与账户都是对会计对象具体内容的科学分类，两者反映的经济内容相同、口径一致，性质相同。会计科目是账户的名称，账户是根据会计科目开设的。如，“固定资产”科目与“固定资产”账户反映的经济内容、性质完全相同。没有会计科目，账户便失去了设置的依据；没有账户，会计科目就无法发挥作用。两者的区别：会计科目只是账户的名称，没有结构，不能记录发生的经济业务；而账户除了名称以外还有一定的格式和结构，并能通过结构记录经济业务的增减变化及结果。在实际工作中，会计科目和账户并不加以严格区分，可以相互通用。

2）会计科目按反映的经济内容可分为资产类、负债类、共同类、所有者权益类、成本类和损益类六大类。其中资产类科目，按流动性可分为流动资产科目和非流动资产科目。负债类科目，按偿还期限可分为流动负债科目和长期负债科目。所有者权益类科目，按形成和性质可分为反映资本的科目和反映留存收益的科目。损益类科目，可分为收入类科目和费用类科目。

3）账户按经济内容可以分为资产类、负债类、共同类、所有者权益类、成本类、损益类六大类。其中资产类账户，按其流动性可分为流动资产和非流动资产账户。负债类账户，按偿还期限可分为流动负债和非流动负债账户。所有者权益类账户，按形成和性质可分为反映资本和反映留存收益的账户。损益类账户，又称收支类账户，可分为收入类和费用支出类账户。

4）会计科目按提供会计信息的详细程度可分为总分类科目和明细分类科目。总分类科目，又称总账科目或一级科目，它是对会计要素各个大项进行分类，提供核算对象总括情况的科目。明细分类科目，又称明细科目，是对总分类科目作的进一步分类，提供核算对象详细、具体信息的科目。如果总账科目所属的明细科目较多，还可以在总账科目和明细科目之间增设二级科目，又称子目。

5）账户按提供会计信息的详细程度不同，可分为总分类账户和明细分类账户。总分类账户，简称总账账户或一级账户，是指根据总分类科目设置的，用于对会计要素具体内容进行总括分类核算的账户。所谓明细分类账户，简称明细账，是根据明细分类科目设置的，用来对会计要素具体内容进行详细具体分类核算的账户。

2. 理解题

参考答案：

1）账户的对应关系是指在借贷记账法下账户之间形成的应借应贷的相互关系。对应账户，是指存在着应借应贷对应关系的账户。例如从银行提取现金 1 000 元，“银行存款”减少是资产的减少，应该记入“银行存款”账户的贷方，“库存现金”增加是资产的增加，应该记入“库存现金”账户的借方。“银行存款”和“库存现金”账户之间存在应借应贷的对应关系，所以“银行存款”和“库存现金”可以称为对应账户。

2）总分类账户和明细分类账户之间既相互联系又相互制约。首先，它们的性质相同，反映的经济内容相同，区别在于反映会计信息的详尽程度不同。其次，总分类账户对所属明细分类账户起着总括、统驭和控制作用；明细分类账户对其总分类账户起着细分、辅助、补充说明的作用，每个明细分类账户都从属于总分类账户。最后，记入总分类账户的金额，必须与记入其所属的明细分类账户的金额之和相等，这种金额的关系被称为总分类账户与明细分类账户之间的勾稽关系。

3）会计科目设置的原则包括：①合法性原则，即统一性原则，是指企业所设置的会计科目都应当符合国家统一会计准则规定的要求，应当参照国家财政部统一制定的《企业会计准则应用指南——会计科目》，只有这样才能保证会计信息的相互可比。②相关性原则，是指会计科目的设置应当为提供相关各方所需要的会计信息服务，满足企业对外报告和对内管理的需要。③实用性原则，即灵活性原则，是指企业设置会计科目时，既应当按照会计准则及其应用指南规定的要求，保证其合法性，也可以在不违反统一性的前提下，根据本单位的实际情况灵活地自行增设、分拆和合并会计科目。

2.3.2 实务题

1. 规则复习

参考答案：

1）借贷记账法，就是以“借”和“贷”作为记账符号的一种复式记账法。借贷记账法的记账规则是“有借必有贷，借贷必相等”。在借贷记账法下，可以运用试算平衡对全部账户的发生额和余额进行汇总计算和比较，来检查账户记录是否正确。

2）单式记账法对发生的每一项经济业务，只在一个账户中进行登记。复式记账法对发生的每一项经济业务，都要以相等的金额在两个或两个以上相互联系的账户中，同时进行登记。单式记账法下，会计科目设置不完整，账户之间没有相互联系。复式记账法使发生的经济业务得到全面、系统的反映，可以了解经济业务的来龙去脉。在复式记账法下，通过试算平衡可以检查账户记录是否正确。

3）为了清晰反映各项经济业务的增减变动，通常将账户划分为左方、右方，分别登记增加数和减少数。在借贷记账法下，左方称借方，右方称贷方。至于哪一方登记增加数，哪一方登记减少数，取决于账户的性质及核算的经济内容。资产类账户的结构：借方登记资产的增加额，贷方登记资产的减少额，期末余额一般为借方余额。负债及所有者权益类账户的结构：贷方登记负债及所有者权益的增加额，借方登记负债及所有者权益的减少额，期末余额一般为贷方余额。成本、费用类账户的结构：成本、费用类账户同于资产类账户。收入类账户同于负债及所有者权益类账户。

4）借贷记账法的记账规则是“有借必有贷，借贷必相等”。每一笔经济业务发生后，都必须同时记入两个或两个以上相互联系的账户。即在记入一个账户借方的同时，要记入另一个或另几个账户的贷方，或者在记入一个账户贷方的同时，要记入另一个或另几个账户的借方，或者在记入几个账户借方的同时，要记入另几个账户的贷方；并且记入借方的金额必须等于记入贷方的金额。

5）账户期末余额=期初余额+本期增加发生额-本期减少发生额。资产类账户期末借方余额=期初借方余额+本期借方发生额-本期贷方发生额。负债及所有者权益类账户期末贷方余额=期初贷方余额+本期贷方发生额-本期借方发生额。

2. 业务解析

参考答案：

1）会计分录的编制步骤可以概括为以下四步：第一步分析经济业务所涉及的账户名称及性质；第二步分析账户的增减情况，确定账户的记账方向；第三步确定借贷方金额是否相等；第四步按照会计分录的格式要求，编制完整的会计分录。

2）试算平衡方法有发生额平衡法和余额平衡法。①发生额平衡法。理论依据是借贷记账法的记账规则“有借必有贷，借贷必相等”。平衡公式是全部账户本期借方发生额合计=全部账户本期贷方发生额合计。②余额平衡法。理论依据是资产=负债+所有者权益。平衡公式是全部账户期初借方余额合计=全部账户期初贷方余额合计，全部账户期末借方余额合计=全部账户期末贷方余额合计。

3）平行登记的要点是：①同依据。对于发生的同一笔经济业务，要根据相同的会计凭证在总分类账户和其所属的明细分类账户中进行登记。②同时期。对于发生的同一笔经济业务，在记入总分类账户的同时，也要在同一会计期间内（如一个月度内）记入所属的明细分类账户。③同方向。对于发生的同一笔经济业务，记入总分类账户的方向应该与记入所属明细分类账户的记账方向保持一致。总分类账户登记在借方，明细分类账户也应登记在借方；总分类账户登记在贷方，明细分类账户也应登记在贷方。④同金额。对于发生的同一笔经济业务，记入总分类账户的金额，应该与记入所属明细分类账户的金额之和相等。

2.3.3　案例题

分析提示：

1）小李设计的“固定资产——房屋”账户不对，因为门面是租的，不符合资产要素的定义，不能作为固定资产核算。“原材料——纸张”、“原材料——油墨”账户的设计不合理，因为打字社不是工业企业的加工生产，应该改为“库存商品——纸张”、“库存商品——油墨”账户更为合适。“股本——小李”账户也不适合，因为打字社并不是股份制。“所得税费用”账户设置得也不对，因为所得税是对公司制企业征收的。

2）本人根据该案例设计的会计科目如下：资产类科目有库存现金、银行存款、应收账款、其他应收款、库存商品、固定资产、累计折旧、周转材料。负债类科目有短期借款、应交税费、应付账款、其他应付款、应付职工薪酬。所有者权益类科目有实收资本、盈余公积、本年利润、利润分配。损益类科目有主营业务收入、主营业务成本、营业税金及附加、管理费用、财务费用等。

“2.4　实训资料”与提示

2.4.1

借贷记账法应用实训报告

一、关于“本组资料”的专业训练

技能Ⅰ训练：会计分录的编制

项目组根据会计分录的概念和构成要素，按照会计分录的编制步骤和格式要求，完成对资料（2）八笔经济业务的分析，编制出以下会计分录：

①借：银行存款 30 000
　　贷：实收资本 30 000
②借：库存现金 500
　　贷：银行存款 500
③借：生产成本 2 200
　　贷：原材料 2 200
④借：应付税费 8 800
　　贷：银行存款 8 800
⑤借：银行存款 15 000
　　贷：应收账款 15 000
⑥借：银行存款 200 000
　　贷：长期借款 200 000
⑦借：原材料 34 000
　　贷：应付账款 34 000
⑧借：应付账款 24 000
　　贷：银行存款 24 000

技能 II 训练：T 形账户的过账技能

项目组根据资料（1）开设相应的账户，并将期初余额的数据资料过入相关账户；根据步骤一编制的会计分录，能正确地将账户本期借方发生额、本期贷方发生额的数据过入相关账户；能正确地结出每个账户的期末余额。

借方 **实收资本** 贷方

借方	贷方
	期初余额：680 000
	① 30 000
本期发生额：0	本期发生额：30 000
	期末余额：710 000

借方 **银行存款** 贷方

借方	贷方
期初余额：30 000	
① 30 000	② 500
⑤ 15 000	④ 8 800
⑥ 200 000	⑧ 24 000
本期发生额：245 000	本期发生额：33 300
期末余额：241 700	

借方 **原材料** 贷方

借方	贷方
期初余额：90 000	
	③ 2 200
⑦ 34 000	
本期发生额：34 000	本期发生额：2 200
期末余额：121 800	

借方 **库存现金** 贷方

借方	贷方
期初余额：800	
② 500	
本期发生额：500	本期发生额：0
期末余额：1 300	

借方 **生产成本** 贷方

借方	贷方
期初余额：40 000	
③ 2 200	
本期发生额：2 200	本期发生额：0
期末余额：42 200	

借方 **应交税费** 贷方

借方	贷方
	期初余额：8 800
④ 8 800	
本期发生额：8 800	本期发生额：0
	期末余额：0

借方　　应收账款　　贷方

借方	贷方
期初余额：35 200	
	⑤ 15 000
本期发生额：0	本期发生额：15 000
期末余额：20 200	

借方　　长期借款　　贷方

借方	贷方
	期初余额：0
	⑥ 200 000
本期发生额：0	本期发生额：200 000
	期末余额：200 000

借方　　应付账款　　贷方

借方	贷方
	期初余额：54 200
⑧ 24 000	⑦ 34 000
本期发生额：24 000	本期发生额：34 000
	期末余额：64 200

技能 III 训练：试算平衡表的编制

由各实训组成员正确、规范地制作企业本期发生额及余额试算平衡表（见表2—6），能正确地将所有账户期初余额、本期发生额、期末余额的数据过入企业本期发生额及余额试算平衡表的对应栏目中，能根据全部账户本期借方发生额合计=全部账户本期贷方发生额合计，全部账户期初借方余额合计=全部账户期初贷方余额合计，全部账户期末借方余额合计=全部账户期末贷方余额合计的平衡公式检验试算平衡表的平衡。

表2—6　　本期发生额及余额试算平衡表　　单位：元

账户名称	期初余额		本期发生额		期末余额	
	借方	贷方	借方	贷方	借方	贷方
银行存款	30 000		245 000	33 300	241 700	
库存现金	800		500		1 300	
应收账款	35 200			15 000	20 200	
原材料	90 000		34 000	2 200	121 800	
生产成本	40 000		2 200		42 200	
库存商品	20 000				20 000	
固定资产	600 000				600 000	
短期借款		13 000				13 000
应付账款		54 200	24 000	34 000		64 200
应交税费		8 800	8 800			0
长期借款				200 000		200 000
实收资本		680 000		30 000		710 000
盈余公积		40 000				40 000
本年利润		20 000				20 000
合　计	816 000	816 000	314 500	314 500	1 047 200	1 047 200

二、关于“职业核心能力”与“职业道德”选项的融入性操练

（参照2.5.2　‘实训题’课业范例的“二”）

三、关于《资产和权益平衡表编制实训报告》的撰写训练

（参照2.5.2　‘实训题’课业范例的“三”）

2.4.2

借贷记账法应用实训报告

一、关于“本组资料”的专业训练

技能 I 训练：会计分录的编制

项目组根据会计分录的概念和构成要素，按照会计分录的编制步骤和格式要求，完成对资料（2）五笔经济业务的分析，编制出以下会计分录：

① 借：原材料	6 000	
贷：应付账款		6 000
② 借：银行存款	100 000	
贷：实收资本		100 000
③ 借：短期借款	20 000	
贷：银行存款		20 000
④ 借：固定资产	50 000	
贷：银行存款		50 000
⑤ 借：应付账款	10 000	
贷：短期借款		10 000

技能 II 训练：T形账户的过账技能

项目组根据资料（1）开设相应的账户，并将期初余额的数据资料过入相关账户；根据步骤一编制的会计分录，能正确地将账户本期借方发生额、本期贷方发生额的数据过入相关账户；能正确地结出每个账户的期末余额。

借方	原材料		贷方
期初余额：	127 000		
	① 6 000		
本期发生额：	6 000	本期发生额：	0
期末余额：	133 000		

借方	应付账款		贷方
		期初余额：	50 000
	⑤ 10 000		① 6 000
本期发生额：	10 000	本期发生额：	6 000
		期末余额：	46 000

借方	银行存款		贷方
期初余额：	360 000		
	② 100 000		③ 20 000
			④ 50 000
本期发生额：	100 000	本期发生额：	70 000
期末余额：	390 000		

借方	实收资本		贷方
		期初余额：	500 000
			② 100 000
本期发生额：	0	本期发生额：	100 000
		期末余额：	600 000

借方	短期借款		贷方
		期初余额：	200 000
	③ 20 000		⑤ 10 000
本期发生额：	20 000	本期发生额：	10 000
		期末余额：	190 000

借方	固定资产		贷方
期初余额：	250 000		
	④ 50 000		
本期发生额：	50 000	本期发生额：	0
期末余额：	300 000		

技能 III 训练：试算平衡表的编制

由各实训组成员正确、规范地制作企业本期发生额及余额试算平衡表（见表 2—7），能正确地将所有账户期初余额、本期发生额、期末余额的数据过入企业本期发生额及余额试算平衡表的对应栏目中，能根据全部账户本期借方发生额合计=全部账户本期贷方发生额合计，全部账户期初借方余额合计=全部账户期初贷方余额合计，全部账户期末借方余额合计=全部账户期末贷方余额合计的平衡公式检验试算平衡表的平衡。

表2—7　　本期发生额及余额试算平衡表　　单位：元

账户名称	期初余额		本期发生额		期末余额	
	借方	贷方	借方	贷方	借方	贷方
库存现金	12 000				12 000	
银行存款	360 000		100 000	70 000	390 000	
其他应收款	1 000				1 000	
原材料	127 000		6 000		133 000	
固定资产	250 000		50 000		300 000	
短期借款		200 000	20 000	10 000		190 000
应付账款		50 000	10 000	6 000		46 000
实收资本		500 000		100 000		600 000
合　计	750 000	750 000	186 000	186 000	836 000	836 000

二、关于“职业核心能力”与“职业道德”选项的融入性操练

（参照2.5.2　‘实训题’课业范例的“二”）

三、关于《资产和权益平衡表编制实训报告》的撰写训练

（参照2.5.2　‘实训题’课业范例的“三”）

2.4.3

借贷记账法应用实训报告

一、关于“本组资料”的专业训练

技能Ⅰ训练：会计分录的编制

项目组根据会计分录的概念和构成要素，按照会计分录的编制步骤和格式要求，完成对资料（2）六笔经济业务的分析，编制出以下会计分录：

① 借：库存现金　　1 500
　　贷：银行存款　　1 500

② 借：固定资产　　60 000
　　贷：银行存款　　60 000

③ 借：原材料　　80 000
　　贷：银行存款　　40 000
　　　　应付账款　　40 000

④ 借：应付账款　　2 000
　　贷：银行存款　　2 000

⑤ 借：银行存款　　　100 000
　　贷：实收资本　　　100 000

⑥ 借：生产成本　　　23 000
　　贷：原材料　　　23 000

技能 II 训练：T 形账户的过账技能

项目组根据资料（1）开设相应的账户，并将期初余额的数据资料过入相关账户；根据步骤一编制的会计分录，能正确地将账户本期借方发生额、本期贷方发生额的数据过入相关账户；能正确地结出每个账户的期末余额。

库存现金

借方		贷方	
期初余额：	3 000		
	① 1 500		
本期发生额：	1 500	本期发生额：	0
期末余额：	4 500		

固定资产

借方		贷方	
期初余额：	164 000		
	② 60 000		
本期发生额：	60 000	本期发生额：	0
期末余额：	224 000		

银行存款

借方		贷方	
期初余额：	150 000		①1 500
	⑤ 100 000		② 60 000
			③ 40 000
			④ 2 000
本期发生额：	100 000	本期发生额：	103 500
期末余额：	146 500		

原材料

借方		贷方	
期初余额：	63 000		
	③ 80 000		⑥ 23 000
本期发生额：	80 000	本期发生额：	23 000
期末余额：	120 000		

应付账款

借方		贷方	
		期初余额：	6 000
	④ 2 000		③ 40 000
本期发生额：	2 000	本期发生额：	40 000
		期末余额：	44 000

生产成本

借方		贷方	
	⑥ 23 000		
本期发生额：	23 000		
期末余额：	23 000		

实收资本

借方		贷方	
		期初余额：	360 000
			⑤ 100 000
本期发生额：	0	本期发生额：	100 000
		期末余额：	460 000

技能 III 训练：试算平衡表的编制

由各实训组成员正确、规范地制作企业本期发生额及余额试算平衡表（见表 2—8），能正确地将所有账户期初余额、本期发生额、期末余额的数据过入企业本期发生额及余额试算平衡表的对应栏目中，能根据全部账户本期借方发生额合计 = 全部账户本期贷方发生额合计，全部账户期初借方余额合计 = 全部账户期初贷方余额合计，全部账户期末借方余额合计 = 全部账户期末贷方余额合计的平衡公式检验试算平衡表的平衡。

表2—8　　**本期发生额及余额试算平衡表**　　单位：元

账户名称	期初余额		本期发生额		期末余额	
	借方	贷方	借方	贷方	借方	贷方
库存现金	3 000		1 500		4 500	
银行存款	150 000		100 000	103 500	146 500	
原材料	63 000		80 000	23 000	120 000	
生产成本			23 000		23 000	
固定资产	164 000		60 000		224 000	
短期借款		14 000				14 000
应付账款		6 000	2 000	40 000		44 000
实收资本		360 000		100 000		460 000
合　计	380 000	360 000	266 500	266 500	518 000	518 000

二、关于职业核心能力”与“职业道德”选项的融入性操练

(参照2.5.2　‘实训题’课业范例的“二”)

三、关于《资产和权益平衡表编制实训报告》的撰写训练

(参照2.5.2　‘实训题’课业范例的“三”)

第 3 章
主要经济业务的核算

3.1 预习要览

3.1.1 内容提要与结构

1. 内容提要

资金筹集是企业整个资金运动的起点。企业筹集资金的渠道有两个方面，一是吸收投资者的投资，二是向债权人借入。投资者的投资形成了企业的投入资本，向债权人借入的资金形成了企业的负债。企业筹集资金的核算就是通过“银行存款”、“固定资产”、“无形资产”、“实收资本”或“股本”、“短期借款”、“长期借款”、“应付利息”和“财务费用”等账户来反映企业筹资过程发生的经济业务。

供应过程是企业生产经营活动的准备阶段。这阶段发生的主要经济业务是采购材料办理材料的验收入库手续，与供应单位之间办理货款的结算，支付采购费用，正确计算材料采购成本。计算采购成本时，单独采购某种材料发生的采购费用，直接计入该材料的采购成本；采购几种材料共同发生的采购费用，应采用适当的分配标准（重量、体积、或买价）分配后再计入各种材料的采购成本。供应过程的核算就是通过“在途物资”、“原材料”、“应付账款”、“应付票据”、“预付账款”和“应交税费”等账户来反映企业供应过程发生的经济业务。

生产过程是劳动者利用劳动资料对劳动对象进行加工形成劳动产品的过程，它既是产品的制造过程，又是物化劳动和活劳动的消耗过程，是企业生产经营的中心环节。生产费用是生产过程中发生的各项耗费，主要包括各种材料费用、人工费用、动力费用、固定资产折旧费以及其他各项费用。这些生产费用，有的是直接生产产品发生的，有的是间接为生产产品发生的。它们按照一定的程序和方法进行归集、分配，就形成了产品的生产成本。产品生产成本是指为生产一定种类、数量的产品所发生的耗费，是对象化的费用。生产过程发生的主要经济业务是归集和分配生产费用，计算产品生产成本。直接为产品生产而发生的各项费用，直接计入产品成本。生产车间为组织和管理产品生产而发生的间接费用，月末归集、分配后再计入产品成本。企业行政管理部门为组织和管理生产经营活动而发生的管理费用属期间费用，不计入产品成本，月末直接计入当期损益。生产过程的核算就是通过“生产成本”、“制造费用”、“应付职工薪酬”、“累计折旧”、“库存商品”和

“管理费用”等账户来反映企业生产过程发生的经济业务。

销售过程是将企业生产的产品卖出去，取得销售收入的过程，是企业生产经营过程的最后阶段。销售过程的主要经济业务是营业收入的取得，营业成本、营业费用和营业税金及附加的发生。企业的营业收入包括主营业务收入和其他业务收入。产品销售成本是指已经销售产品的生产成本。我国现行《企业会计准则第 1 号——存货》第 14 条规定：企业应当采用先进先出法、加权平均法或个别计价法确定发出存货的实际成本。销售费用是企业在销售商品和材料、提供劳务过程中发生的各种费用，包括运输费、装卸费、包装费、保险费、商品展览费、推销费和广告费以及专设销售机构的职工薪酬、业务费和折旧费等经营费用。营业税金及附加是企业经营活动发生的营业税、消费税、城市维护建设税、资源税和教育费附加等相关税费。销售过程的核算就是通过“主营业务收入”、“其他业务收入”、“主营业务成本”、“其他业务成本”、“营业税金及附加”、“销售费用”、“应收账款”和“应收票据”等账户来反映企业销售过程发生的经济业务。

利润是企业一定会计期间取得的经营成果，包括收入减去费用后的净额，直接计入当期利润的利得和损失等。营业外收入是企业取得的与生产经营活动没有直接关系的各种收入，包括非流动资产处置利得、非货币性资产交换利得、债务重组利得、政府补助、盘盈利得和捐赠利得等。营业外支出是企业发生的与生产经营活动没有直接关系的各种支出，包括非流动资产处置损失、非货币性资产交换损失、债务重组损失、公益性捐赠支出、非常损失和盘亏损失等。利润有营业利润、利润总额、净利润。企业取得利润后应按规定进行分配。企业利润分配的顺序是，弥补以前年度的亏损，按净利润 10% 提取法定盈余公积金，向投资者分配股利或利润，根据股东大会决议或者公司章程的规定提取任意盈余公积金。当法定盈余公积金达到注册资本的 50% 以上时，可以不再提取。企业提取的法定盈余公积金主要用于弥补亏损、扩大生产经营、转增资本或派送新股等。法定盈余公积转为资本时，所留存的公积金不得少于转增前公司注册资本的 25%。利润形成及其分配的核算就是通过“本年利润”、“利润分配”、“盈余公积”、“营业外收入”、“营业外支出”、“所得税费用”和“应付股利”等账户来反映企业利润形成及其分配的经济业务。

2. 内容结构

本章内容结构如图 3—1 所示：

3. 主要概念和观念

1）主要概念

投入资本　借入资金　生产费用　产品生产成本　利润

2）主要观念

供应过程核算　生产过程核算　销售过程核算　利润形成及其分配核算

3.1.2 重点与难点

1. 重点理论

供应过程主要经济业务　生产过程主要经济业务　销售过程主要经济业务　利润构成及其分配程序

2. 重点实务

材料采购成本　产品生产成本　产品销售成本　全月一次加权平均法　先进先出法

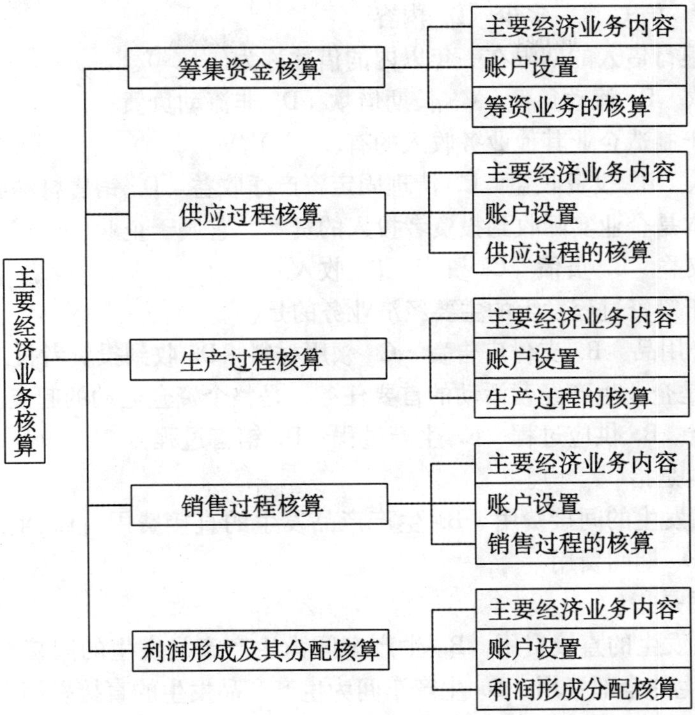

图 3—1　本章内容结构

3. 重点操作

筹资业务核算　生产业务的核算　销售业务核算　利润形成及其分配业务核算

4. 难点

生产过程核算　利润形成及其分配核算

3.1.3　主要公式

1）材料的实际采购成本计算公式：

$$\text{材料的实际采购成本}=\text{买价}+\text{采购费用}+\text{相关税金}$$

2）产品生产成本计算公式：

$$\text{产品生产成本}=\text{直接费用}+\text{制造费用（间接费用）}$$

3）完工产品成本计算公式：

$$\text{完工产品成本}=\text{月初在产品成本}+\text{本月发生生产费用}-\text{月末在产品成本}$$

4）产品销售成本计算公式：

$$\text{加权平均单价}=(\text{期初结存成本}+\text{本期入库成本})\div(\text{期初结存数量}+\text{本期入库数量})$$

$$\text{本期销售商品成本}=\text{本期销售数量}\times\text{加权平均单价}$$

5）利润计算公式：

$$\text{利润总额}=\text{营业利润}+\text{营业外收入}-\text{营业务支出}$$

3.2　客观题

3.2.1　理论题

1. 单项选择题

1）费用按计入成本的(　　)不同，可分为直接费用、间接费用。

A. 程序 B. 方式 C. 多少 D. 内容

2）企业向银行借入的期限在一年以内的借款称为(　　)。

A. 短期借款 B. 流动负债 C. 长期借款 D. 非流动负债

3）下面属于制造企业其他业务收入的有(　　)。

A. 捐赠收入 B. 投资收益 C. 清理固定资产净收益 D. 销售材料收入

4）实收资本是企业实际收到投资者投入的资本，它属于企业(　　)。

A. 所有者权益 B. 负债 C. 资产 D. 收入

5）下列属于筹资过程发生的主要经济业务的是(　　)。

A. 购买办公用品 B. 支付广告费 C. 领用材料 D. 收到投资者投入设备一台

6）(　　)是企业生产经营活动的首要任务，是整个资金运动的起点。

A. 筹集资金 B. 供应过程 C. 生产过程 D. 销售过程

7）生产成本是指(　　)。

A. 生产产品发生的间接费用 B. 生产产品发生的直接费用 C. 生产产品发生的直接、间接费用 D. 期间费用

8）制造费用是指(　　)。

A. 生产产品发生的直接费用 B. 生产车间为生产产品发生的间接费用 C. 生产车间为生产产品发生的全部费用 D. 生产车间为生产产品发生的直接费用

9）下列属于生产过程发生的主要经济业务的是(　　)。

A. 支付材料运杂费 B. 支付广告费 C. 领用材料 D. 收到投资者投入设备一台

10）下列属于销售过程发生的主要经济业务的是(　　)。

A. 收到投资者投入设备一台 B. 向灾区捐款 C. 领用材料 D. 支付广告费

2. 多项选择题

1）工业企业的生产经营活动包括(　　)。

A. 筹集资金 B. 供应过程 C. 生产过程 D. 利润的形成与分配 E. 投资活动

2）企业筹集资金的渠道主要有(　　)。

A. 向投资人筹集 B. 财政补贴 C. 向债权人借入 D. 接受捐赠 E. 利用未分配利润

3）企业接受投资的形式可以是(　　)。

A. 无形资产 B. 固定资产 C. 原材料 D. 现金 E. 负债

4）下列借款期限中属于短期借款的是(　　)。

A. 6 个月 B. 1 年 C. 2 年 D. 9 个月 E. 3 年

5）利润减去所得税之后的余额，称为(　　)。

A. 利润总额 B. 税后利润 C. 净利润 D. 税前利润 E. 息税前利润

6）商业汇票包括(　　)。

A. 商业承兑汇票 B. 银行承兑汇票 C. 银行汇票 D. 支票 E. 银行本票

7）职工薪酬包括(　　)。

A. 工资、奖金 B. 社会保险费 C. 工会经费 D. 职工福利费 E. 非货币性薪酬

8）下列属于制造费用的有(　　)。

A. 生产车间工人的工资福利 B. 生产车间管理人员的工资福利 C. 车间固定资产折旧费 D. 车间一般耗材 E. 车间固定资产修理费

9）下列属于管理费用的有(　　)。

A. 行管部门耗用材料　B. 行管人员工资　C. 行管部门办公费、差旅费　D. 行管部门固定资产折旧费、修理费　E. 车间管理人员的工资

10）下列属于利润分配的内容有(　　)。

A. 提取法定盈余公积金　B. 交纳所得税　C. 提取任意盈余公积金　D. 向投资者分配利润　E. 上缴增值税、消费税

3. 判断题

1）实收资本是指企业实际收到的投入资本。(　　)

2）生产过程发生的主要经济业务有，生产费用的归集和分配，产品成本的计算。(　　)

3）销售过程发生的主要经济业务有：销售商品收回货款、结转销售商品成本、计算利润。(　　)

4）生产费用是企业生产过程中发生的各项耗费。(　　)

5）管理费用是企业为管理和组织企业生产经营活动而发生的各项费用。(　　)

6）销售费用是企业在销售商品过程中发生的各项费用以及专设销售机构的各项经费。(　　)

7）企业在一定时期支付的生产费用总和就是产品生产成本。(　　)

8）企业生产经营活动取得的收入，都属于主营业务收入。(　　)

9）营业费用就是期间费用。(　　)

10）企业财务成果是企业一定时期取得利润或亏损。(　　)

3.2.2 实务题

1. 单项选择题

1）购进材料一批，买价 50 000 元，运输费用 1 200 元，入库前整理费用 800 元，增值税进项税 5 100 元。该批材料采购成本是(　　)元。

A. 52 000　B. 30 000　C. 31 200　D. 37 100

2）企业某月以银行存款支付业务招待费 6.2 万元、产品广告费 15.8 万元、行政办公费 9.6 万元、产品售后服务费 2.4 万元；发生工资费用 32.4 万元，其中行政管理人员工资 7.8 万元、车间管理人员工资 21.6 万元、销售机构人员工资 3 万元。则当月应计入“管理费用”科目的金额是(　　)万元。

A. 42　B. 39　C. 45.2　D. 23.6

3）甲企业为增值税一般纳税人。本期外购原材料一批，买价为 10 000 元，增值税为 1 700 元，入库前挑选整理费用为 500 元。该批原材料的入账价值为(　　)元。

A. 10 000　B. 11 700　C. 10 500　D. 12 200

4）某企业对发出的存货采用全月一次加权平均法计价，本月期初钢材的数量为 100 吨，单价为 1 200 元/吨，本月购入一批，数量为 300 吨，单价 1 000 元/吨，则本月发出存货的单价为(　　)。

A. 1 170 元/吨　B. 1 175 元/吨　C. 1 075 元/吨　D. 1 050 元/吨

5）下列不属于产品生产成本的是(　　)。

A. 直接材料　B. 管理费用　C. 直接人工　D. 制造费用

6）A 产品月初在产品成本 20 000 元，本月发生材料费用 30 000 元，生产工人工资 8 000元，月末在产品成本 12 000 元，完工 200 件 A 产品的总成本为(　　)元。

A. 50 000　B. 46 000　C. 38 000　D. 20 000

7）下列不属于材料采购费用的是(　　)。

A. 买价　B. 入库前挑选整理费用　C. 运输途中合理损耗　D. 运输费

8）同时购入两种以上材料时，采购费用一般应按(　　)在各种材料之间进行分配。

A. 路程远近　B. 购买费用　C. 材料重量　D. 货物大小

9）企业某月实现营业利润 360 万元，当月企业取得营业外收入 10 万元，分别发生营业外支出和所得税费用 20 万元和 70 万元，则该企业当月实现的净利润为(　　)万元。

A. 290　B. 340　C. 280　D. 330

10）生产产品发生的间接费用，先归集到(　　)，然后再计入产品成本中去。

A. 管理费用　B. 直接费用　C. 期间费用　D. 制造费用

2. 多项选择题

1）材料采购成本包括(　　)。

A. 材料买价　B. 运输途中合理损耗　C. 运输费　D. 入库后仓储费　E. 入库前挑选整理费用

2）产品生产成本包括(　　)。

A. 直接材料　B. 管理费用　C. 直接人工　D. 制造费用　E. 直接燃料

3）产品销售成本的计算方法有(　　)。

A. 先进先出法　B. 后进先出法　C. 加权平均法　D. 个别计价法　E. 平均年限法

4）下列属于期间费用的有(　　)。

A. 销售费用　B. 管理费用　C. 财务费用　D. 制造费用　E. 生产成本

5）下列属于销售税金及附加的有(　　)。

A. 增值税　B. 消费税　C. 营业税　D. 城市维护建设税　E. 教育费附加

6）制造费用常见分配的方法有(　　)。

A. 生产工人工时比例　B. 生产工人工资比例　C. 机器工时比例　D. 材料消耗比例　E. 产品产量

7）几种材料共同发生的材料采购费用分配的标准是(　　)。

A. 材料重量　B. 材料体积　C. 路程远近　D. 材料买价　E. 物价上涨水平

8）影响短期借款利息计算的因素有(　　)。

A. 借款用途　B. 利率　C. 期限　D. 本金　E. 偿债能力

9）影响营业利润计算的因素有(　　)。

A. 主营业务收入　B. 投资收益　C. 营业外收入　D. 其他业务收入　E. 营业外支出

10）影响净利润计算的因素有(　　)。

A. 利润总额　B. 资产减值损失　C. 管理费用　D. 所得税费用　E. 销售费用

3. 混合选择题

1）“数字应用能力（初级）”的“基本要求”是(　　)。

A. 具备进入工作岗位最基本的数字应用能力，并能运用这些能力适应既定工作需要

B. 能灵活运用数字应用能力以适应工作岗位各方面需要　C. 具备熟练把握数字和通过数字运算来解决实际工作问题，适应更复杂的工作需要　D. 能从事复杂计算工作，设计并绘制图表

2）“数字应用能力（初级）”包括的技能点是(　　)。

A. 解读数据信息、进行数据计算、展示和使用数据信息　B. 采集解读数据信息、进行数字计算、展示和使用数据信息　C. 解读数据信息、进行数据计算、展示和使用数据信息　D. 采集解读数据信息、进行数据计算、展示和使用数据信息

3）“数字应用能力（初级）”的“规范与标准”是(　　)。

A. 能按要求测量并记录结果，准确统计数目，解读简单图表，读懂数字并汇总数据　B. 能进行简单计算并验算结果　C. 能正确使用单位，根据计算结果说明工作任务　D. 能进行多步骤复杂计算

4）“主要经济业务核算”这一“专业能力领域”包括的技能点有(　　)。

A. 筹资业务核算技能　B. 供应过程核算技能　C. 生产过程核算技能　D. 销售过程核算技能

5）“筹资业务核算技能”的“规范与标准”有(　　)。

A. 能熟知企业筹资过程发生的主要经济业务　B. 能正确掌握筹资过程主要账户　C. 能正确编制筹资业务的会计分录　D. 能正确计算筹资成本

6）“供应过程核算技能”的“规范与标准”有(　　)。

A. 能熟知企业供应过程发生的主要经济业务　B. 能正确掌握材料采购成本的概念、内容、计算方法　C. 正确掌握供应过程主要账户　D. 能正确地编制供应过程业务的会计分录

7）“生产过程核算技能”的“规范与标准”有(　　)。

A. 能熟知企业生产过程发生的主要经济业务　B. 能理解生产费用和产品生产成本的关系，正确掌握产品生产成本的概念、内容、计算方法　C. 正确掌握生产过程主要账户　D. 能正确编制生产过程业务的会计分录

8）“销售过程核算技能”的“规范与标准”有(　　)。

A. 能熟知企业销售过程发生的主要经济业务　B. 能正确计算利润　C. 正确掌握销售过程主要账户　D. 能正确编制销售过程业务的会计分录

4. 判断题

1）本月完工产品成本=月初在产品成本+本月生产费用发生额-月末在产品成本。(　　)

2）不单独设置“预收账款”账户的企业，预收的货款在“应收账款”账户中核算。(　　)

3）“累计折旧”账户性质虽然属于资产类，但结构同于负债类。(　　)

4）企业购入材料时支付的增值税不能记入材料采购成本。(　　)

5）制造费用可以按工人工资比例或生产工时比例分配。(　　)

6）企业要按照应付工资总额14%的比例计提职工福利费。(　　)

7）生产产品发生的各项费用最终都要归集到“生产成本”账户借方。(　　)

8）投资者的投资超过其所占注册资本份额时，应记入“资本公积”账户。(　　)

9）“短期借款”、“长期借款”账户核算企业向银行或其他金融机构借入的款项。（ ）

10）计提短期借款利息，应计入财务费用。（ ）

3.2.3 案例题

发出存货计价方法

背景与情境：长江公司2007年5月甲材料收发情况如下。月初结存100千克，单价9元。7日购进100千克，单价10元。11日领用50千克。15日购进350千克，单价12元。17日领用400千克。20日购进50千克，单价14元。23日领用50千克。用第一种方法计算，本月领用甲材料成本＝50×9＋50×9＋100×10＋250×12＋50×12＝5 500（元）。用第二种方法计算，本月领用甲材料成本＝（900+1 000+4 200+700）÷（100+100+350+50）×500＝5 666. 67（元）。

要求：请根据案例在下列题中填入适当选项：

1）计算领用甲材料成本的第一种方法是(　　)。

A. 加权平均法　B. 先进先出法　C. 个别计价法　D. 后进先出法

2）计算领用甲材料成本的第二种方法是(　　)。

A. 加权平均法　B. 先进先出法　C. 个别计价法　D. 后进先出法

3）先进先出法的特点是(　　)。

A. 工作量比较繁琐　B. 当物价上涨时，会高估企业当期利润　C. 当物价上涨时，会高估库存存货价值　D. 当物价上涨时，会高估企业本期发出存货成本

4）加权平均法的特点是(　　)。

A. 计算方法简单　B. 不利于核算的及时性　C. 在物价变动幅度较大的情况下，按加权平均单价计算的期末存货价值与现行成本有较大的差异　D. 适合物价变动幅度不大的情况

5）从这个案例，我们可以看到发出存货计价方法的选择会影响利润，因此企业可以(　　)发出存货计价方法。

A. 不能更改　B. 可以更改　C. 不能随意变更　D. 经领导同意后更改

3.2.4 实训题

1. 单项选择题

1）“预收账款”账户按经济内容分类属于(　　)。

A. 资产类　B. 成本类　C. 负债类　D. 损益类

2）“累计折旧”账户按经济内容分类属于(　　)。

A. 资产类　B. 负债类　C. 成本类　D. 费用类

3）“实收资本”账户按(　　)设置明细账。

A. 企业　B. 捐赠人　C. 债权人　D. 投资者

4）企业按10%计提法定盈余公积，编制会计分录，其借方科目为(　　)。

A. “利润分配——提取法定盈余公积”　B. “利润分配——未分配利润”　C. “利润分配——应付股利”　D. “盈余公积”

5）“固定资产”账户反映固定资产的(　　)。

A. 原始价值　B. 净值　C. 累计折旧　D. 损耗价值

6）预付货款不多的企业，可以不设置“预付账款”账户，而并入(　　)。

A. 应收账款　B. 预收账款　C. 应付账款　D. 其他应收款

7）企业为职工垫付医药费，从该职工的工资扣回时，应(　　)。

A. 借记“应付福利费”　B. 贷记“应付福利费”　C. 借记“应付职工薪酬”　D. 贷记“应付职工薪酬”

8）“材料采购”账户核算(　　)。

A. 自制材料的成本　B. 库存材料的增减变化及结果　C. 外购材料的买价和采购费用　D. 购进材料时发生的增值税

9）某企业“原材料”账户月初余额为 380 000 元，本月验收入库原材料共计 240 000 元，发出材料共计 320 000 元。则该企业“原材料”账户月末余额为(　　)。

A. 余额在借方，金额为 460 000 元　B. 余额在贷方，金额为 460 000 元　C. 余额在借方，金额为 300 000 元　D. 余额在贷方，金额为 300 000 元

10）企业购入货物或接受应税劳务而支付的增值税额应记入“应交税费——应交增值税”二级账户的下列(　　)专栏。

A 已交税金　B. 进项税额　C. 销项税额　D. 进项税额转出

2. 多项选择题

1）企业对固定资产计提折旧时，可能借记的会计科目有(　　)。

A. “主营业务成本”　B. “管理费用”　C. “制造费用”　D. “其他业务成本”　E. “财务费用”

2）期末一般无余额的账户有(　　)。

A. “生产成本”　B. “销售费用”　C. “管理费用”　D. “财务费用”　E. “营业外支出”

3）“营业税金及附加”账户主要核算(　　)。

A. 消费税　B. 营业税　C. 增值税　D. 城建税　E. 教育费附加

4）结转完工产品成本，应使用的会计科目包括(　　)。

A. “库存商品”　B. “制造费用”　C. “生产成本”　D. “主营业务成本”　E. “材料采购”

5）结转已经销售产品成本，应使用的会计科目包括(　　)。

A. “库存商品”　B. “制造费用”　C. “生产成本”　D. “主营业务成本”　E. “其他业务成本”

6）企业本年实现净利润 67 000 元，年末提取盈余公积 6 700 元，分配投资者利润 20 000元，则在年末利润分配时应作的会计分录包括(　　)。

A. 借记本年利润 67 000 元　贷记利润分配 67 000 元　B. 借记利润分配 6 700 元　贷记盈余公积 6 700 元　C. 借记利润分配 67 000 元　贷记本年利润 67 000 元　D. 借记利润分配 20 000 元　贷记应付股利 20 000 元　E. 借记利润分配 6 7000 元　贷记盈余公积 67 000 元

7）材料验收入库，应(　　)。

A. 借记“原材料”　B. 借记“在途物资”　C. 贷记“原材料”　D. 贷记“在途物资”　E. 借记“库存商品”

8）结转制造费用，应(　　)。

A. 借记“库存商品” B. 借记“生产成本” C. 贷记“制造费用” D. 贷记“生产成本” E. 借记“主营业务成本”

9）企业本期生产甲产品直接耗用原材料3 000 元，生产车间耗用原材料2 000 元，不正确的会计分录包括(　　)。

A. 借记生产成本——甲材料 5 000 元 贷记原材料 5 000 元 B. 借记制造费用 5 000 元 贷记原材料 5 000 元 C. 借记生产成本——甲材料 3 000 元 制造费用 2 000 元 贷记原材料 5 000 元 D. 借记生产成本——甲材料 3 000 元 管理费用 2 000 元 贷记原材料 5 000 元 E. 借记管理费用 5 000 元 贷记原材料 5 000 元

10）乙公司为增值税一般纳税人。2008 年 2 月 1 日，乙公司购入原材料，价款10 000 元，增值税率为 17%，货物尚未到达，货款已用银行存款支付。乙公司采用实际成本进行原材料日常核算，下列会计处理中错误的是(　　)

A. 借：原材料 10 000
　　应交税费——应交增值税（进项税额） 1 700
　贷：银行存款 11 700

B. 借：在途物资 11 700
　贷：银行存款 11 700

C. 借：在途物资 10 000
　　应交税费——应交增值税（进项税额） 1 700
　贷：银行存款 11 700

D. 借：原材料 11 700
　贷：银行存款 11 700

E. 借：原材料 11700
　贷：银行存款 11700

3.3 主观题

3.3.1 理论题

1. 简答题

1）筹资过程核算哪些主要经济业务？

2）供应过程核算哪些主要经济业务？

3）生产过程核算哪些主要经济业务？

4）销售过程核算哪些主要经济业务？

5）企业取得利润后应按怎样的顺序进行分配？

2. 理解题

1）比较生产费用与生产成本的关系。

2）什么是经营成果？它是怎样形成的？

3）什么是固定资产折旧？企业为什么要对固定资产计提折旧？

3.3.2 实务题

1. 规则复习

1）什么是材料采购成本？其核算方法如何？

2）什么是产品生产成本？其核算方法如何？

3）什么是产品销售成本？其计算方法有哪些？

4）什么是全月一次加权平均法？其计算公式如何？

5）利润总额和净利润的计算公式如何？

2. 业务解析

1）如何结转验收入库材料采购成本？

2）如何结转完工入库产品生产成本？

3）如何结转已销售产品生产成本？

3.3.3　案例题

会计分录纠错

背景与情境：会计专业学生正在学习主要经济业务会计处理这章的内容。会计老师在批改作业时发现部分同学存在以下几个主要错误：(1) 将结转验收入库材料实际成本的会计分录做成"借：在途物资，贷：原材料、应交税费——应交增值税（进项税额）"。(2) 将计提固定资产折旧的会计分录做成"借：制造费用、管理费用，贷：固定资产"。(3) 将结转完工产品成本的会计分录做成"借：生产成本，贷：制造费用"。(4) 将结转已售商品成本的会计分录做成"借：主营业务成本，贷：生产成本"。(5) 将所有收入账户结转至本年利润的会计分录做成"借：本年利润，贷：主营业务收入"。(6) 将年末结转全年实现利润至利润分配账户的会计分录做成"借：利润分配，贷：本年利润"。

问题：

1. 分析上述几个错误存在的原因。

2. 做出上述错误正确的会计分录。

分析要求：

1）课业的结构、格式与体例要求：参照《训练手册》"3.5.1　'案例题'课业范例"。

2）其他要求同"1.3.3　案例题"的"分析要求"。

3.3.4　实训题

"主要经济业务核算" 业务胜任力训练

【实训目的】

见本章"章名页"之"学习目标"中的"实训目标"。

【能力与道德领域】

专业能力——主要经济业务核算

技能 I

名称：筹资业务核算的技能

规范与标准：

(1) 能熟知企业筹资过程发生的主要经济业务。

(2) 能从名称、核算内容、性质、账户结构、明细账设置五个方面正确掌握筹资过程主要账户。

(3) 能正确编制筹资业务的会计分录。

技能Ⅱ

名称：供应过程核算的技能

规范与标准：

（1）能熟知企业供应过程发生的主要经济业务。

（2）能正确掌握材料采购成本的概念、内容、计算方法。

（3）能从名称、核算内容、性质、账户结构、明细账设置5个方面正确掌握供应过程主要账户。

（4）能正确地编制供应过程业务的会计分录。

技能Ⅲ

名称：生产过程核算的技能

规范与标准：

（1）能熟知企业生产过程发生的主要经济业务。

（2）能理解生产费用和产品生产成本的关系，正确掌握产品生产成本的概念、内容、计算方法。

（3）能从名称、核算内容、性质、账户结构、明细账设置5个方面正确掌握生产过程主要账户。

（4）能正确编制生产过程业务的会计分录。

技能Ⅳ

名称：销售过程核算的技能

规范与标准：

（1）能熟知企业销售过程发生的主要经济业务。

（2）能理解产品销售成本的概念，正确掌握产品销售成本、销售税金的计算方法。

（3）能从名称、核算内容、性质、账户结构、明细账设置5个方面正确掌握销售过程主要账户。

（4）能正确编制销售过程业务的会计分录。

技能Ⅴ

名称：利润形成及其分配核算的技能

规范与标准：

（1）能掌握利润、应交所得税、盈余公积、应付股利的概念、内容、计算方法。

（2）能熟知利润分配的程序。

（3）能从名称、核算内容、性质、账户结构、明细账设置五个方面正确掌握利润形成及其分配业务的主要账户。

（4）能正确编制利润形成及其分配业务的会计分录。

技能Ⅵ

名称：T形账户的过账技能

规范与标准：

（1）能根据发生的主要经济业务正确地开设相应的账户。

（2）能根据编制的会计分录，将本期借方发生额、贷方发生额的数据过入相关账户。

(3) 能正确地结出每个账户的期末余额。

技能Ⅶ

名称：撰写关于“工业企业主要经济业务核算”相应《实训报告》技能

规范与标准：

(1) 能合理设计关于“会计基础性观念运用”的相应《实训报告》，其结构、层次较分明。

(2) 能较规范撰写所述《实训报告》。

(3) 本教材网络教学资源包中《学生考核手册》考核表3—2所列各项“考核指标”和“考核标准”。

职业核心能力——数字应用、解决问题、革新创新（初级）

上述能力领域的“基本要求”、“技能点”和“规范与标准”见本教材“附录二”中的附表2—2。

职业道德——职业态度、职业守则（顺从级）

各道德领域的“规范与标准”见本教材“附录二”中的附表2—3。

【实训任务】

(1) 对“工业企业主要经济业务核算”专业能力领域各技能点实施阶段性基本训练。

(2) 对“数字应用、解决问题、革新创新”等职业核心能力领域各技能点实施“初级”强化训练。

(3) 对“职业态度”和“职业守则”等职业道德领域实施“顺从级”相关训练。

【实训要求】

(1) 实训前学生要了解并熟记本实训的“目标”、“能力与道德领域”、“任务”与“要求”，了解并熟记本教材网络教学资源包中《学生考核手册》考核表3—1和考核表3—2的“考核指标”与“考核标准”内涵，将其作为本实训的操练点和考核点来准备。

(2) 通过“实训步骤”，将“实训任务”所列三种训练整合并落实到本实训的“活动过程”和“成果形式”中。

(3) 实训后学生要对本次“工业企业生产经营过程主要经济业务核算”的实训活动进行总结，在此基础上撰写实训报告。

【情境设计】

将学生分成若干实训组。各实训组结合本实训“成果形式”的“实训课业”题目，在“3.4　实训资料”的三组资料中任选一组（每组资料包括针对“技能Ⅰ”至“技能Ⅵ”的“实务操作题”各一套，题量以必需、够用为限），进行针对“工业企业主要经济业务核算”的实训。各实训组通过对所选资料企业筹资业务核算、供应过程核算、生产过程核算、销售过程核算、利润形成及其分配业务核算以及相应《实训报告》的准备、撰写、讨论与交流等实践活动的参与和体验，依照本章“实训要求”完成各自实训任务。

【指导准备】

知识准备：

(1)“主要经济业务核算”的理论与实务知识。

(2) 本教材“附录一”的附表1—1中，与本章“职业核心能力‘强化训练项’”各技能点相关的“‘知识准备’参照范围”。

（3）本教材“附录二”的附表2—2和附表2—3中，涉及本章“职业核心能力领域‘强化训练项’”各技能点和“职业道德领域‘相关训练项’”的“规范与标准”知识。

操作指导：

（1）教师向学生阐明“实训目的”、“能力与道德领域”和“知识准备”。

（2）教师就“知识准备”中的第（2）、（3）项，对学生进行培训。

（3）教师指导学生就操练项目企业发生的筹资业务进行熟悉、分析，正确编制企业筹资业务的会计分录。

（4）教师指导学生就操练项目企业发生的采购业务进行熟悉、分析，正确计算材料采购成本，编制企业采购业务的会计分录。

（5）教师指导学生就操练项目企业发生的生产业务进行熟悉、分析，正确计算产品生产成本，编制企业生产业务的会计分录。

（6）教师指导学生就操练项目企业发生的销售业务进行熟悉、分析，正确计算产品销售成本、销售税金，编制企业销售业务的会计分录。

（7）教师指导学生就操练项目企业发生的有关利润业务进行熟悉、分析，正确计算利润、应交所得税、提取的法定盈余公积和应付股利，编制利润形成及其分配业务的会计分录。

（8）教师指导学生根据编制的会计分录，将本期借方发生额、贷方发生额的数据过入相关账户，能正确地结出每个账户的期末余额。

（9）教师指导学生撰写关于“工业企业主要经济业务核算”的相应《实训报告》。

【实训时间】

本章课堂教学内容结束后的双休日和课余时间，为期一周。

【实训步骤】

（1）将学生组成若干个实训组，每8位同学分成一组，每组确定1～2人负责。

（2）对学生进行主要经济业务核算的培训，熟悉实训目的、步骤。

（3）各实训组成员熟悉所选实训资料，按要求进行关于技能Ⅰ至技能Ⅶ的全面操练，并与“3.6　参考答案与提示”中本组资料的参考答案相对比。

（4）各实训组成员在实施上述训练的过程中，融入对“数字应用”、“解决问题”、“革新创新”等职业核心能力的各“技能点”的“初级”强化训练和对“职业态度”、“职业守则”等职业道德各“素质点”的“顺从级”相关训练，并对训练过程作简要记录与说明。

（5）各实训组成员整合上述操练的过程与结果，分别撰写作为最终成果形式的关于“工业企业主要经济业务核算”的相应《实训报告》。

（6）各实训组成员的《实训报告》提交小组讨论并修订后，评出小组优秀《实训报告》。

（7）班级交流并修订各组优秀《实训报告》，评出班级优秀《实训报告》。

（8）教师对班级优秀《实训报告》进行点评。

（9）将附有“教师点评”的班级优秀《实训报告》纳入该课程教学资源库，通过校园网课程平台展示，并允许学生拷贝借鉴。

【成果形式】

实训课业：《工业企业主要经济业务核算实训报告》

课业要求：

（1）《实训报告》的内容、结构与体例参照《训练手册》“3.5.2　‘实训题’课业范例”。

（2）各组成员完成的《实训报告》须由指导教师、实训组长和本人三方签字负责。

3.4　实训资料

3.4.1

【资料】

光明厂2012年12月发生以下筹资业务：

（1）接受东方厂投资250 000元存入银行。

（2）收到新华厂设备一台，已交付使用，双方协议价80 000元。

（3）取得10月生产周转借款200 000元，存入银行。

（4）上述借款年利率为4%，计提本月借款利息。

（5）用银行存款支付本月借款利息。

【要求】

（1）根据资料完成筹资过程核算，编制会计分录（技能Ⅰ训练）。

（2）根据编制会计分录，完成T形账户的过账（技能Ⅵ训练）。

3.4.2

【资料】

光明厂2012年12月发生以下采购业务：

（1）购甲材料6 000千克，单价8元/千克，增值税率为17%，货税款未付。

（2）购乙材料7 200千克，单价10元，增值税率为17%，货税款通过银行支付。

（3）购丙材料2 800千克，含税单价9.36元/千克，丁材料10 000千克，含税单价5.85元，款项通过开出商业汇票支付。

（4）供货单位代垫乙、丙、丁材料的外地运费共3 300元。（乙、丙、丁材料共同承担的外地运费按重量比例进行分配）

（5）用银行存款100 000元预付A材料款。

（6）A材料验收入库，价税款合计117 000元，增值税率为17%，用银行存款补付尾款。

（7）甲、乙、丙材料验收入库，结转入库材料成本。

【要求】

（1）根据资料完成供应过程核算，编制会计分录（技能Ⅱ训练）。

（2）根据编制会计分录，完成T形账户的过账（技能Ⅵ训练）。

3.4.3

【资料】

光明厂2012年12月发生以下生产业务（假设期初无在产品）：

（1）将58 000元转入职工工资存折。

(2) 用银行存款6 000元预付下季度车间用房租，并相应分摊本月负担2 000元。

(3) 生产Ⅰ号产品耗用材料120 000元，Ⅱ号产品耗用材料180 000元，车间一般耗用材料4 200元，厂部耗用材料1 500元。

(4) 用现金支票购买厂部办公用品7 500元。

(5) 计提本月固定资产折旧，其中车间折旧11 000元，厂部折旧6 500元。

(6) 分配工资费用，其中Ⅰ号产品工人工资34 000元，Ⅱ号产品工人工资66 000元，车间管理人员工资16 000元，厂部管理人员工资8 000元。

(7) 用银行存款支付车间设备日常维修费5 000元。

(8) 结转制造费用（按工人工资比例分配）。

(9) 本月生产Ⅰ号产品、Ⅱ号产品各100台全部完工，结转完工产品成本。

【要求】

(1) 根据资料完成生产过程核算，编制会计分录（技能Ⅲ训练）。

(2) 根据编制会计分录，完成T形账户的过账（技能Ⅵ训练）。

3.4.4

【资料】

光明厂2012年12月发生以下销售业务：

(1) 销售Ⅰ号产品80台，单价4 000元，增值税率为17%，货税款未收。

(2) 预收Ⅱ号产品货款200 000元，款项存入银行。

(3) 用现金支付广告费1 500元。

(4) 销售Ⅱ号产品90台，单价2 500元，增值税率为17%，尾款补收存入银行。

(5) 结转本月销售Ⅰ号产品、Ⅱ号产品成本。

(6) 计算本月应交销售税金1 600元。

【要求】

(1) 根据资料完成销售过程核算，编制会计分录（技能Ⅳ训练）。

(2) 根据编制会计分录，完成T形账户的过账（技能Ⅵ训练）。

3.4.5

【资料】

光明厂2012年12月发生以下利润形成及其分配业务：

(1) 将无法支付的应付账款20 000元予以转账。

(2) 用银行存款支付罚款6 000元。

(3) 没收逾期未退包装物押金4 000元。

(4) 结转本月各损益类账户至本年利润。

(5) 按25%计算应交所得税。

(6) 按净利润10%提取法定盈余公积。

(7) 按净利润20%向投资者分配利润。

【要求】

(1) 根据资料完成利润形成及其分配过程核算，编制会计分录（技能Ⅴ训练）。

（2）根据编制会计分录，完成T形账户的过账（技能Ⅵ训练）。

（3）综合以上四组训练成果，撰写《工业企业主要经济业务核算实训报告》（技能Ⅶ训练）。

3.4.6

【资料】

某工业公司2010年12月成立，当月发生如下经济业务（公司只生产销售一种产品——甲产品，增值税率为17%，所得税率为25%。）：

（1）收到投资人投入的现金6 000元，银行存款500 000元，新设备800 000元。

（2）从银行借款200 000元，期限3年，已存入银行。

（3）购入材料一批，价值50 000元，材料已验收入库，货款以银行存款支付。

（4）赊购材料一批，价值20 000元，材料验收入库。

（5）从银行存款中提取现金1 000元备用。

（6）经理王平出差，预借差旅费5 000元，付现金。

（7）本月材料仓库发出材料如下：生产甲产品领用材料40 000元，车间一般消耗领用材料5 000元，企业行政管理部门领用2 000元。

（8）以银行存款20 000元偿付赊购材料款。

（9）销售甲产品，货款100 000元尚未收到。

（10）收到购货单位归还前欠甲产品货款100 000元，存入银行。

（11）计算分配本月职工工资：生产甲产品工人工资20 000元，车间管理人员工资3 000元，企业行政管理人员工资8 000元。

（12）公司计提固定资产折旧：生产车间使用的固定资产折旧费3 000元，企业行政管理部门使用的固定资产折旧费4 200元。

（13）经理王平报销差旅费3 800元，余款1 200元退回现金。

（14）计算企业本月应负担的银行借款利息800元。

（15）月末，将本月制造费用11 000元计入所生产甲产品的生产成本。

（16）公司本月份生产甲产品全部完工，验收入库。结转已完工甲产品的全部生产成本71 000元。

（17）公司销售甲产品价值30 000元，收到货款10 000元存入银行，其余尚未收到。

（18）用银行存款20 000元支付产品广告费。

（19）计算并结转应缴纳的4 500元销售税金。

（20）结转已销售甲产品的实际生产成本65 000元。

（21）以现金支付违约罚款500元。

（22）将企业本月发生的损益类账户结转入“本年利润”账户。

（23）计算并结转企业应缴纳的所得税。

（24）按企业净利润的10%，提取盈余公积金。

（25）年末结转未分配利润。

【要求】

（1）根据资料编制相关会计分录（技能Ⅴ训练）。

（2）根据编制会计分录，完成T形账户的过账（技能Ⅵ训练）。

（3）撰写《工业企业主要经济业务核算实训报告》（技能Ⅶ训练）。

3.5 课业范例

3.5.1 “案例题”课业范例

发出存货计价方法案例分析报告

（成员：　　　　　　　　　　　　　　）

背景与情境：某企业生产甲产品，期初库存甲产品200件，金额20 000元；本月完工入库甲产品800件，金额96 000元，企业采用加权平均法计算平均单价为116元。本月售出甲产品400件，结转产品销售成本46 400元。经检查，本月结转入库的产成品成本中有假投料因素，金额为12 000元。甲产品生产过程中无期初、期末在产品，则12 000元的假投料全部影响了当月入库产品成本。

问题：

1）该企业财务部门计算的甲产品加权平均单价是否正确？

2）按照财务部门计算的结果对本月产品销售成本有什么影响？

3）你认为财务部门这样做是出于什么动机？他们的行为符合职业道德规范要求吗？

分析：

1）该企业财务部门计算的甲产品加权平均单价不正确。因为按照加权平均法计算的加权平均单价实际应为：（20 000+96 000−12 000）÷（200+800）=104（元）。

2）财务部门因提高甲产品加权平均单价，而多转出产品销售成本=（116−104）×400=4 800（元）。

3）该企业财务部门这样做的目的是，利用产品成本核算的错误，人为地提高入库产品单价，造成已销产品成本的错转。利用多转产品销售成本，少计利润，达到偷逃企业所得税的目的。他们的行为违反了会计职业道德规范的要求。

3.5.2 “实训题”课业范例

工业企业主要经济业务核算实训报告

（成员：　　　　　　　　　　　　　　）

【资料】

长江公司2012年12月发生以下经济业务：

（1）1日，从银行提取现金3 000元，备用。

（2）1日，以银行存款支付广告费8 000元。

（3）2日，从宏达公司购入A材料4 000千克，单价50元；购入B材料5 000千克，单价20元/千克，增值税税率17%，运费900元，货款用银行存款支付，运费按重量分配。

（4）3日，从宏达公司购入的A、B材料全部验收入库，结转其实际采购成本。

（5）3日，购入不需安装的设备一台，价款120 000元，增值税额20 400元，价税款用银行存款支付，另用现金支付运费1 500元。

（6）10日，以银行存款向希望工程捐款10 000元。

（7）15日，从银行提取现金80 000元，以备发放工资。

（8）15日，以现金80 000元发放本月工资。

（9）15日，从维达公司购入A材料5 000千克，单价50元；购入B材料4 000千克，单价20元，增值税税率17%，运费1 800元，材料已验收入库，款项尚未支付，运费按重量分配。

（10）15日，采购员王永民报销差旅费1 600元，结清前借款。

（11）16日，用银行存款预付下一年保险费60 000元。

（12）16日，分担本月保险费5 000元。

（13）16日，销售甲产品200台，每台售价1 000元，销售乙产品300台，每台售价600元，增值税税率17%，款项收到存入银行。

（14）17日，行政管理部门购买办公用品700元，以现金支付。

（15）17日，收到投资人向企业投入人民币300 000元，存入银行。

（16）20日，向富通公司销售甲产品100台，每台售价1 000元，销售乙产品200台，每台售价600元，增值税税率17%，货款尚未收到。

（17）21日，从银行借入半年期借款90 000元，款项存入银行。

（18）21日，本月各部门领用材料，见表3—1：

表3—1 **材料领用汇总表** 单位：元

项　目	A材料	B材料	合计
甲产品领用	187 000	126 000	313 000
乙产品领用	120 000	87 000	207 000
生产车间领用		1 000	1 000
行政管理部门领用	1 000		1 000
合　计	308 000	214 000	522 000

（19）25日，收到富通公司20日所欠货款，存入银行。

（20）26日，计提固定资产折旧15 000元，其中车间固定资产折旧10 000元，行管部门固定资产折旧5 000元。

（21）29日，计提本月应负担的银行短期借款利息8 000元。

（22）29日，以存款支付本月电费30 000元，其中，生产甲产品用12 000元，生产乙产品用12 500元，车间4 000元，工厂行政部门1 500元。

（23）29日，分配结转本月职工工资80 000元，其中，生产工人工资60 000元（生产工人工资按工时分配，甲产品45 000工时，乙产品15 000工时），车间管理人员工资15 000元，行政部门工资5 000元。

（24）30日，根据甲、乙产品工时比例，分配本月发生的制造费用。

（25）30日，本月生产的甲产品和乙产品已全部完工入库，结转其生产成本。生产成本账户中甲产品月初无余额；乙产品月初余额65 000元（其中，直接材料45 000元、直接人工8 000元、制造费用12 000元）。本月生产的甲产品完工入库数量为800台，乙产品完工入库数量为1 000台。

（26）30日，计算应交城市维护建设税4 800元，计提教育费附加1 200元。

（27）30日，结转销售产品的销售成本（按本月实际生产成本确定为销售产品的单价）。

（28）30日，将各收入账户结转本年利润。

（29）30日，将各费用账户结转本年利润。

（30）30日，按利润总额的25%计提本月应交所得税，并结转到本年利润。

（31）30日，按实现净利润的10%计提法定盈余公积金。

（32）30日，按实现净利润的40%计提应向投资者分配的利润。

【要求】

1）根据资料完成筹资过程核算、供应过程核算、生产过程核算、销售过程核算、利润形成及其分配核算，编制会计分录（技能Ⅰ训练—技能Ⅴ训练）。

2）根据编制会计分录，完成T形账户的过账（技能Ⅵ训练）。

3）综合上述训练成果，撰写《实训报告》（技能Ⅶ训练）。

【实训课业】

一、关于“本组资料”的专业训练

技能Ⅰ训练—技能Ⅴ训练：编制会计分录

（1）借：库存现金　3 000
　　贷：银行存款　3 000

（2）借：销售费用　8 000
　　贷：银行存款　8 000

（3）借：在途物资——A材料　200 400
　　　　　　——B材料　100 500
　　应交税费——应交增值税（进项税额）　51 000
　　贷：银行存款　351 900

（4）借：原材料——A材料　200 400
　　　　——B材料　100 500
　　贷：在途物资——A材料　200 400
　　　　　　——B材料　100 500

（5）借：固定资产　121 500
　　应交税费——应交增值税（进项税额）　20 400
　　贷：银行存款　140 400
　　　　库存现金　1 500

（6）借：营业外支出　10 000
　　贷：银行存款　10 000

（7）借：库存现金　80 000
　　贷：银行存款　80 000

（8）借：应付职工薪酬——工资　80 000
　　贷：库存现金　80 000

（9）借：原材料——A材料　251 000
　　　　——B材料　80 800
　　应交税费——应交增值税（进项税额）　56 100

贷：应付账款——维达公司 387 900

(10) 借：管理费用 1 600

贷：其他应收款——王永民 1 600

(11) 借：预付账款 60 000

贷：银行存款 60 000

(12) 借：管理费用 5 000

贷：预付账款 5 000

(13) 借：银行存款 444 600

贷：主营业务收入——甲产品 200 000

——乙产品 180 000

应交税费——应交增值税（销项税额） 64 600

(14) 借：管理费用 700

贷：库存现金 700

(15) 借：银行存款 300 000

贷：实收资本 300 000

(16) 借：应收账款——富通公司 257 400

贷：主营业务收入——甲产品 100 000

——乙产品 120 000

应交税费——应交增值税（销项税额） 37 400

(17) 借：银行存款 90 000

贷：短期借款 90 000

(18) 借：生产成本——甲产品 313 000

——乙产品 207 000

制造费用 1 000

管理费用 1 000

贷：原材料——A材料 308 000

——B材料 214 000

(19) 借：银行存款 254 700

贷：应收账款——富通公司 254 700

(20) 借：制造费用 10 000

管理费用 5 000

贷：累计折旧 15 000

(21) 借：财务费用 8 000

贷：应付利息 8 000

(22) 借：生产成本——甲产品 12 000

——乙产品 12 500

制造费用 4 000

管理费用 1 500

贷：银行存款 30 000

(23) 借：生产成本——甲产品 45 000
——乙产品 15 000
制造费用 15 000
管理费用 5 000
贷：应付职工薪酬——工资 80 000

(24) 借：生产成本——甲产品 22 500
——乙产品 7 500
贷：制造费用 30 000

(25) 借：库存商品——甲产品 392 500
——乙产品 307 000
贷：生产成本——甲产品 392 500
——乙产品 307 000

(26) 借：营业税金及附加 6 000
贷：应交税费——应交城市维护建设税 4 800
——应交教育费附加 1 200

(27) 借：主营业务成本——甲产品 147 187.5
——乙产品 153 500
贷：库存商品——甲产品 147 187.5
——乙产品 153 500

(28) 借：主营业务收入 600 000
贷：本年利润 600 000

(29) 借：本年利润 352 487.5
贷：主营业务成本 300 687.5
营业税金及附加 6 000
营业外支出 10 000
管理费用 19 800
财务费用 8 000
销售费用 8 000

(30) 借：所得税费用 61 878.13
贷：应交税费——应交所得税 61 878.13
借：本年利润 61 878.13
贷：所得税费用 61 878.13

(31) 借：利润分配——提取法定盈余公积 18 563.44
贷：盈余公积 18 563.44

(32) 借：利润分配——应付股利 74 253.75
贷：应付股利 74 253.75

技能Ⅵ训练：T 形账户的过账技能

库存现金

借方	贷方
（1）3 000	（5）1 500
（7）80 000	（8）80 000
	（14）700

银行存款

借方	贷方
（13）444 600	（1）3 000
（15）300 000	（2）8 000
（17）90 000	（3）351 900
（19）257 400	（5）140 400
	（6）10 000
	（7）80 000
	（11）60 000
	（22）30 000

销售费用

借方	贷方
（2）8 000	（29）8 000

原材料

借方	贷方
（4）300 900	（18）522 000
（9）331 800	

在途物资

借方	贷方
（3）300 900	（4）300 900

固定资产

借方	贷方
（5）121 500	

营业外支出

借方	贷方
（6）10 000	（29）10 000

应付账款

借方	贷方
	（9）387 900

其他应收款

借方	贷方
	（10）1 600

预付账款

借方	贷方
（11）60 000	（12）5 000

实收资本

借方	贷方
	（15）300 000

应收账款

借方	贷方
（16）257 400	（19）257 400

短期借款

借方	贷方
	（17）90 000

累计折旧

借方	贷方
	（20）15 000

财务费用

借方	贷方
（21）8 000	（29）8 000

应付利息

借方	贷方
	（21）8 000

生产成本

借方	贷方
（18）520 000	（25）699 500
（22）24 500	
（23）60 000	
（24）30 000	

制造费用

借方	贷方
（18）1 000	（24）30 000
（20）10 000	
（22）4 000	
（23）15 000	

主营业务收入

借方	贷方
（28）600 000	（13）380 000
	（16）220 000

主营业务成本

借方	贷方
（27）300 687.5	（29）300 687.5

库存商品

借方	贷方
（25）699 500	（27）300 687.5

本年利润

借方	贷方
（29）352 487.5	（28）600 000
（30）61 878.13	

所得税费用

借方	贷方
（30）61 878.13	（30）61 878.13

利润分配

借方	贷方
（31）18 563.44	
（32）74 253.75	

盈余公积

借方	贷方
	(31) 18 563.44

应付股利

借方	贷方
	(32) 74 253.75

管理费用

借方	贷方
(10) 1 600	(29) 19 800
(12) 5 000	
(14) 700	
(18) 1 000	
(20) 5 000	
(22) 1 500	
(23) 5 000	

应交税费

借方	贷方
(3) 51 000	(13) 64 600
(5) 20 400	(16) 37 400
(9) 56 100	(26) 6 000
	(30) 61 878.13

应付职工薪酬

借方	贷方
(8) 80 000	(23) 80 000

营业税金及附加

借方	贷方
(26) 6 000	(29) 6 000

二、关于“职业核心能力”与“职业道德”选项的融入性操练

实训前，我们对列入本章“实训题”【指导准备】中“知识准备”的那些知识进行了必要预习，接受了指导老师的全部“操作指导”。通过参加“知识准备”第（2）、(3)项的培训，使我们了解了本章涉及的“专业能力”各项技能、“职业核心能力”和“职业道德”选项的“规范与标准”，克服了实训过程中对相关操作规范的盲目性。

在实训中，我们在实施本组“实训资料”的专业操练和《实训报告》的准备、撰写、讨论与交流的同时，有意识地融入了“数字处理”、“解决问题”和“革新创新”等“职业核心能力”强化训练和“职业态度”、“职业守则”等“职业道德”的相关训练。

三、关于《工业企业主要经济业务核算实训报告》的撰写训练

《工业企业主要经济业务核算实训报告》		
项目实训班级：0904203	项目小组：03	项目组成员：高婷婷
实训时间：2009 年 11 月 10 日	实训地点：多媒体教室	
实训目的：熟悉工业企业供产销等过程发生的主要经济业务内容，掌握反映工业企业供产销等过程发生的主要经济业务账户，掌握材料采购成本、产品生产成本、产品销售成本的计算方法，掌握工业企业供产销等过程主要经济业务会计分录的编制方法		
实训步骤：①由项目组根据企业发生的日常经济业务资料，编制会计分录；②各项目组成员根据编制的会计分录完成做账的任务；③各项目组成员撰写作为最终成果形式的《工业企业主要经济业务核算实训报告》		
实训结果：实训项目企业主要经济业务会计分录和丁字账（见附件）		
实训感言：通过本实训，熟悉了工业企业供产销等过程发生的主要经济业务内容，掌握了反映工业企业供产销等过程经济业务的主要账户，掌握了材料采购成本、产品生产成本、产品销售成本的计算方法，掌握工业企业供产销等过程主要经济业务会计分录的编制方法，进一步温习了丁字账的登记方法，掌握了借贷记账法。感悟到会计工作要认真、仔细、严谨、来不得半点马虎。本次实训使我的动手能力得到提高		
不足与今后改进：主要经济业务核算中有几次结转容易出现错误。如：结转验收入库材料成本，结转制造费用，结转完工产品成本，结转销售产品成本等，今后要加强这方面的训练		
项目组长评定签字：		项目指导教师评定签字：

3.6 参考答案与提示

“3.2 客观题”参考答案

3.2.1 理论题

1. 单项选择题

1）B　2）A　3）D　4）A　5）D　6）A　7）C　8）B　9）C　10）D

2. 多项选择题

1）ABCD　2）ACDE　3）ABCD　4）ABD　5）BC　6）AB　7）ABCDE　8）BCD　9）ABCD　10）ACD

3. 判断题

1）√　2）√　3）×　4）√　5）×　6）√　7）×　8）×　9）×　10）√

3.2.2 实务题

1. 单项选择题

1）A　2）D　3）C　4）D　5）B　6）B　7）A　8）C　9）C　10）D

2. 多项选择题

1）ABCE　2）ACDE　3）ACD　4）ABC　5）BCDE　6）ABC　7）ABD　8）BCD　9）ABD　10）AD

3. 混合选择题

1）A　2）B　3）ABC　4）ABCD　5）ABC　6）ABCD　7）ABCD　8）ACD

4. 判断题

1）√　2）√　3）√　4）√　5）√　6）×　7）√　8）√　9）√　10）√

3.2.3 案例题

1）B　2）A　3）ABC　4）ABCD　5）C

3.2.4 实训题

1. 单项选择题

1）C　2）A　3）D　4）A　5）A　6）C　7）C　8）C　9）C　10）B

2. 多项选择题

1）BCD　2）BCDE　3）ABDE　4）AC　5）AD　6）ABD　7）AD　8）BC　9）ABDE　10）ABDE

“3.3 主观题”参考答案与提示

3.3.1 理论题

1. 简答题

参考答案：

1）企业筹集资金的渠道有两个方面：一是吸收投资者的投资；二是向债权人借入。投资者的投资形成了企业的投入资本，向债权人借入的资金形成了企业的负债。筹资过程的主要经济业务包括投入资本核算和借入资金核算。

2）供应过程是企业生产经营过程的第一个阶段即生产准备阶段，企业用货币资金购买各种材料物资，保证生产的进行。这一阶段发生的主要经济业务是采购材料办理材料的验收入库手续，与供应单位之间办理货款的结算，支付采购费用，正确计算材料采购成本。

3）生产过程是劳动者利用劳动资料对劳动对象进行加工形成劳动产品的过程，是企业生产经营的中心环节。生产过程既是产品的制造过程，又是物化劳动和活劳动的消耗过程。

生产过程发生的主要经济业务是归集和分配生产费用，计算产品生产成本。

4）销售过程就是将企业生产的产品卖出去，取得销售收入的过程。销售过程的主要经济业务是营业收入的取得，营业成本、营业费用和营业税金及附加的发生。

5）企业实现的利润按国家规定依法缴纳所得税后，除国家另有规定者外，可供分配利润按下列顺序分配：（1）弥补企业以前年度亏损。即弥补超过用所得税的利润抵补期限，按规定用税后利润弥补的亏损。（2）提取法定盈余公积金。即按税后利润的10%提取法定盈余公积金。盈余公积金已达注册资金的50%时可不再提取，盈余公积金可用于弥补亏损或按国家规定转增资本金。（3）向投资者分配利润。企业以前年度未分配的利润，可以并入本年度向投资者分配。（4）按公司章程或股东会决议提取任意盈余公积金。

2. 理解题

参考答案：

1）生产费用是指生产过程中发生的总支出，包括直接材料的领用，直接人工的发生，与制造费用的消耗等。生产费用按一定种类和数量的产品进行归集，就形成了产品的生产成本。可见生产费用是计算产品生产成本的基础，而成本是对象化了的费用。一般是以期间为单位来计算的。成本按产品对象来归集生产费用，费用是针对一定的期间而言的，是在一定时期内为生产产品而发生的、用货币表现的生产耗费称作生产费用。

2）企业财务成果又称利润，是企业一定会计期间时期取得的经营成果，是企业一定时期的收入减去费用后的净额。利润从其构成看，有企业生产经营活动获得的，即营业利润包括主营业务利润、其他业务利润、投资净收益。有与企业生产经营活动无直接关系活动获得的，即营业外收支净额。

3）固定资产折旧是企业的固定资产在使用过程中因磨损老化或技术陈旧而逐渐损耗的价值。固定资产损耗包括有形损耗和无形损耗，有形损耗是由于使用和自然力的影响而引起的价值损失，无形损耗是指由于科学技术进步等引起的价值损失。固定资产折旧以计提折旧费的形式记入产品成本和期间费用，一方面要反映固定资产的价值损耗，符合收入与费用的配比原则；另一方面通过产品的销售，使其减少的价值得到补偿，使企业在固定资产使用寿命结束时有足够的资金重新购置新设备，为企业的固定资产更新，维持和扩大生产经营规模做好资金积累。

3.3.2　实务题

1. 规则复习

参考答案：

1）材料采购成本是材料在采购过程中发生的费用，包括买价和采购费用两部分。买价是指供应单位所开发货票上列明的货款。采购费用是指企业在采购材料过程中所发生的各项费用，包括材料的运输费、装卸费、包装费、保险费、仓储费、运输途中的合理损耗、入库前的挑选整理费以及购入材料应负担的税金（如关税）和其他费用等。材料的采购费用能分清是某种材料负担的，直接记入该材料的采购成本。采购几种材料共同发生的采购费用，应采用适当的分配标准（重量、体积、或买价）分配后再计入各种材料的采购成本。

2）产品生产成本是为生产某种（件）产品而发生的全部费用，由直接材料、直接人工、直接燃料、直接其他费用和间接费用。直接为产品生产而发生的各项费用，直接计入产品成本。生产车间为组织和管理产品生产而发生的间接费用，月末归集、分配后再计入产品成本。企业行政管理部门为组织和管理生产经营活动而发生的管理费用属期间费用，不计入产品成本，月末直接计入当期损益。

3）产品销售成本是已经销售产品的生产成本。我国现行《企业会计准则第1号——存货》第14条规定，企业应当采用先进先出法、全月一次加权平均法或个别计价法确定发出存货的实际成本。

4）全月一次加权平均法，是指以当月全部进货数量加上月初存货数量作为权数，计算存货的加权平均单位成本，以此为基础计算当月发出存货的成本和期末存货的成本的一种方法。

加权平均单价 = （月初库存成本 + 本月入库成本）÷（月初库存数量 + 本月入库数量）

本月销售商品成本 = 本月销售数量 × 加权平均单价

5）利润总额公式：利润总额 = 营业利润 + 营业外收入 − 营业外支出

净利润公式：净利润 = 利润总额 − 所得税费用

2. 业务解析

参考答案：

1）结转已验收入库材料采购成本，应借记“原材料”，贷记“在途物资”。

2）结转完工产品生产成本，应借记“库存商品”，贷记“生产成本——基本生产成本”。

3）结转已销售产品生产成本，应借记“主营业务成本”，贷记“库存商品”。

3.3.3 案例题

分析提示：

1）结转验收入库材料实际成本，错误的原因在于颠倒了借贷方向，将一般纳税人购买货物时可以抵扣的增值税进项税额不计入库存材料的成本。正确的会计分录应为“借：原材料，贷：在途物资”。

2）计提固定资产折旧，错误的原因在于将固定资产账户和累计折旧账户混淆，“固定资产”账户反映固定资产原始价值，“累计折旧”账户反映固定资产损耗价值。正确的会计分录应为“借：制造费用或管理费用，贷：累计折旧”。

3）结转完工产品成本，错误原因在于混淆了生产成本账户和库存商品账户。“生产成本”账户用来核算生产过程费用，“库存商品”账户用来核算完工入库商品成本。正确的会计分录应为“借：库存商品，贷：生产成本”。

4）结转已售商品成本，正确的会计分录应为“借：主营业务成本，贷：库存商品”。

5）所有收入账户结转至本年利润，错误的原因在于颠倒了借贷方向，收入转入利润，利润增加。正确的会计分录应为，“借：主营业务收入，贷：本年利润”。

6）年末结转全年实现利润至利润分配账户，错误的原因在于颠倒了借贷方向，将全年实现的利润转入利润分配，利润分配账户增加。正确的会计分录应为“借：本年利润，贷：利润分配”。将全年发生的亏损转入利润分配，才是“借：利润分配，贷：本年利润”。

“3.4 实训资料”与提示

3.4.1

工业企业筹资过程核算实训

一、关于“本组资料”的专业训练

技能Ⅰ训练：筹资过程核算，编制会计分录

（1）借：银行存款 250 000
　　贷：实收资本 250 000

（2）借：固定资产 80 000
　　贷：银行存款 80 000

（3）借：银行存款 200 000
　　贷：短期借款 200 000

（4）借：财务费用 667
　　贷：应付利息 667

（5）借：应付利息 667
　　贷：银行存款 667

技能Ⅵ训练：T形账户的过账技能

借方	银行存款 贷方
（1）250 000	（2）80 000
（3）200 000	（5）667

借方	固定资产 贷方
（2）80 000	

借方	财务费用 贷方
（4）667	

借方	短期借款 贷方
	（3）200 000

借方	实收资本 贷方
	（1）250 000

借方	应付利息 贷方
（5）667	（4）667

二、关于“职业核心能力”与“职业道德”选项的融入性操练

（参照“3.5.2 ‘实训题’课业范例”的“二”）

3.4.2

工业企业供应过程核算实训

一、关于“本组资料”的专业训练

技能 III 训练：供应过程核算，编制会计分录

（1）借：在途物资——甲材料 48 000
　　　应交税费——应交增值税（进项税额） 8 160
　　贷：应付账款 56 160

（2）借：在途物资——乙材料　72 000
　　应交税费——应交增值税（进项税额）　12 240
　贷：银行存款　84 240
（3）借：在途物资——丙材料　22 400
　　　　　　　——丁材料　50 000
　　应交税费——应交增值税（进项税额）　12 308
　贷：应付票据　84 708
（4）借：在途物资——乙材料　1 188
　　　　　　　——丙材料　462
　　　　　　　——丁材料　1 650
　贷：应付账款　3 300
（5）借：预付账款——××公司（A 材料）　100 000
　贷：银行存款　100 000
（6）借：原材料——A 材料　100 000
　　应交税费——应交增值税（进项税额）　17 000
　贷：预付账款——A 材料　117 000
借：预付账款——A 材料　17 000
　贷：银行存款　17 000
（7）借：原材料——甲材料　48 000
　　　　　　——乙材料　73 188
　　　　　　——丙材料　22 862
　贷：在途物资——甲材料　48 000
　　　　　　——乙材料　73 188
　　　　　　——丙材料　22 862

技能 VI 训练：T 形账户的过账技能

在途物资

借方	贷方
（1）48 000	（7）144 050
（2）72 000	
（3）72 400	
（4）3 300	

应交税费

借方	贷方
（1）8 160	
（2）12 240	
（3）12 308	
（6）17 000	

银行存款

借方	贷方
	（2）84 240
	（5）100 000
	（6）17 000

应付账款

借方	贷方
	（1）56 160
	（4）3 300

应付票据

借方	贷方
	（3）84 708

预付账款

借方	贷方
（5）100 000	（6）117 000
（6）17 000	

原材料

借方	贷方
（6）100 000	
（7）144 050	

二、关于“职业核心能力”与“职业道德”选项的融入性操练

（参照 “3.5.2‘实训题’课业范例”的“二”）

3.4.3

工业企业生产过程核算实训

一、关于“本组资料”的专业训练

技能Ⅲ训练：生产过程核算，编制会计分录。

（1）借：应付职工薪酬——工资 58 000

　　贷：银行存款 58 000

（2）借：预付账款 6 000

　　贷：银行存款 6 000

借：制造费用 2 000

　　贷：预付账款 2 000

（3）借：生产成本——基本生产车间——I 号产品 120 000

　　　　——基本生产车间——II 号产品 180 000

　　制造费用 4 200

　　管理费用 1 500

　　贷：原材料——甲材料 305 700

（4）借：管理费用 7 500

　　贷：银行存款 7 500

（5）借：制造费用 11 000

　　管理费用 6 500

　　贷：累计折旧 17 500

（6）借：生产成本——基本生产车间——I 号产品 34 000

　　　　——基本生产车间——II 号产品 66 000

　　制造费用 16 000

　　管理费用 8 000

　　贷：应付职工薪酬——工资 124 000

（7）借：管理费用 5 000

　　贷：银行存款 5 000

（8）借：生产成本——Ⅰ号产品 11 288

　　　　——Ⅱ号产品 21 912

　　贷：制造费用 33 200

（9）借：库存商品——Ⅰ号产品 165 288

　　　　——Ⅱ号产品 267 912

　　贷：生产成本——Ⅰ号产品 165 288

　　　　——Ⅱ号产品 267 912

技能Ⅵ训练：T形账户的过账技能

生产成本

借方	贷方
(3) 300 000	(9) 433 200
(6) 100 000	
(8) 33 200	

制造费用

借方	贷方
(2) 2 000	(8) 33 200
(3) 4 200	
(5) 11 000	
(6) 16 000	

管理费用

借方	贷方
(3) 1 500	
(4) 7 500	
(5) 6 500	
(6) 8 000	
(7) 5 000	

原材料

借方	贷方
	(3) 305 700

应付职工薪酬

借方	贷方
(1) 58 000	(6) 124 000

累计折旧

借方	贷方
	(5) 17 500

银行存款

借方	贷方
	(1) 58 000
	(2) 6 000
	(4) 7 500
	(7) 5 000

库存商品

借方	贷方
(9) 433 200	

预付账款

借方	贷方
(2) 6 000	(2) 2 000

二、关于“职业核心能力”与“职业道德”选项的融入性操练

（参照“3.5.2　‘实训题’课业范例”的“二”）

3.4.4

工业企业销售过程核算实训

一、关于“本组资料”的专业训练

技能Ⅳ训练：销售过程核算，编制会计分录。

(1) 借：应收账款　374 400
　　贷：主营业务收入——Ⅰ号产品　320 000
　　　　应交税费——应交增值税（销项税额）　54 400

(2) 借：银行存款　200 000
　　贷：预收账款　200 000

(3) 借：销售费用　1 500
　　贷：库存现金　1 500

(4) 借：预收账款　263 250
　　贷：主营业务收入——Ⅱ号产品　225 000
　　　　应交税费——应交增值税（销项税额）　38 250

借：银行存款　63 250
　贷：预收账款　63 250

(5) 借：主营业务成本——Ⅰ号产品　132 230.40
　　　　　　　　——Ⅱ号产品　241 120.80

贷：库存商品——Ⅰ号产品　　132 230.40

——Ⅱ号产品　　241 120.80

（6）借：营业税金及附加　　1 600

贷：应交税费　　1 600

技能Ⅵ训练：T形账户的过账技能

应收账款

借方	贷方
（1）374 400	

主营业务收入

借方	贷方
	（1）320 000
	（4）225 000

库存现金

借方	贷方
	（3）1 500

银行存款

借方	贷方
（2）200 000	
（4）63 250	

应交税费

借方	贷方
	（1）54 400
	（4）38 250
	（6）1 600

主营业务成本

借方	贷方
（5）373 351.2	

预收账款

借方	贷方
（4）263 250	（2）200 000
	（4）63 250

销售费用

借方	贷方
（3）1 500	

库存商品

借方	贷方
	（5）373 351.2

营业税金及附加

借方	贷方
（6）1 600	

二、关于“职业核心能力”与“职业道德”选项的融入性操练

（参照　“3.5.1‘案例题’课业范例”的“二”）

3.4.5

工业企业利润形成及其分配过程核算实训

一、关于“本组资料”的专业训练

技能Ⅴ训练：利润形成及其分配过程核算，编制会计分录。

（1）借：应付账款　　20 000

贷：营业外收入　　20 000

（2）借：营业外支出——罚款　　6 000

贷：银行存款　　6 000

（3）借：其他应付款——押金　　4 000

贷：营业外收入　　4 000

（4）借：主营业务收入　　545 000

营业外收入　　24 000

贷：本年利润　　569 000

借：本年利润　　411 618.2

贷：主营业务成本　　373 351.2

营业税金及附加　　1 600

营业外支出　　6 000

贷：管理费用　　28 500
财务费用　　667
销售费用　　1 500

（5）借：所得税费用　　39 345.45
贷：应交税费——应交所得税　　39 345.45
借：本年利润　　39 345.45
贷：所得税费用　　39 345.45

（6）借：利润分配——提取法定盈余公积　　11 803.64
贷：盈余公积　　11 803.64

（7）借：利润分配——应付股利　　23 607.27
贷：应付股利　　23 607.27

技能Ⅵ训练：T形账户的过账技能

应付账款

借方	贷方
（1）20 000	

营业外收入

借方	贷方
（4）24 000	（1）20 000
	（3）4 000

营业外支出

借方	贷方
（2）6 000	（4）6 000

银行存款

借方	贷方
	（2）6 000

其他应付款

借方	贷方
（3）4 000	

主营业务收入

借方	贷方
（4）545 000	

本年利润

借方	贷方
（4）411 618.2	（4）569 000
（5）39 345.45	

销售费用

借方	贷方
	（4）1 500

主营业务成本

借方	贷方
	（4）373 351.2

营业税金及附加

借方	贷方
	（4）1 600

管理费用

借方	贷方
	（4）28 500

应交税费

借方	贷方
	（5）39 345.45

财务费用

借方	贷方
	（4）667

盈余公积

借方	贷方
	（6）11 803.64

所得税费用

借方	贷方
（5）39 345.45	（5）39 345.45

应付股利

借方	贷方
	（7）23 607.27

利润分配

借方	贷方
（6）11 803.64	
（7）23 607.27	

二、关于“职业核心能力”与“职业道德”选项的融入性操练

（参照“3.5.2　‘实训题’课业范例”的“二”）

三、关于《工业企业主要经济业务核算实训报告》的撰写训练

（参照“3.5.2　‘实训题’课业范例”的“三”）

3.4.6

工业企业主要经济业务核算综合实训

一、关于“本组资料”的专业训练

技能Ⅴ训练：编制会计分录

(1) 借：库存现金　5 000
　　　银行存款　500 000
　　　固定资产　800 000
　　贷：实收资本　1 305 000

(2) 借：银行存款　200 000
　　贷：长期借款　200 000

(3) 借：原材料　50 000
　　　应交税费——应交增值税（进项税额）　8 500
　　贷：银行存款　58 500

(4) 借：原材料　20 000
　　　应交税费——应交增值税（进项税额）　3 400
　　贷：应付账款　23 400

(5) 借：库存现金　1 000
　　贷：银行存款　1 000

(6) 借：其他应收款——王平　5 000
　　贷：库存现金　5 000

(7) 借：生产成本——甲产品　40 000
　　　制造费用　5 000
　　　管理费用　2 000
　　贷：原材料　47 000

(8) 借：应付账款　20 000
　　贷：银行存款　20 000

(9) 借：应收账款　117 000
　　贷：主营业务收入　100 000
　　　　应交税费——应交增值税（销项税额）　17 000

(10) 借：银行存款　100 000
　　贷：应收账款　100 000

(11) 借：生产成本——甲产品　20 000
　　　制造费用　3 000
　　　管理费用　8 000
　　贷：应付职工薪酬　31 000

(12) 借：制造费用　3 000
　　　管理费用　4 200
　　贷：累计折旧　7 200

(13) 借：管理费用　3 800

借：库存现金 1 200
　贷：其他应收款——王平 5 000

（14）借：财务费用 800
　　贷：应付利息 800

（15）借：生产成本——甲产品 11 000
　　贷：制造费用 11 000

（16）借：库存商品——甲产品 71 000
　　贷：生产成本——甲产品 71 000

（17）借：银行存款 10 000
　　　应收账款 25 100
　　贷：主营业务收入 30 000
　　　应交税费——应交增值税（销项税额） 5 100

（18）借：销售费用 20 000
　　贷：银行存款 20 000

（19）借：营业税金及附加 4 500
　　贷：应交税费 4 500

（20）借：主营业务成本 65 000
　　贷：库存商品 65 000

（21）借：营业外支出——罚款 500
　　贷：库存现金 500

（22）借：主营业务收入 130 000
　　贷：本年利润 130 000

借：本年利润 108 800
　贷：主营业务成本 65 000
　　营业税金及附加 4 500
　　销售费用 20 000
　　管理费用 18 000
　　财务费用 800
　　营业外支出 500

（23）借：所得税费用 5 300
　　贷：应交税费——应交所得税 5 300

借：本年利润 5 300
　贷：所得税费用 5 300

（24）借：利润分配——提取法定盈余公积 1 590
　　贷：盈余公积——法定盈余公积 1 590

（25）借：本年利润 15 900
　　贷：利润分配——未分配利润 15 900

借：利润分配——未分配利润 1 590
　贷：利润分配——提取法定盈余公积 1 590

技能Ⅵ训练：T形账户的过账技能

库存现金

借方	贷方
（1）5 000	
（5）1 000	（6）5 000
（13）1200	（21）500

银行存款

借方	贷方
（1）500 000	（3）58 500
（2）200 000	（5）1 000
（10）100 000	（8）20 000
（17）10 000	（18）20 000

固定资产

借方	贷方
（1）800 000	

实收资本

借方	贷方
	（1）1 305 000

长期借款

借方	贷方
	（2）200 000

原材料

借方	贷方
（3）50 000	（7）47 000
（4）20 000	

应交税费

借方	贷方
（2）8 500	（9）17 000
（4）3 400	（17）5 100
	（19）4 500
	（23）5 300

应付账款

借方	贷方
（8）20 000	（4）23 400

其他应收款

借方	贷方
（6）5 000	（13）5 000

生产成本

借方	贷方
（7）40 000	（16）71 000
（11）20 000	
（15）11 000	

制造费用

借方	贷方
（7）5 000	（15）11 000
（11）3 000	
（12）3 000	

管理费用

借方	贷方
（7）2 000	（22）18 000
（11）8 000	
（12）4 200	
（13）3 800	

应收账款

借方	贷方
（9）117 000	（10）100 000
（17）25 100	

主营业务收入

借方	贷方
（22）130 000	（9）100 000
	（17）30 000

应付职工薪酬

借方	贷方
	（11）31 000

累计折旧

借方	贷方
	（12）7 200

财务费用

借方	贷方
（14）800	（22）800

应付利息

借方	贷方
	（14）800

库存商品

借方	贷方
（16）71 000	（20）65 000

营业税金及附加

借方	贷方
（19）4 500	（22）4 500

销售费用

借方	贷方
（18）20 000	（22）20 000

主营业务成本

借方	贷方
（20）65 000	（22）65 000

营业外支出

借方	贷方
（21）500	（22）500

本年利润

借方	贷方
（22）108 800	（22）130 000
（23）5 300	
（25）15 900	

所得税费用

借方	贷方
(23) 5 300	(23) 5 300

利润分配

借方	贷方
(24) 1 590	(25) 15 900
(25) 1 590	(25) 1 590

盈余公积

借方	贷方
	(24) 1 590

二、关于“职业核心能力”与“职业道德”选项的融入性操练

（参照　“3.5.2　‘实训题’课业范例”的“二”）

三、关于《工业企业主要经济业务核算实训报告》的撰写训练

（参照　“3.5.2　‘实训题’课业范例”的“三”）

第 4 章
会计凭证

4.1 预习要览

4.1.1 内容提要与结构

1. 内容提要

会计凭证是记录经济业务、明确经济责任的书面证明，也是据以登记账簿的依据。填制和审核会计凭证是会计核算工作的起点。任何企事业单位在处理经济业务时，对于发生的经济业务都必须取得会计凭证。由执行和完成该项经济业务的有关部门和人员取得或填制会计凭证，记录经济业务内容、数量和金额，并在凭证上签名和盖章，对业务的合法性、真实性和正确性负完全责任。只有经审核无误后的会计凭证，才能作为登记账簿的依据。填制和审核会计凭证是会计核算的专门方法之一。

会计凭证对于如实反映和有效监督经济业务，确保会计信息真实、正确，发挥会计在经济管理中的作用具有重要意义，即记录经济业务，提供记账依据；明确经济责任，强化内部控制；监督经济活动，控制经济运行。

按照填制程序和用途的不同，可以分为原始凭证和记账凭证两种。

原始凭证是在经济业务发生时取得或者填制的，用以记录或证明经济业务发生与完成情况的单据。原始凭证按其取得的来源不同，可分为自制原始凭证和外来原始凭证；原始凭证按其填制的方法不同，可分为一次凭证、累计凭证和原始凭证汇总表；原始凭证按照格式不同，可分为通用凭证和专用凭证。

尽管各单位的经济业务的具体内容不同，决定了所使用的原始凭证的名称、格式和内容也不相同。但是，任何原始凭证都是经济业务的原始证据，应详细地记载经济业务的发生或完成情况及经办单位和个人的经济责任，因此，原始凭证均具有相同的基本内容：原始凭证名称；填制日期；接受凭证的单位名称；经济业务的内容（含摘要、实物数量、单价和金额）；填制单位及有关人员签章；凭证附件。

原始凭证应按规定的要求填制。具体包括记录真实、内容完整、手续要完备、书写要清楚规范、编号要连续、不得任意涂改、刮擦或挖补以及填制及时。

原始凭证的审核包括书面审核和实质审核两方面。书面审核包括真实性审核、完整性审核和正确性审核。实质审核包括合法性审核、合理性审核和及时性审核。原始凭证经过审核后应根据不同情形作不同的处理。原始凭证只有经过审核无误后才能作为会计核算的原始依据。

记账凭证是依据审核无误的原始凭证或原始凭证汇总的，并作为登记账簿依据的一种会计凭证。记账凭证按照其反映的经济业务内容不同，分为收款凭证、付款凭证和转账凭证；按照填列方式不同，分为复式记账凭证和单式记账凭证。记账凭证应按规定要求填制。记账凭证应经过审核才能作为登记账簿的依据。

记账凭证是登记账簿的依据。为了保证登账的正确和方便，记账凭证必须具备以下基本内容：记账凭证的名称；记账凭证的编制日期；记账凭证的编号；经济业务事项的内容摘要；会计分录的内容，即应借应贷的账户名称及其金额；有关人员的签章；所附原始凭证的张数。

记账凭证的填制应符合以下要求：记账凭证各项内容必须完整；记账凭证应连续编号；记账凭证的书写应清楚、规范，相关要求同原始凭证；记账凭证可以根据每一张原始凭证填制，或根据若干张同类原始凭证汇总编制，也可以根据原始凭证汇总表填制，但不得将不同内容和类别的原始凭证汇总填制在一张记账凭证上；除结账和更正错误的记账凭证可以不附原始凭证外，其他记账凭证必须附有原始凭证；填制记账凭证时若发生错误，应当重新填制；记账凭证填制完经济业务事项后，如有空行，应当自金额栏最后一笔金额数字下至合计数上的空行处划线注销。

记账凭证编制后，必须经过认真的审核，才能作为登账的依据。记账凭证的审核内容包括以下五个方面：内容是否真实；项目是否填制完整；应借应贷的会计科目的名称及其金额是否正确；书写是否正确；实行会计电算化的单位，对于机制记账凭证，要认真审核，做到会计科目使用正确，数字准确无误。打印出来的机制记账凭证要有制单人员、稽核人员、记账人员及会计主管人员签章。

2. 内容结构

本章内容如图 4—1 所示。

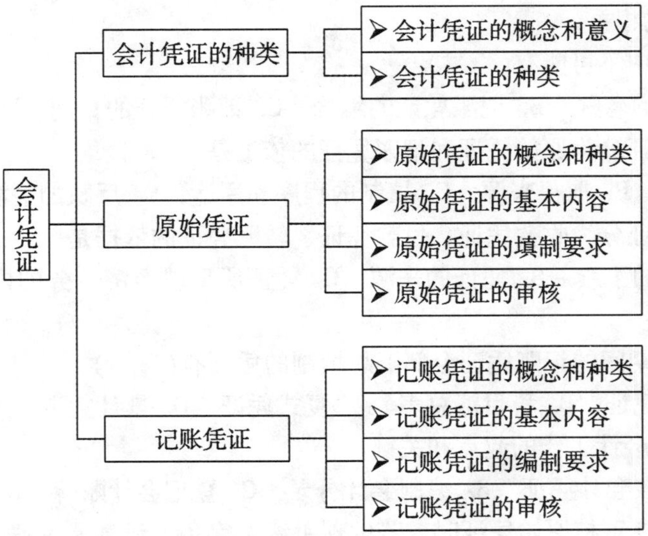

图 4—1　本章内容结构

3. 主要概念和观念

1）主要概念

会计凭证　原始凭证　自制原始凭证　外来原始凭证　一次凭证　累计凭证　汇总原始凭证　记账凭证　收款凭证　付款凭证　转账凭证　单式记账凭证　复式记账凭证

2）主要观念

会计凭证的种类　原始凭证　记账凭证（会计分录）

4.1.2 重点与难点

1）重点理论：会计凭证的概念与种类　会计凭证的填制要求　会计凭证的审核要求

2）重点实务：原始凭证的填制　记账凭证的填制

3）重点操作：在分析原始凭证的基础上写出正确的会计分录

4）难点：记账凭证（会计分录）

4.2 客观题

4.2.1 理论题

1. 单项选择题

1）原始凭证的基本内容中，不包括(　　)。

A. 日期及编号　B. 内容摘要　C. 实物数量及金额　D. 会计科目

2）外来原始凭证一般都是(　　)。

A. 一次凭证　B. 累计凭证　C. 汇总原始凭证　D. 记账凭证

3）原始凭证是(　　)。

A. 登记日记账的根据　B. 编制记账凭证的根据　C. 编制科目汇总表的根据　D. 编制汇总记账凭证的根据

4）记账凭证中不可能有(　　)。

A. 接受单位的名称　B. 记账凭证的编号　C. 记账凭证的日期　D. 记账凭证的名称

5）将会计凭证分为原始凭证和记账凭证的依据是(　　)。

A. 填制时间　B. 取得来源　C. 填制的程序和用途　D. 反映的经济内容

6）将记账凭证分为收款凭证、付款凭证、转账凭证的依据是(　　)。

A. 凭证填制的手续　B. 凭证的来源　C. 凭证所反映经济业务的内容　D. 所包括会计科目是否单一

7）根据一定期间的记账凭证全部汇总填制的凭证有(　　)。

A. 汇总原始凭证　B. 科目汇总表　C. 复式凭证　D. 累计凭证

8）(　　)是会计工作的起点和关键。

A. 填制和审核会计凭证　B. 编制会计分录　C. 登记会计账簿　D. 编制会计报表

9）财会部门在审核原始凭证时，若发现手续不完备，记载不准确、不完整的原始凭证，应当(　　)。

A. 及时退回，换取新的凭证　B. 及时退回，补办手续或更改错误　C. 及时销毁，并通知经办单位及有关人员　D. 及时更正，并办理有关会计手续

10）原始凭证一般是由(　　)取得或填制的。

A. 总账会计　B. 业务经办单位和人员　C. 会计主管　D. 出纳人员

2. 多项选择题

1）记账凭证编制的依据可以是(　　)。

A. 收、付款凭证　B. 一次凭证　C. 累计凭证　D. 汇总原始凭证　E. 转账凭证

2）原始凭证审核时应注意下列几方面内容(　　)。

A. 凭证反映的业务是否合法　B. 所运用的会计科目是否正确　C. 凭证上各项目是否填列齐全完整　D. 各项目的填写是否正确　E. 数字计算有无错误

3）涉及现金与银行存款相互划转的业务应编制的记账凭证有(　　)。

A. 现金收款凭证　B. 现金付款凭证　C. 银行存款收款凭证　D. 银行存款付款凭证　E. 转账凭证

4）下列科目中可能成为付款凭证借方科目的有(　　)。

A. “库存现金”　B. “银行存款”　C. “应付账款”　D. “应交税费”　E. “销售费用”

5）转账凭证属于(　　)。

A. 记账凭证　B. 专用记账凭证　C. 会计凭证　D. 复式记账凭证　E. 通用记账凭证

6）下列凭证中，属于汇总原始凭证的有(　　)。

A. 发料汇总表　B. 制造费用分配表　C. 发货票　D. 现金收入汇总表　E. 工资结算汇总表

7）下列凭证中，属于复式记账凭证的有(　　)。

A. 借项凭证　B. 收款凭证　C. 付款凭证　D. 转账凭证　E. 通用记账凭证

8）记账凭证的编号方法有(　　)。

A. 顺序编号法　B. 分类编号法　C. 奇偶数编号法　D. 任意编号法　E. 分数编号法

9）外来原始凭证应该是(　　)。

A. 从企业外部取得的　B. 由企业会计人员填制的　C. 一次凭证　D. 盖有填制单位公章的　E. 累计凭证

10）填制原始凭证时应做到(　　)。

A. 遵纪守法　B. 记录真实　C. 填写认真　D. 内容完整　E. 会计科目正确

3. 判断题

1）原始凭证是登记日记账、明细账的根据。　(　　)

2）一次凭证是指只反映一项经济业务的凭证，如“领料单”。　(　　)

3）在一笔经济业务中，如果既涉及现金和银行存款的收付，又涉及转账业务时，应同时填制收（或付）款凭证和转账凭证。　(　　)

4）将记账凭证分为收款凭证、付款凭证、转账凭证的依据是凭证填制的手续和凭证的来源。　(　　)

5）根据一定期间的记账凭证全部汇总填制的凭证如“科目汇总表”是一种累计凭证。　(　　)

6）采用累计原始凭证可以减少凭证的数量和记账的依据。　(　　)

7）自制原始凭证的填制，都应由会计人员填写，以保证原始凭证填制的正确性。　(　　)

8）所有的记账凭证，都要有出纳人员签章。（ ）

9）原始凭证是登记明细分类账的依据，记账凭证是登记总分类账的依据。（ ）

10）转账凭证是用来记录不涉及货币资金业务的凭证。（ ）

4.2.2 实务题

1. 单项选择题

1）填制原始凭证时应做到大小写数字符合规范、填写正确。如大写金额“壹仟零壹元伍角整”，其小写应为（ ）。

A. 1 001.50 元 B. ¥1 001.50 C. ¥1 001.50 元 D. ¥1 001.5

2）下列属于外来原始凭证的是（ ）。

A. 入库单 B. 发料汇总表 C. 银行收账通知单 D. 出库单

3）下列不属于会计凭证的有（ ）。

A. 发货票 B. 领料单 C. 购销合同 D. 住宿费收据

4）下列业务应编制转账凭证的是（ ）。

A. 支付购买材料价款 B. 支付材料运杂费 C. 收回出售材料款 D. 车间领用材料

5）企业将现金存入银行应编制（ ）。

A. 银行存款付款凭证 B. 现金付款凭证 C. 银行存款收款凭证 D. 现金收款凭证

6）在记账凭证中，（ ）。

A. 合计数前应填写货币符号“¥” B. 合计数前不需填写货币符号“¥” C. A 或 B 均可 D. 非合计数前应填写货币符号“¥”

7）下列经济业务，应填制转账凭证的是（ ）。

A. 用银行存款支付所欠货款 B. 用现金支付职工的差旅费预借款 C. 从银行取得借款并存入银行 D. 计提固定资产折旧

8）某企业 2 月 8 日，以银行存款支付前欠甲企业货款 30 000 元。根据该项经济业务的原始凭证，应当填制的记账凭证是（ ）。

A. 收款凭证 B. 付款凭证 C. 转账凭证 D. 会计凭证

9）企业购进材料款未付，该笔业务应编制的记账凭证是（ ）。

A. 收款凭证 B. 付款凭证 C. 转账凭证 D. 以上均可

10）企业销售产品一批，售价 50 000 元，款未收。该笔业务应编制的记账凭证是（ ）。

A. 收款凭证 B. 付款凭证 C. 转账凭证 D. 以上均可

2. 多项选择题

1）企业购入材料一批，货款用银行存款支付，材料验收入库，则应编制的全部会计凭证是（ ）。

A. 收料单 B. 累计凭证 C. 收款凭证 D. 付款凭证 E. 转账支票

2）下列人员中，应在记账凭证上签名或盖章的有（ ）。

A. 审核人员 B. 会计主管人员 C. 记账人员 D. 制单人员 E. 单位负责人

3）下列属于外来原始凭证的有（ ）。

A. 购货发票 B. 出差人员车船票 C. 银行结算凭证 D. 领料单 E. 借款单

4）在签发支票时，4 100.85 的大写金额正确的有(　　)。

A. 肆仟壹佰元捌角伍分　B. 肆仟壹佰零捌角伍分整　C. 肆仟壹佰元零捌角伍分　D. 肆仟壹佰零零元捌角伍分整　E. 肆仟壹佰零零元捌角伍分

5）下列经济业务中，应填制转账凭证的是(　　)。

A. 国家以厂房对企业投资　B. 外商以货币资金对企业投资　C. 向银行取得借款存入银行　D. 销售商品收到商业汇票一张　E. 职工王某出差向企业借支现金 5 000 元

6）企业销售产品一批，销售价款50 000 元，已收款40 000 元存入银行，10 000 元尚未收到。该笔业务应编制的记账凭证是(　　)。

A. 收款凭证　B. 付款凭证　C. 转账凭证　D. 通用凭证　E. 专用凭证

7）企业购买材料一批并已入库，该项业务有可能存在如下原始凭证(　　)。

A. 发货票　B. 支票　C. 货运单据　D. 入库单　E. 领料单

8）产品完工验收入库，该项业务所编制的记账凭证，一般应依据(　　)。

A. 出库单　B. 入库单　C. 制造费用分配表　D. 库存商品成本计算单　E. 发料凭证汇总表

9）按照规定，除(　　)的记账凭证可以不附原始凭证，其他记账凭证必须附有原始凭证。

A. 提取现金　B. 结账　C. 更改错账　D. 现金存入银行　E. 生产车间领用原材料

10）下列转账业务中，编制记账凭证时可以不附原始凭证的是(　　)。

A. 购进材料一批，款未付　B. 将本期主营业务收入结转至“本年利润”账户　C. 将本期实现的利润结转至“利润分配”账户　D. 结转本月完工产品的生产成本　E. 向银行取得10 个月期限的生产周转借款

3. 混合选择题

就“职业道德”相关领域的“规范与标准”，“职业核心能力”和“专业能力”各技能点的“规范与标准”（参见“操练题”的“能力与道德领域”），以及“职业核心能力强化训练‘知识准备’参照范围”（参见“附录一”），在下列题中填入正确的选项：

1）“与人合作能力（初级）”的“基本要求”是(　　)。

A. 理解群体合作目标，有效地接受上级指令，准确、顺利地执行合作计划，调整工作进度、改进工作方式，检查工作效果　B. 与内外部门共同制订计划，协调工作中的矛盾关系，并能提出改进意见，按照计划完成工作任务　C. 根据变化情况和合作各方需要，调整工作目标，在变化中控制合作进程，预测和评价合作效果，达成合作目标　D. 理解群体合作目标，协调工作中的矛盾关系，预测和评价合作效果，达成合作目标

2）“与人合作能力（初级）”的“技能点”是(　　)。

A. 理解合作目标、完成合作目标、改善合作效果　B. 制订合作计划、完成合作任务、检查合作效果　C. 理解合作目标、执行合作计划、检查合作效果　D. 调整合作目标、控制合作进程、达到合作目标

3）“与人合作能力（初级）”的“规范与标准”是(　　)。

A. 能确定合作的基础和利益共同点，掌握合作目标要点和本单位人事组织结构，明确个人在团队中的职责和任务　B. 能接受上级指令，准确、顺利地执行合作计划　C. 能

与他人协同工作，处理合作过程中的矛盾　D. 能通过检查工作进展，改进工作方式，促进合作目标实现

4）“会计凭证的填制与审核”这一“专业能力领域”包括的技能点有(　　)。

A. 原始凭证的填制技能　B. 原始凭证的审核技能　C. 记账凭证的填制与审核技能　D. 撰写企业《会计凭证填制实训报告》技能

5）“原始凭证的填制技能”的规范与标准有(　　)。

A. 能正确掌握原始凭证的概念和内容　B. 能根据原始凭证的概念和内容对相关的经济业务进行分析、判断　C. 能根据分析判断的结果准确地填制相应的原始凭证　D. 能及时要求相关的经办人员签字

6）“原始凭证的审核技能”的规范与标准有(　　)。

A. 熟悉原始凭证的审核要求　B. 能根据原始凭证的审核要求准确地分析原始凭证　C. 能准确地判断原始凭证的内容正确与否　D. 能对所审核的原始凭证的不同结果进行准确的处理

7）“记账凭证的填制与审核技能”的规范与标准有(　　)。

A. 能正确掌握记账凭证的种类和填制要求　B. 能根据对原始凭证的分析编制正确的会计分录　C. 能根据所填写的会计分录准确分析、判断应采用的具体会计凭证　D. 能在分析判断的基础上正确进行记账凭证的填制

8）“撰写企业《会计凭证编制实训报告》技能”的规范与标准有(　　)。

A. 能合理设计《会计凭证填制实训报告》的结构，层次较分明　B. 能较规范地填制工业企业主要原始凭证和记账凭证并进行审核　C. 能较规范地撰写《会计凭证填制实训报告》　D. 能运用较规范的文字如实地描述实训目的、实训步骤、实训感言等

4. 判断题

1）在一笔经济业务中，如果既涉及现金和银行存款的收付，又涉及转账业务时，应同时填制收（或付）款凭证和转账凭证。　(　　)

2）填制会计凭证时，所有以元为单位的阿拉伯数字，除单价等情况外，一律填写到角分；有角无分的，分位应当写“0”或用符号“-”代替。　(　　)

3）付款凭证左上角“借方科目”处，应填写“库存现金”或“银行存款”科目。　(　　)

4）原始凭证上面可以不写明填制日期和接受凭证的单位名称。　(　　)

5）原始凭证是登记明细分类账的依据，记账凭证是登记总分类账的依据。　(　　)

6）有关现金、银行存款收支业务的凭证，如果填写错误，不能在凭证上更改，应加盖“作废”戳记，重新填写，以免错收错付。　(　　)

7）总分类账户和明细分类账户发生额及余额对照表可以作为原始凭证核算。(　　)

8）制造费用分配表是企业自制的计算凭证，也是结转分配制造费用的原始依据。　(　　)

9）从外单位取得的原始凭证，必须有填制单位的公章。　(　　)

10）原始凭证审核时，对填写内容不完整的，会计人员有权拒绝办理。　(　　)

4.2.3　案例题

记账凭证先盖章，会计人员钻空子

企业的现金应由专职的出纳员保管。现金的收支应由出纳员根据收付款凭证办理，业务办理完毕后由出纳员在有关的凭证上签字盖章。这是现金收支业务的正常账务处理程序。

但在大连某实业公司，这个正常的账务处理程序却被打乱了。企业的现金由会计人员保管。现金的收支也由会计人员办理。更为可笑的是：该企业的记账凭证也是由出纳员张某先盖好印章放在会计人员那里。这给会计人员作弊提供了可乘之机。该实业公司会计（兼出纳）邵某就是利用这种既管钱，又管账的“方便”条件，尤其是借用盖好章的记账凭证，编造虚假支出，贪污公款1.4万余元。

资料来源　佚名：《会计凭证案例》，http：//hi. baidu. com/wykuang/blog/item/a6c6d7330a389147ac4b5f77. html。

请根据案例在下列题中填入适当选项：

1）与现金收支有关的记账凭证有(　　)。

A. 收款凭证　B. 付款凭证　C. 转账凭证　D. 会计凭证

2）正常的现金收支账务处理程序应是由(　　)来执行。

A. 会计　B. 出纳　C. 会计主管　D. 厂长

3）根据上述资料，以下说法中正确的有(　　)。

A. 会计可以兼任出纳　B. 会计不能兼任出纳　C. 出纳负责现金的保管　D. 出纳负责收付款凭证的办理

4）根据上述资料，一般情况下，现金收的支账务处理程序应经过的步骤有(　　)。

A. 出纳盖章、会计签字、填制收付款凭证、出纳办理收支手续　B. 会计签字、填制收付款凭证、出纳办理收支手续、出纳盖章　C. 填制收付款凭证、会计签字、出纳办理收支手续、出纳盖章　D. 会计签字、填制收付款凭证、出纳盖章、出纳办理收支手续

5）根据上述资料，为了防止现金管理中出现漏洞，应采取如下措施(　　)。

A. 会计出纳可以由一人兼任　B. 会计主要负责收付款凭证的填制及审核　C. 出纳负责现金收支的办理　D. 会计出纳应互相牵制

4.2.4　实训题

1. 单项选择题

1）收款凭证左上角“借方科目”应填列的会计科目是(　　)。

A.“应收账款”　B.“预收账款”　C.“主营业务收入”　D.“银行存款或库存现金”

2）下列业务中，应该填制现金收款凭证的是(　　)。

A. 将现金存入银行　B. 从银行提取现金　C. 出售产品一批，收到一张转账支票　D. 出售多余材料，收到现金

3）根据一张借支单在填制记账凭证时，其借方科目应为(　　)。

A. “库存现金”　B. “银行存款”　C. “其他应收款”　D. “管理费用”

4）根据领料凭证汇总表在填制记账凭证时，其贷方科目应为(　　)。

A. “生产成本”　B. “原材料”　C. “管理费用”　D. “制造费用”

5）根据制造费用分配表在填制记账凭证时，其借方科目应为(　　)。

A.“生产成本”　B.“制造费用”　C.“管理费用”　D.“银行存款”

6）根据制造费用分配表在填制记账凭证时，其贷方科目应为(　　)。

A.“生产成本”　B.“制造费用”　C.“管理费用”　D.“银行存款”

7）根据产品入库单在填制记账凭证时，其借方科目应为(　　)。

A.“原材料”　B.“库存商品”　C.“生产成本”　D.“主营业务成本”

8）根据产品入库单在填制记账凭证时，其贷方科目应为(　　)。

A.“原材料”　B.“库存商品”　C.“生产成本”　D.“主营业务成本”

9）根据一张工商银行借款单（借款期为6个月），在填制记账凭证时其借方科目应为(　　)。

A.“银行存款”　B.“短期借款”　C.“长期借款”　D.“实收资本”

10）根据一张工商银行借款单（借款期为6个月），在填制记账凭证时其贷方科目应为(　　)。

A.“银行存款”　B.“短期借款”　C.“长期借款”　D.“实收资本”

2. 多项选择题

1）王明出差回来，报销差旅费1 800元，原借支1 400元，该笔业务填制记账凭证时，下列正确的是(　　)。

A. 借记管理费用1 800元　B. 借记管理费用1 400元　C. 贷记其他应收款1 400元　D. 贷记库存现金400元　E. 借记其他应收款1 400元

2）结转已销产品的成本，该笔业务事项填制记账凭证时，下列正确的是(　　)。

A. 借记库存商品　B. 贷记库存商品　C. 借记主营业务成本　D. 贷记主营业务成本　E. 贷记主营业收入

3）计提短期借款利息，该笔业务事项填制记账凭证时，下列正确的是(　　)。

A. 借记银行存款　B. 借记财务费用　C. 贷记短期借款　D. 贷记应付利息　E. 借记应付利息

4）“企业购进一台设备，款项已付”，对于该笔业务在填制记账凭证时，下列正确的是(　　)。

A. 借记固定资产　B. 借记应交税费——应交增值税（进项税额）　C. 贷记银行存款　D. 贷记累计折旧　E. 借记制造费用

5）对于一张增值税专用发票、一张运费结算单和一张材料验收单，在填制记账凭证时，下列正确的是(　　)。

A. 借记库存商品　B. 借记原材料　C. 借记应交税费——应交增值税（进项税额）　D. 贷记应付账款　E. 借记应收账款

6）企业对于一张现金支票存根，用途栏注明“备用金”，在填制记账凭证时，下列正确的是(　　)。

A. 借记库存现金　B. 贷记银行存款　C. 借记银行存款　D. 贷记库存现金　E. 借记其他应收款

7）企业对于一张转账支票存根，用途栏注明“购料款”，在填制记账凭证时，下列正确的是(　　)。

A. 借记应收账款　B. 贷记银行存款　C. 借记应付账款　D. 贷记主营业务收入　E. 借记主营业务成本

8）企业对于一张现金支票存根；用途栏注明“发本月工资”，另有一张工资明细表，在填制记账凭证时，下列正确的是(　　)。

A. 借记库存现金　B. 贷记银行存款　C. 借记应付职工薪酬　D. 贷记库存现金　E. 借记银行存款

9）企业对于一张工商银行进账单（收账通知联），在填制记账凭证时，下列正确的是(　　)。

A. 借记银行存款　B. 借记应收账款　C. 贷记应收账款　D. 贷记银行存款　E. 贷记应付账款

10）企业对于一张某商场的销售发票，上面注明购买商品的品名有计算器、材料纸和笔记本等以及支付的总价款，另有“车间购买使用”字样，在填制记账凭证时，下列正确的是(　　)。

A. 借记管理费用　B. 借记制造费用　C. 贷记库存现金　D. 贷记银行存款　E. 借记原材料

4.3　主观题

4.3.1　理论题

1. 简答题

1）什么是会计凭证？填制和审核会计凭证有什么作用？

2）会计凭证的分类是什么？

3）原始凭证的概念和分类如何？

4）记账凭证的概念和分类如何？

5）原始凭证的基本内容包括哪些？

2. 理解题

1）原始凭证的填制要求有哪些？

2）记账凭证的填制要求有哪些？

3）会计人员对于审核后的原始凭证应分几种情况处理？

4.3.2　实务题

1. 规则复习

1）理解与同一笔业务相关的一张或多张原始凭证的内容主要应从哪些方面入手？

2）收款凭证如何填制？

3）付款凭证如何填制？

4）转账凭证如何填制？

5）对于涉及现金与银行存款之间的经济业务应填制什么凭证？

2. 业务解析

1）原始凭证与记账凭证的区别是什么？

2）为什么填制和审核会计凭证是会计核算的首要环节?

3）会计分录与记账凭证的关系是什么?

4.3.3 案例题

违背真实性原则，汽车变烟煤

背景与情境：2007 年 11 月 9 日，某市审计局财务审计组对市属水泥厂进行年度财务检查，查阅记账凭证时发现：该厂一张记账凭证上的会计分录为借记燃料及动力 66 400 元，贷记应收账款 66 400 元。但是，调入的烟煤没有原始发票，也没有入库单，只是在记账凭证下面附了一张由该厂开具给 B 公司的收款收据。经查，B 公司既不耗用也不经营烟煤。

通过调查了解，原来是该厂以购烟煤为名，行购车抵债之实。进一步追问，得知 B 公司以一台吉普车抵还了欠该厂的货款，由于厂长打招呼不要将其列入固定资产账，于是就做烟煤处理掉。审计组就此责令市属水泥厂修改会计账务，并给予了经济处罚。

资料来源　佚名：《第七章 会计事项载体与整理》，上海电机学院网，2008-05-05。

问题：

1）进行会计核算、填制会计凭证的基本要求是什么?

2）指出本案中的错误和不足之处。

3）本案中相关业务应如何进行会计处理?

分析要求：

1）课业的结构、格式与体例要求：参照《训练手册》“4. 5. 1　‘案例题’课业范例”。

2）其他要求同“1. 3. 3　案例题”的“分析要求”。

4.3.4 实训题

“会计凭证的填制与审核”业务胜任力训练

【实训目的】

见本章章名页之“学习目标”中的“实训目标”。

【能力与道德领域】

专业能力——会计凭证的填制与审核

技能 Ⅰ

名称：原始凭证的填制技能

规范与标准：

（1）能正确掌握原始凭证的概念和内容。

（2）能根据原始凭证的概念和内容对相关的经济业务进行分析、判断。

（3）能根据分析、判断的结果准确地填制相应的原始凭证。

技能 Ⅱ

名称：原始凭证的审核技能

规范与标准：

（1）熟悉原始凭证的审核要求。

（2）能根据原始凭证的审核要求准确地分析原始凭证。
（3）能准确地判断原始凭证的内容正确与否。
（4）能对所审核的原始凭证的不同结果进行准确的处理。
技能Ⅲ
名称：记账凭证的填制与审核技能
规范与标准：
（1）能正确掌握记账凭证的种类和填制要求。
（2）能根据对原始凭证的分析编制正确的会计分录。
（3）能根据所填写的会计分录准确分析、判断应采用的具体会计凭证。
（4）能在分析判断的基础上正确进行记账凭证的填制。
（5）能正确掌握记账凭证的审核要求。
（6）能根据记账凭证的审核要求对所填制的记账凭证进行准确的审核。
（7）对所审核的记账凭证得出准确的结论。
技能Ⅳ
名称：撰写企业《会计凭证填制实训报告》技能
规范与标准：
（1）能合理设计《会计凭证填制实训报告》的结构，且层次较分明。
（2）能较规范地填制工业企业主要原始凭证和记账凭证并进行审核。
（3）能较规范地撰写《会计凭证填制实训报告》。
（4）本教材网络教学资源包中《学生考核手册》考核表4—2所列各项“考核指标”和“考核标准”。

职业核心能力——与人合作、解决问题、革新创新（初级）

上述能力领域的“基本要求”、“技能点”和“规范与标准”见本教材“附录二”中的附表2—2。

职业道德——职业作风、职业守则（顺从级）

各道德领域的“规范与标准”见本教材“附录二”中的附表2—3 。

【实训任务】

（1）对“会计凭证的填制与审核”专业能力领域各技能点实施阶段性基本训练。

（2）对“与人合作、解决问题、革新创新”等职业核心能力领域各技能点实施“初级”强化训练。

（3）对“职业作风”和“职业守则”等职业道德领域实施“顺从级”相关训练。

【实训要求】

（1）实训前学生要了解并熟记本实训的“目标”、“能力与道德领域”、“任务”与“要求”，了解并熟记本教材网络教学资源包中《学生考核手册》考核表4—1、考核表4—2中的“考核指标”与“考核标准”内涵，将其作为本实训的操练点和考核点来准备。

（2）通过“实训步骤”，将“实训任务”所列三种训练整合并落实到本实训的“活动过程”和“成果形式”中。

（3）实训后学生要对本次“填制会计凭证”的实训活动进行总结，并在此基础上撰写实训报告。

【情境设计】

将学生分成若干实训组，各实训组结合本实训“成果形式”的“实训课业”题目，在“4.4　实训资料”的三组资料中任选一组（每组资料包括针对“技能Ⅰ”至“技能Ⅲ”的“实务操作题”各一套，题量以必需、够用为限），进行针对“会计凭证的填制与审核”的实训。各实训组通过对会计凭证的归类、日常经济业务的分析、会计凭证的填制与审核等实践活动的参与和体验，完成本实训操练题的各项实训任务，并在此基础上撰写《填制会计凭证的实训报告》。

【指导准备】

知识准备：

（1）“会计凭证”的理论与实务知识。

（2）本教材“附录一”附表1—1的“知识准备”中，与本章“职业核心能力‘强化训练项’”各技能点相关的“‘知识准备’参照范围”。

（3）本教材“附录二”附表2—2、附表2—3中，涉及本章“职业核心能力领域‘强化训练项’”各技能点和“职业道德领域‘相关训练项’”的“规范与标准”知识。

操作指导：

（1）教师向学生阐明“实训目的”、“能力与道德领域”和“知识准备”。

（2）教师就“知识准备”中的第（2）、（3）项，对学生进行培训。

（3）教师指导学生就实训资料进行熟悉、分析、判断，并根据分析、判断的结果准确进行原始凭证的填写或分析。

（4）教师指导学生就实训资料对原始凭证的内容进行正确的分析，并写出会计分录。

（5）教师指导学生就实训资料正确地按记账凭证的填制要求进行记账凭证的填制。

（6）教师指导学生撰写《会计凭证填制实训报告》。

【实训时间】

本章课堂教学内容结束后的双休日和课余时间，为期两天。

【实训步骤】

（1）将学生组成若干个实训组，每8位同学分成一组，每组确定1～2人负责，并向各小组学生分发空白的原始凭证或记账凭证。

（2）对学生进行会计凭证编制的培训，熟悉实训目的、步骤。

（3）各实训组成员熟悉所选实训资料，按要求进行关于技能Ⅰ至技能Ⅳ的全面操练，制作企业期末资产和权益增减情况平衡表，并与“4.6　参考答案与提示”中本组资料的参考答案相对比。

（4）各实训组成员在实施上述训练的过程中，融入对“与人合作”、“解决问题”和“革新创新”等职业核心能力的各“技能点”的“初级”强化训练和对“职业作风”、“职业守则”等职业道德各“素质点”的“顺从级”相关训练，并对训练过程作简要记录与说明。

（5）各实训组成员整合上述操练的过程与结果，分别撰写作为最终成果形式的关于“会计基础性观念运用”的相应《实训报告》。

（6）各实训组成员的《实训报告》提交小组讨论并修订后，评出小组优秀《实训报告》。

（7）班级交流并修订各组优秀《实训报告》，评出班级优秀《实训报告》。

（8）教师对班级优秀《实训报告》进行点评。

（9）将附有“教师点评”的班级优秀《实训报告》纳入该课程教学资源库，通过校园网课程平台展示，并允许学生拷贝借鉴。

【成果形式】

实训课业：《会计凭证填制实训报告》

课业要求：

（1）《实训报告》的内容、结构与体例参照《训练手册》“4.5.2　‘实训题’课业范例”。

（2）各组成员完成的《实训报告》须由指导教师、实训组长和本人三方签字负责。

4.4 实训资料

4.4.1

【资料】

武汉开明公司材料采购员张红2012年7月25日拟去上海市纺织集团公司采购纺织品，经业务授权人（供应处处长）杨国强签章同意，预借差旅费现金3 000元。张红填制一联借款单，出纳员金夏付给张红现金3 000元。经财务稽核人员姜英稽核，将审核后的借款单交会计于梅编制现金付款凭证。财务部门负责人为谢敏。单位领导人是彭明。

7月28日，张红完成采购业务回来，经审核各项支出，实际支出差旅费及补助2 960元，并交回剩余现金。

【要求】

（1）根据上述资料填制差旅费借款单、差旅费报销单（技能I训练）。

（2）对填制的差旅费借款单、差旅费报销单进行审核（技能II训练）。

（3）根据上述资料编制借款的现金付款凭证和报销的记账凭证（技能III训练）。

（4）通过实训过程的全程参与和体验，在基本完成实训操练各项技能任务的基础上，独立完成《会计凭证填制与审核实训报告》（技能IV训练）。

4.4.2

【资料】

根据2012字第034号合同，宏达公司于2012年7月30日售给新明公司（账号是46780，开户银行是建设银行新民街办事处）舒意牌工装196件，每件100套，每套61.80元，新明公司已在相关提货单（见表4—1）上签字确认并已提货，提货人为王飞。本公司收到新明公司开出票面金额为1 417 197.60元的有效银行本票一张及其他相关单据若干张。出纳员金照在审核后填列银行存款进账单并将银行本票存入本公司在工商银行××市分行××支行0001995518账号内。另外，金照开给星月公司增值税销货发票，其中价款为1 211 280元，增值税进项税额为205 917.60元。

表 4—1

宏达公司提货单

年　月　日

品　名	单　位	数　量	单　价	金　额	备　注

批准人：　　　　开票：　　　　保管员：　　　　提货人：

【要求】

（1）根据上述资料填制提货单、银行存款进账单、增值税发票（技能 I 训练）。

（2）对已填制的提货单、进账单和增值税发票进行审核（技能 II 训练）。

（3）填制银行存款收款凭证并进行审核（技能 III 训练）。

（4）通过实训过程的全程参与和体验，在基本完成实训操练各项技能任务的基础上，独立完成《会计凭证填制与审核实训报告》（技能 IV 训练）。

4.4.3

【资料】

2012 年 10 月 15 日，北京南方股份有限公司从银行提取现金 160 000 元用于发放工资。（凭证编号：081）

【要求】

（1）根据上述资料填制现金支票存根（见下图 4—2 所示）（技能 I 训练）。

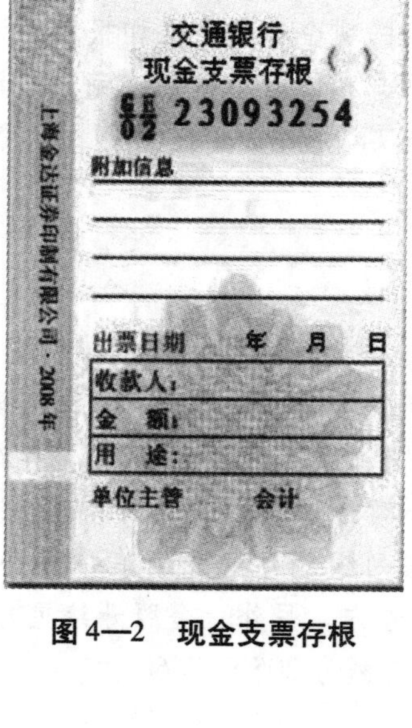
交通银行
现金支票存根（ ）
GE 02 23093254
附加信息
出票日期　年　月　日
收款人：
金　额：
用　途：
单位主管　会计
上海金达证券印制有限公司·2008年

图 4—2　现金支票存根

(2) 对已填制的现金支票存根进行审核(技能II训练)。

(3) 对现金支票存根进行分析并填制付款凭证并进行审核(见下图4—3所示)(技能III训练)。

付款凭证

字第　　号

贷方科目：　　　　　　年　月　日

摘　要	对方科目		借或贷	金额	√
	总账科目	明细科目		千百十万千百十元角分	
					☐
					☐
					☐
					☐
					☐
					☐
合　计					☐

附单据　张

会计主管：　记账：　出纳：　复核：　制单：　收款人：

图4—3　付款凭证

(4) 通过实训过程的全程参与和体验，在基本完成实训操练各项技能任务的基础上，独立完成《会计凭证填制与审核实训报告》(技能IV训练)。

4.5 课业范例

4.5.1 "案例题"课业范例

涂改发票与发票审核马虎进行贪污案例分析报告

(组长：　　　　组员：　　　　　　　　)

背景与情境：甲企业采购员王××出差回来报销差旅费。旅馆开出发票记载单价为50元，人数1人，时间为10天，金额为500元。而王××却将单价50元直接改为350元，小写金额改为3 500元，将大写金额前加了一个"叁仟"，报销后贪污金额为3 000元。

问题：

1) 出纳员对此应承担什么责任?

2) 对采购员王××应怎样处理?

3) 出纳员应如何审核这类虚假业务?

分析：

1) 出纳员应负责追回损失的现金，若无法追回，出纳员应承担连带赔偿责任。

2) 采购员王××属于对原始凭证进行了"变造"以达到贪污公款的目的。按《会计法》的规定，对于伪造、变造会计凭证、会计账簿或者编制虚假财务会计报告的行为，构成犯罪的，依法追究刑事责任；尚不构成犯罪的，由县级以上人民政府财政部门予以通报；可以对单位并处5 000元以上10万元以下的罚款；属于国家工作人员的，还应当由其所在单位或者有关单位给予撤职直至开除的行政处分；对其中的会计人员，并由县级以上人民政府财政部门吊销会计从业资格证书。

3）出纳员应首先检查原始凭证，即应检查发票有无部门领导的签字，发票金额的笔体是否一致。特别注意大小写金额是否一致，大写金额前是否有“人民币”三个字，小写金额前是否有“¥”符号。发现有疑点时，应采用函询法调查住宿单价。

资料来源　佚名：《第七章　会计事项载体与整理：会计凭证分类》，上海电机学院网，http：//ppa. sdjues. com/Part4/6/7. html，2012-01-07。文字经过调整。

4.5.2　“实训题”课业范例

会计凭证的填制与审核实训报告

（组长：　　　　　组员：　　　　　　　　　　　　　　）

资料：

（1）2011 年 2 月 1 日，厦门南方股份有限公司（基本存款账户开户行为中国银行湖里支行，账号为 3862319）的出纳员李明填写现金支票一张，金额为 1 000 元，从银行提取现金以备零用。要求填写一张现金支票（包括正面与背面）。（现金支票存根作为记账的依据）。

（2）采购员李兴 4 月 5 日出差，预借差旅费 1 500 元，2 月 5 日填写的借款单在背景单据中。审核该原始单据，如果填写有误，请填写正确的单据。

借　款　单

2012　年 2　月 5　日　　　　　　　　第 13 号

借款部门	生产部门	姓名	李平	事由	采购
借款金额（大写）	零 万 壹 仟 伍 佰 零 拾 零 元 零 角 零 分 ¥ 1 500.00				
部门负责人签署	王立	借款人签章	李兴	注意事项	一、凡借用公款必须使用本单 二、第三联为正式借据由借款人和单位负责人签章 三、出差返回后三天内结算
单位领导批示	杨文	审核意见	同意		

第三联、记账凭证

（3）厦门化工有限责任公司 2012 年 7 月 20 日，提取现金，以供零星开支。背景单据：现金支票存根。

（4）南方股份公司 2012 年 5 月 20 日二车间领用维修设备材料（附一张出库单），其记账凭证如下。审核该记账凭证，如果有错误请编制正确的记账凭证。背景单据：转账凭证。

要求：

（1）根据资料（1）填写一张现金支票（包括正面与背面）（技能 I 训练）。

（2）根据资料（2）对原始凭证进行审核（技能 II 训练）。

（3）根据资料（3）填写一张记账凭证（技能 III 训练）。

银行 (闽)
现金支票存根
56891001
附加信息
出票日期 2012 年 7 月 20 日
收款人 厦门化工有限责任
金 额 ￥2 000.00
用 途 备用金
单位主管 会计

转账凭证

转 字第 20 号

2012 年 5 月 20 日

摘要	总账科目	明细科目	借方金额											贷方金额											√
			亿	千	百	十	万	千	百	十	元	角	分	亿	千	百	十	万	千	百	十	元	角	分	
车间维修设备、领料	生产成本	一车间							1	2	8	0	0												
	原材料																			1	2	8	0	0	
合计									1	2	8	0	0							1	2	8	0	0	

附单据 张

会计主管: 记账: 出纳: 复核: 制单: 张良

(4) 根据资料 (4) 对转账凭证进行审核 (技能 III 训练)。

(5) 通过本实训工作的全程参与和体验，能基本完成实训操练任务，并能独立完成《会计凭证编制实训报告》。(技能 IV 训练)

【实训课业】

一、关于“本组资料”的专业训练

技能 I 训练：原始凭证的填制

现金支票正面如下：

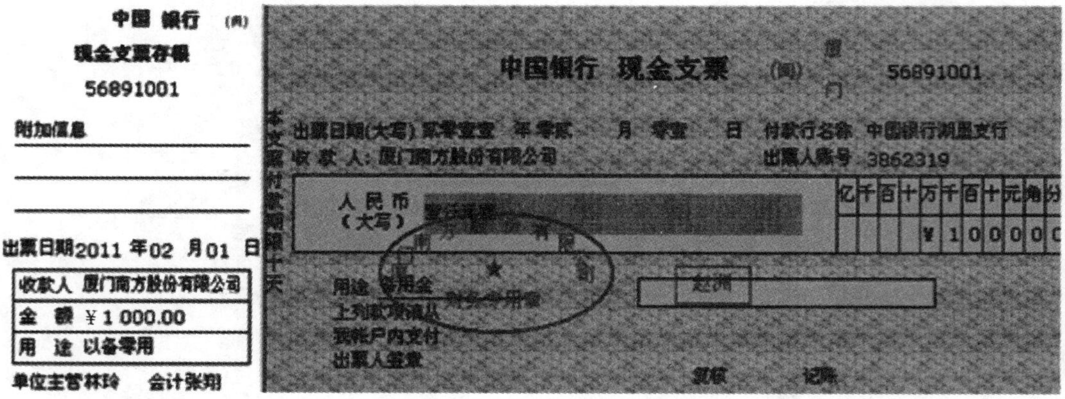

中国银行 (闽)
现金支票存根
56891001
附加信息
出票日期2011年02月01日
收款人 厦门南方股份有限公司
金　额 ¥1 000.00
用　途 以备零用
单位主管林玲　会计张翔

中国银行 现金支票 (闽) 厦门 56891001
本支票付款期限十天
出票日期(大写) 贰零壹壹 年零贰 月零壹 日　付款行名称 中国银行湖里支行
收款人：厦门南方股份有限公司　出票人账号 3862319
人民币（大写）[redacted]
亿 千 百 十 万 千 百 十 元 角 分
¥ 1 0 0 0 0 0
用途 备用金
上列款项请从
我帐户内支付
出票人签章
厦门南方股份有限公司 财务专用章
赵洲
复核　记账

现金支票背面如下：

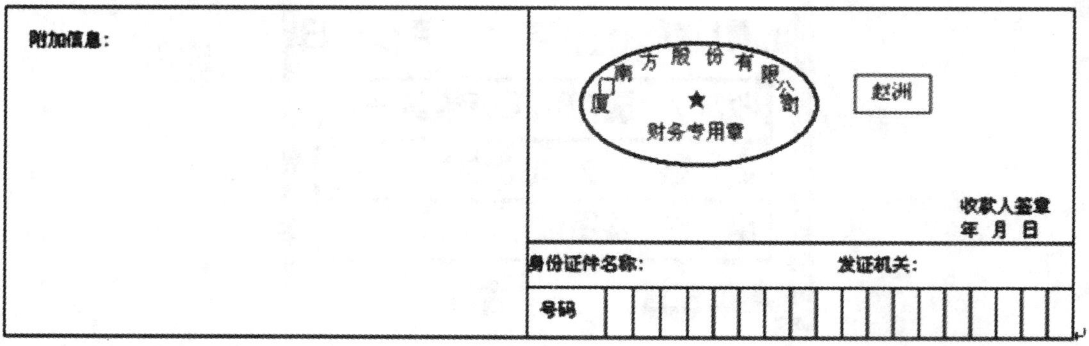

附加信息：
厦门南方股份有限公司 财务专用章
赵洲
收款人签章
年 月 日
身份证件名称：　发证机关：
号码

技能 II 训练：原始凭证的审核

通过对资料（2）中背景单据（借款单）的审核，发现错误有二：一是借款部门填错，不是生产部门，应是采购部；二是姓名填错，不是李平，而是李兴。正确的借款单如下：

借 款 单

2012 年4 月5 日　　第 13 号

借款部门	采购部	姓名	李兴	事由	采购
借款金额（大写）	零 万 壹 仟 伍 佰 零 拾 零 元 零 角 零 分 ¥ 1 500.00				
部门负责人签署	王立	借款人签章	李兴	注意事项	一、凡借用公款必须使用本单 二、第三联为正式借据由借款人和单位负责人签章 三、出差返回后三天内结算
单位领导批示	杨文	审核意见	同意		

第三联：记账凭证

技能 III 训练：记账凭证的填制与审核

（1）记账凭证（付款凭证）的填制

根据现金支票存根进行分析，为付款性质，属于到银行提取现金的业务。其会计分录为：

借：库存现金　　2 000

　贷：银行存款　　2 000

付款凭证

银付　字号3　号

贷方科目：银行存款　　2012 年 7 月 20 日

摘要	对方科目		借或贷	金额										✓
	总账科目	明细科目		千	百	十	万	千	百	十	元	角	分	
提取备用金	库存现金		借					2	0	0	0	0	0	
合计							¥	2	0	0	0	0	0	

附单据1张

会计主管：郑[illegible]　记账：邱兰　出纳：马峰　复核：王燕　制单：王海　受款人：

(2) 记账凭证的审核

对资料（4）的记账凭证进行审核，该业务为生产车间领用维修设备的原材料，价值为 128 元。该记账凭证显示其会计分录为：

借：生产成本　　128

　贷：原材料　　128

显然借方科目有错，应是“制造费用”科目，正确的转账凭证如下：

转账凭证

转　字第20　号

2012 年 5 月 20 日

摘要	总账科目	明细科目	借方金额											贷方金额											✓
			亿	千	百	十	万	千	百	十	元	角	分	亿	千	百	十	万	千	百	十	元	角	分	
车间维修设备、领材	制造费用	二车间							1	2	8	0	0												
	原材料																			1	2	8	0	0	
合计								¥	1	2	8	0	0						¥	1	2	8	0	0	

附单据1张

会计主管：　记账：　出纳：　复核：　制单：张良

资料来源　厦门网中网，http://www.netinnet.cn/try/。

二、关于“职业核心能力”与“职业道德”选项的融入性操练

实训前，我们对列入本章“实训题”【指导准备】中“知识准备”的那些知识进行了必要预习，接受了指导老师的全部“操作指导”。通过参加“知识准备”第（2）、（3）项的培训，使我们了解了本章涉及的“专业能力”各项技能、“职业核心能力”和“职业道德”选项的“规范与标准”，克服了实训过程中对相关操作规范的盲目性。

在实训中，我们在实施本组“实训资料”的专业操练和《实训报告》的准备、撰写、讨论与交流的同时，有意识地融入了“与人合作”、“解决问题”和“革新创新”等“职业核心能力”强化训练和“职业作风”和“职业守则”等“职业道德”的相关训练。

三、关于《会计凭证填制与审核实训报告》的撰写训练

《会计凭证的填制与审核实训报告》		
项目实训班级：0904203	项目小组：01	项目组成员：喻乔等
实训时间：2012 年 10 月 25 日	实训地点：多媒体教室	
实训目的：熟悉会计凭证的概念，掌握原始凭证的填制与审核，记账凭证的填制与审核		
实训步骤：①由项目组根据企业相关资料正确地填制各种原始凭证（本资料由于篇幅限制，只练习了现金支票的填制）。②以小组为单位，对企业发生的日常经济业务以已经填制完成的原始凭证为载体，对原始凭证进行分析与审核，找出问题，并进行更正（本资料由于篇幅限制，只练习了借款单的审核）。③这一步包括两个内容：一是会计凭证的编制，即各成员将业务所附背景单据进行分析，分析业务的内容，特别是分析业务所涉及的会计分录应如何正确地书写，并将大家已确定的会计分录填制到记账凭证中（本资料由于篇幅限制，只进行了付款凭证的编制）；二是记账凭证的审核，即成员面对已完成的记账凭证，对其进行审核分析，找出问题并更正。④由各成员根据所编制的原始凭证和记账凭证撰写实训报告		
实训结果：编制企业 2012 年度原始凭证对应的各记账凭证（见附件）		
实训感言：通过本实训，熟悉了会计凭证的概念、种类，掌握了原始凭证的填制方法与审核要求，明确了记账凭证的填制方法与审核要求，进一步理解了经济业务会计处理的专门核算方法之一——记账凭证与会计分录的关系。感悟到会计工作要仔细、严谨、要善于与人沟通、与人合作。本次实训有助于理解掌握第 4 章的基本概念、理论，有助于动手能力的提高		
不足与今后改进：对原始凭证的分析总有一些不到位不准确的地方，因此感到写记账凭证有困难。今后会在原始凭证的分析上多下工夫		
项目组长评定签字：		项目指导教师评定签字：

4.6 参考答案与提示

“4.2 客观题”参考答案

4.2.1 理论题

1. 单项选择题

1）D 2）A 3）B 4）A 5）C 6）C 7）B 8）A 9）B 10）B

2. 多项选择题

1）BCD 2）ACDE 3）BD 4）CDE 5）ABCD 6）ADE 7）BCDE 8）ABE

9）ACD　10）ABCD

3. 判断题

1）×　2）×　3）×　4）×　5）×　6）√　7）×　8）×　9）×　10）√

4.2.2　实务题

1. 单项选择题

1）B　2）C　3）C　4）D　5）B　6）A　7）D　8）B　9）C　10）C

2. 多项选择题

1）ADE　2）ABCD　3）ABC　4）AC　5）AD　6）ACD　7）ABCD　8）BD　9）BC　10）BC

3. 混合选择题

1）A　2）C　3）ABD　4）ABCD　5）ABC　6）ABCD　7）ABCD　8）ABC

4. 判断题

1）√　2）×　3）×　4）×　5）×　6）√　7）×　8）√　9）√　10）×

4.2.3　案例题

1）AB　2）B　3）BCD　4）C　5）BCD

4.2.3　实训题

1. 单项选择题

1）D　2）D　3）C　4）B　5）A　6）B　7）B　8）C　9）A　10）B

2. 多项选择题

1）ACD　2）BC　3）BD　4）ABC　5）BCD　6）AB　7）BC　8）ABCD　9）AC　10）BC

"4.3　主观题"参考答案与提示

4.3.1　理论题

1. 简答题

参考答案：

1）会计凭证，是记录经济业务事项发生和完成情况的书面证明，是登记账簿的依据。填制会计凭证的作用有三个：(1) 记录经济业务，提供记账依据。(2) 明确经济责任，强化内部控制。(3) 监督经济活动，控制经济运行。

2）会计凭证按其填制程序和用途不同，分为原始凭证和记账凭证。原始凭证的主要作用在于记录经济业务，明确经济责任。记账凭证的主要作用在于确定会计分录，并以此作为登账的依据。

3）原始凭证是经办单位或人员在经济业务发生时取得或填制的，用以记录经济业务发生和完成情况，明确经济责任的会计凭证。它是进行会计核算的原始资料和重要依据。原始凭证按其取得的来源不同，可分为自制原始凭证和外来原始凭证。原始凭证按其填制的方法不同，可分为一次凭证、累计凭证和原始凭证汇总表。原始凭证按照格式不同，可分为通用凭证和专用凭证。

4）记账凭证是指会计人员根据审核无误的原始凭证按照经济业务事项的内容加以归类，并确定会计分录，作为登账依据的会计凭证。记账凭证按照其反映的经济业务内容不同，通常分为收款凭证、付款凭证和转账凭证。在实际工作中，规模小、业务简单的单位，也可以使用一种格式的通用记账凭证。记账凭证按照填列方式不同，通常分为复式记账凭证和单式记账凭证。

5）任何原始凭证都具有共同的基本经济内容。这些基本经济内容如下：（1）原始凭证名称；（2）填制日期；（3）接受凭证的单位名称；（4）经济业务的内容（含摘要、实物数量、单价和金额）；（5）填制凭证单位的名称及填制人员、经办人员的签章；（6）有关人员签章；（7）凭证附件。

2. 理解题

参考答案：

1）原始凭证的填写要求有：(1) 记录真实。(2) 内容完整。(3) 手续要完备。(4) 书写要清楚、规范。(5) 编号要连续。(6) 不得任意涂改、刮擦或挖补。(7) 填制及时。

2）记账凭证编制的基本要求包括：(1) 记账凭证各项内容必须完整。(2) 记账凭证应连续编号。一笔经济业务需要填制两张以上记账凭证的，可以采用分数编号法编号。(3) 记账凭证的书写应清楚、规范。(4) 记账凭证可以根据每一张原始凭证填制，或根据若干张同类原始凭证汇总编制，也可以根据原始凭证汇总表填制，但不得将不同内容和类别的原始凭证汇总填制在一张记账凭证上。(5) 除结账和更正错误的记账凭证可以不附原始凭证外，其他记账凭证必须附有原始凭证。(6) 填制记账凭证时若发生错误，应当重新填制。(7) 记账凭证填制完经济业务事项后，如有空行，应当自金额栏最后一笔金额数字下的空行处至合计数上的空行处划线注销。

3）经审核的原始凭证应根据不同情况处理：(1) 对于完全符合要求的原始凭证，应及时据以编制记账凭证入账；(2) 对于真实、合法、合理但内容不够完整、填写有错误的原始凭证，应退回给有关经办人员，由其负责将有关凭证补充完整、更正错误或重开后，再办理正式会计手续；(3) 对于不真实、不合法的原始凭证，会计机构、会计人员有权不予接受，并向单位负责人报告。

4.3.2　实务题

1. 规则复习

参考答案：

1）原始凭证是经济业务发生或完成情况的书面证明，分析一张或多张原始凭证时，首先要确定会计主体，然后确定该主体在从事什么业务，交易的对象是谁，最后是业务的数量、单位及金额大小。也就是要将原始凭证的内容能用文字的形式正确地表达出来，为写出会计分录作准备。

2）收款凭证是根据有关现金和银行存款收入业务的原始凭证填制的。左上角“借方科目”，应填写“库存现金”或“银行存款”；右上角应填写凭证的分类编号，如“收字第XX号”等；“摘要”栏应填写经济业务的简要内容；“贷方科目”栏应填写与现金或银行存款收入相对应的一级科目和明细科目；“金额”栏填写与同一行科目相对应的发生额；“合计金额”栏则填写各发生额的合计数；凭证右边需填写所附原始凭证的张数；凭证下边各处分别由相关人员签章；在记账人员过账后，在“记账”或“账页”栏注明记入账簿的页次或画“√”。

3）付款凭证是根据有关现金和银行存款的付款业务的原始凭证填制的。付款凭证的填制方法与收款凭证基本相同，不同的是在付款凭证的左上角应填列相应的贷方科目，即“库存现金”或“银行存款”，“借方科目”栏应填写与现金和银行存款相应的一级科目和明细科目。

4）转账凭证一般是根据转账业务（即不涉及现金和银行存款收支的业务）的原始凭证编制的。与收款凭证、付款凭证不同的是：不设主体科目栏，填制转账凭证时，某项业务涉及的会计科目全部登记在会计科目栏内，用借方金额和贷方金额来确定科目的借贷关系。转账凭证中“总账科目”和“明细科目”栏应填写应借、应贷的总账科目和明细科目，借方科目应记金额应在同一行的“借方金额”栏填列，贷方科目应记金额应在同一行的“贷方金额”栏填列，“借方金额”栏合计数与“贷方金额”栏合计数应相等。

5）记账凭证按照是否需涉及库存现金、银行存款的不同，可分为收款凭证、付款凭证和转账凭证三种。收款凭证是指用于记录库存现金、银行存款收款业务的会计凭证，付款凭证是指用于记录库存现金、银行存款付款业务的会计凭证，而仅涉及库存现金与银行存款之间的业务，一方面会涉及库存现金的增加（或减少），另一方面同时会涉及银行存款的减少（或增加），这样，一笔业务既会出现使用收款凭证的情况，也会出现使用付款凭证的情况，为了避免重复记载，一般规定对于涉及库存现金与银行存款之间的业务，只使用付款凭证。

2. 业务解析

参考答案：

1）不同点有：①填制人员不同。原始凭证是由经办人员填制的，记账凭证一律由会计人员填制；②填制依据不同。原始凭证是根据发生或完成的经济业务填制，记账凭证是根据审核后的原始凭证填制，依据会计科目对已经发生或完成的经济业务进行归类整理；③填制方式不同。原始凭证只是经济业务发生或完成情况的原始证明，而记账凭证则要依据会计科目对已发生或完成的经济业务进行初步归类、整理；④发挥作用不同。原始凭证是填制记账凭证的依据，记账凭证是登记账簿的依据。

2）会计核算有三个基本环节：填制和审核会计凭证、登记账簿和编制财务会计报告。填制和审核会计凭证是登记账簿的依据，而会计账簿又是编制财务会计报告的主要依据。三个环节按顺序展开，各资料之间具有紧密的联系和相互勾稽的关系。因此，填制和审核会计凭证是会计核算的首要环节。

3）记账凭证是指会计人员根据审核无误的原始凭证按照经济业务事项的内容加以归类，并确定会计分录，作为登账依据的会计凭证。记账凭证中包括的主要内容就有“经济业务事项所涉及的会计科目及其记账方向”和“经济业务事项的金额”，是会计实务中的一种记载形式；而会计分录的三要素是会计科目名称、方向及金额，会计分录只是教学的一种表达形式。因此，记账凭证与会计分录只是名称不同，而实质内容相同。

4.3.3 案例题

分析提示：

1）进行会计核算、填制会计凭证，必须按《会计法》与《企业会计准则》的要求，遵循真实性原则，以实际发生的经济事项为依据，任何单位不得以虚假的经济业务事项或资料进行会计核算。

2）本案例中，以购煤为名，行购车抵债之实所编制的会计分录，既没有购车的原始发票，又没有实物验收单，纯属捏造虚假的经济业务事项，仅凭自己开具的收款收据，就编制了一笔虚假的会计分录，填制了记账凭证，是一种严重的违法行为。

实际工作中，确实遇到难以收回的债务，对方以物抵债，也是常见的事，只是应该作出正确的会计处理。

本案例中，应该据实进行会计处理，即收到什么就记什么，收到的是吉普车，就应该记“借：固定资产——吉普车”，然后冲抵相应的债务，记“贷：应收账款——B 公司”。

3）本案例中，审计组仅给予经济处罚就完事，而未能追究会计人员的法律责任，这种做法也是一种执法不严的行为。

4.4 实训资料参考答案与提示

4.4.1

会计凭证填制与审核实训报告

一、关于“本组资料”的专业训练

技能Ⅰ训练：原始凭证的填制

借　款　单

2012 年 7　月 25　日　　　　　　第　×　号

借款部门	供应部	姓名	张红	事由	前往上海采购纺织品
借款金额（大写）	零万叁千零 佰 零拾 零元 零角零分 ￥ 3 000.00				
部门负责人签章	杨国强	借款人签章	张红	注意事项	一、凡借用公款必须使用本单 二、第三联为正式借据由借款人和单位负责人签章 三、出差返回后三天内结算
单位领导批示	彭明	审核意见	同意借款		

第三联：记账凭证

差旅费报销单

服务部门	供应部		姓名	张红			出差天数	自 7 月 25 日至 7 月 28 日共 4 天				
出差事由	采购						借差旅费	日期	2012 年 7 月 25 日	金额	￥3 000.00	
								结算金额￥4 518.00				
出发			到达			起终点	交通费	住宿费	材料费	途中伙食费	补贴	
月	日	时	月	日	时							
7	25		7	25		武汉—上海	130	300	2100		300	
7	28		7	28		上海—武汉	130					
合计						零万肆仟伍佰壹拾捌元零角零分　　￥2 960.00						
主管	谢敏		会计	于梅		出纳	金夏		报销人	张红		

技能 II 训练：原始凭证的审核（参照“4.5.2　‘实训题’课业范例”）

技能 III 训练：记账凭证的填制与审核（“审核 ”部分参照“4.5.2　‘实训题’课业范例”中相关部分）

借款时的付款凭证（会计分录代替）是：

借：其他应收款——张红　　3 000

　贷：库存现金　　3 000

报销时的转账凭证（会计分录代替）是：

借：管理费用——差旅费　　2 960

　　库存现金　　40

　贷：其他应收款——张红　　3 000

二、关于“职业核心能力”与“职业道德”选项的融入性操练

（参照“4.5.1　‘案例题’课业范例”的“二”）

三、关于《会计凭证填制与审核实训报告》的撰写训练

（参照“4.5.2　‘实训题’课业范例”的“二”）

4.4.2

会计凭证填制与审核实训报告

一、关于“本组资料”的专业训练

技能 I 训练：原始凭证的填制

表 4—2

宏达公司提货单

2012 年 7 月 30 日

No. 00955

品　名	单　位	数　量	单　价	金　额	备　注
工装	件	196（100 套/件）	61.8/套	1 211 280.00 元	

批准人：　　开票：　　保管员：　　提货人：王飞

表 4—3

中国工商银行进账单（回单或收账通知）　1

进账时间：2012 年 7 月 30 日

表 4—4

增值税专用发票

技能 II 训练：原始凭证的审核（参照“4.5.2　‘实训题’课业范例”中相关部分）

技能 III 训练：记账凭证的填制与审核（参照“4.5.2　‘实训题’课业范例”中相关部分）

银行存款收款凭证（会计分录代替）是：

借：银行存款　　1 417 197.60

　贷：主营业务收入——工装　　1 211 280

　　　应交税费——应交增值税（销项税额）　　205 917.60

二、关于“职业核心能力”与“职业道德”选项的融入性操练

（参照“4.5.2　‘实训题’课业范例”的“二”）

三、关于《会计凭证填制与审核实训报告》的撰写训练

收款人	全称	道发公司	付款人	全称	新明公司
	账号	0001995518		账号	46780
	开户银行	工行民生街办事处		开户银行	建行新民街办事处
人民币（大写）	人民币壹佰肆拾壹万柒仟壹佰玖拾柒元陆角整　　¥1 417 197.60				
票据种类	银行本票		收款人：开户行盖章		

此联是收款人开户行交给收款人的回单或收账通知

购货单位	名称	新明公司	纳税人登记号	
	地址、电话		开户银行账号	建行新民街办事处 46780

货物或应税劳务名称	计量单位	数量	单价	金额									税率%	税额							
				百	十	万	千	百	十	元	角	分		十	万	千	百	十	元	角	分
工装	件	196	6 180	1	2	1	1	2	8	0	0	0	17	2	0	5	9	1	7	6	0
合计				1	2	1	1	2	8	0	0	0		2	0	5	9	1	7	6	0

价税合计（大写）	壹佰肆拾壹万柒仟壹佰玖拾柒元陆角零分　　¥ 1 417 197.60		
销货单位　名称	道发公司	纳税人登记号	
地址、电话		开户银行及账号	工行民生街办事处 0001995518
备注			

（参照“4.5.2　‘实训题’课业范例”的“三”）

4.4.3

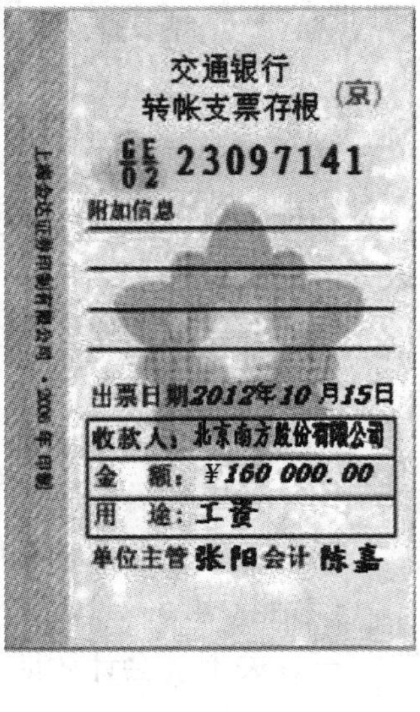

会计凭证填制与审核运用实训报告

一、关于“本组资料”的专业训练

技能 I 训练：原始凭证的填制

技能 II 训练：原始凭证的审核（参照“4.5.2　‘实训题’课业范例”中相关部分）

技能 III 训练：记账凭证的填制与审核（“审核”部分参照“4.5.2　‘实训题’课业范例”中相关部分）

二、关于“职业核心能力”与“职业道德”选项的融入性操练

（参照“4.5.2　‘实训题’课业范例”的“二”）

三、关于《会计凭证填制与审核实训报告》的撰写训练
（参照“4.5.2　‘实训题’课业范例”的“三”）

付款凭证

银付 字第 001 号

贷方科目：银行存款　　　2012年10月15日

摘要	对方科目		借或贷	金额	√
	总账科目	明细科目		千百十万千百十元角分	
提取现金发工资	库存现金		借	16000000	
合计				¥16000000	

附单据1张

会计主管：　记账：　出纳：　复核：　制单：王海　收款人：

第 5 章
会计账簿

5.1 预习要览

5.1.1 内容提要与结构

1. 内容提要

会计账簿，是指由一定格式的账页组成的，以经过审核的会计凭证为依据，全面、系统、连续地记录各项经济业务的簿籍。登记账簿是会计核算的专门方法之一。会计账簿和会计凭证都是记录经济业务的会计资料，但二者的记录方式不同。会计凭证的数量繁多，对经济业务的记录是零星、分散的，而会计账簿对经济业务的记录是分类、序时、全面、连续的，能够把分散在会计凭证中的大量核算资料加以集中，为经营管理提供系统、完整的核算资料。各单位应当按照国家统一的会计制度的规定和会计业务的需要设置会计账簿。

设置会计账簿是编制会计报表的基础，是连接会计账簿与会计报表的中心环节。在会计核算中具有重要意义，具体表现为：可以记载、储存会计信息。可以分类、汇总会计信息。账簿记录又是编制会计报表的主要依据，账簿真实与否，直接影响会计报表的质量。

账簿按照用途可以分为序时账簿、分类账簿、联合账簿与备查账簿。账簿按其外表形式分类，可以分为订本式账簿、活页式账簿和卡片式账簿。按账页格式的不同，账簿可以分为两栏式、三栏式、多栏式和数量金额式四种。其中，分类账簿按其反映内容详细程度的不同，又可以分为总分类账（简称总账）和明细分类账（简称明细账）。

总分类账是按照总分类账户分类登记全部经济业务的账簿。一般采用订本式和三栏式，视不同的会计核算形式其登记有不同的依据。明细分类账是按照明细分类账户详细记录某一经济业务的账簿。也是编制会计报表的依据之一。单位在设置总分类账的基础上，还应根据管理的需要，按照总账科目设置若干必要的明细分类账，作为总分类账的必要补充。一般采用活页式和数量金额式，视不同的明细分类账其登记方法也有所不同。总分类账和明细分类账之间的关系是统驭与被统驭，因此必须进行平行登记。库存现金日记账和银行存款日记账这两种特种日记账的格式大体相同，采用订本式和三栏式。

各种账簿都应具备三项基本内容：封面、扉页和账页。

登记会计账簿的规则有：为了保证账簿记录的准确、整洁，应当根据审核无误的会计凭证登记会计账簿；账簿登记完毕后，要在记账凭证上签名或者盖章，并在记账凭证的

“过账”栏内注明账簿页数或者画“√”，表示已经过账完毕，避免重记、漏记；账簿中书写的文字和数字上面要留有适当的空格，不要写满格，一般应占格距的二分之一；为了保持账簿记录的持久性，防止涂改，登记账簿必须使用蓝黑墨水或碳素墨水并用钢笔书写，不得使用圆珠笔或者铅笔书写；在登记各种账簿时，应当按页次顺序连续登记，不得隔页、跳行；凡需要结出余额的账户，结出余额后，应当在“借或贷”栏内注明“借”或“贷”字样，以示余额的方向；对于没有余额的账户，应在“借或贷”栏内写“平”字，并在“余额”栏内用“0”表示。现金日记账和银行存款日记账必须逐日结出余额。每一账页登记完毕结转下页时，应当结出本页合计数及余额，写在本页的最后一行和下页的第一行有关栏内，分别在摘要栏注明“过次页”和“承前页”字样；也可以将本页合计数及余额只写在下页第一行有关栏内，并在摘要栏内注明“承前页”字样，以保持账簿记录的连续性，便于对账和结账。对需要结出本月发生额的账户，结计“过次页”的本页合计数应当为自本月初起至本页末止的发生额合计数；对需要结出本年累计发生额的账户，结出“过次页”的本页合计数应当为自年初起至本页末止的累计数；对既不需要结出本月发生额也不需要结出本年累计发生额的账户，可以只将每页末的余额结转次页。实行会计电算化的单位，总账和明细账应当定期打印。发生收款和付款业务的，在输入收款凭证和付款凭证的当天必须打印出现金日记账和银行存款日记账，并与库存现金核对无误。

对账，就是核对账目，是对账簿记录所进行的核对工作。在实际工作中，在填制凭证、记账、过账、算账、结账和计算的过程中，难免会发生差错，出现账款、账实不符的情况。因而，在结账前后，要通过对账，将有关账簿记录进行核对，确保会计核算资料的正确性和完整性，为编制会计报表提供真实可靠的数据资料。对账的内容一般包括账证核对、账账核对、账实核对三个方面。账证核对，是指将账簿记录与有关会计凭证相核对，查看会计账簿记录与原始凭证、记账凭证的时间、凭证字号、内容、金额是否一致，记账方向是否相符。账账核对，是指核对不同的账簿记录是否相符。账实核对，是指各项财产物资、债权债务等账面余额与实有数额的核对。

记账过程中由于各种原因使账簿发生的错误，不能用刮擦、挖补和涂抹等方法进行更正，而应根据记账错误的性质按正确、规范的方法进行更正。错账的更正方法一般有：划线更正法、红字更正法和补充登记法。

结账是一项将账簿记录定期结算清楚的账务工作。在月末、季末或年末时，为了编制会计报表，需要进行结账。结账的内容通常包括：结算各种收入和费用账户，并据以计算确定本期利润；结算各资产、负债和所有者权益账户，分别结出本期发生额合计和余额。

结账至少有月结、年结两种，视不同账户的需要其结账方法也有所不同。

2. 内容结构

本章内容结构如图5—1所示。

3. 主要概念和观念

1）主要概念

会计账簿　序时账簿　分类账簿　备查账簿　订本式账簿　活页式账簿　卡片式账簿　对账　账证核对　账账核对　账实核对　结账

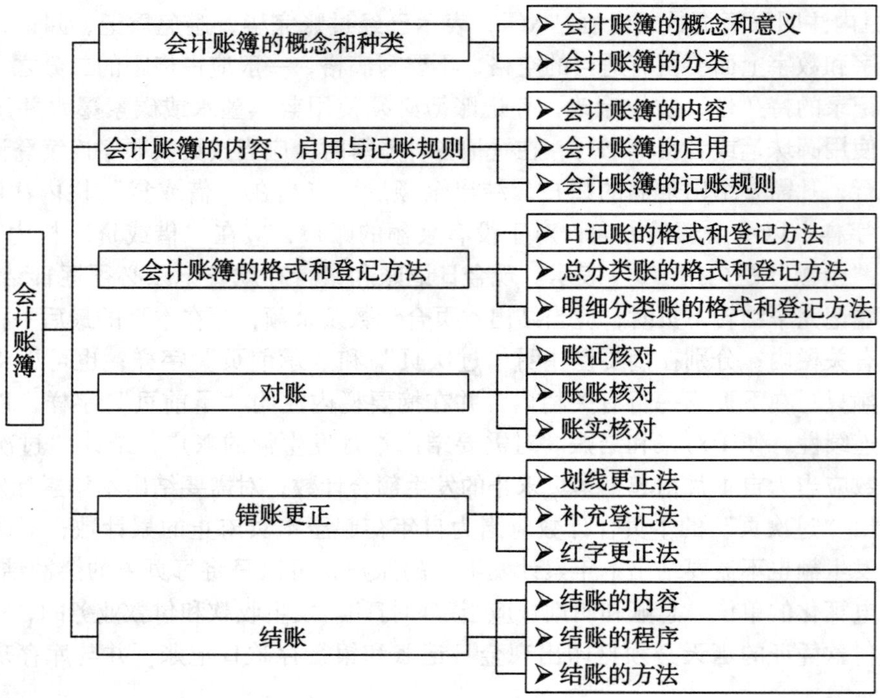

图 5—1 本章内容结构

2）主要观念

会计账簿的概念和种类　会计账簿的内容、启用与记账规则　会计账簿的格式和登记方法　对账　错账更正　结账

5.1.2 重点与难点

1. 重点理论

会计账簿的概念和种类　会计账簿的内容　会计账簿的格式　对账的类型　错账的类型　结账的类型

2. 重点实务

会计账簿登记的规则　会计账簿格式的选择　错账更正的方法　对账的方法　结账的方法　会计账簿中红字的运用

3. 重点操作

总分类账的开设与登记　明细分类账的开设与登记　日记账的开设与登记　错账的更正

4. 难点

总分类账的登记　错账的更正

5.1.3 主要公式

账账核对公式

1）总分类账簿余额核对公式。总分类账户中借方期末余额合计数=总分类账户中贷方期末余额合计数。

2）总分类账簿与所属明细分类账簿余额核对公式。

①总分类账借方（贷方）期初余额=所属明细分类账借方（贷方）期初余额之和。

②总分类账借方（贷方）发生额=所属明细分类账借方（贷方）发生额之和。

③总分类账借方（贷方）期末余额=所属明细分类账借方（贷方）期末余额之和。

3）总分类账簿与序时账簿余额核对公式。

库存现金日记账和银行存款日记账期末余额=有关总分类账户的期末余额。

5.2 客观题

5.2.1 理论题

1. 单项选择题

1）在我国，库存现金日记账和银行存款日记账要选用(　　)。

A. 活页式账簿　B. 订本式账簿　C. 卡片式账簿　D. 自己认为合适的账簿

2）账簿按其用途的不同，可分为(　　)。

A. 订本式账簿、活页式账簿、卡片式账簿　B. 总分类账、明细分类账、日记账和辅助性账簿　C. 三栏式账簿、多栏式账簿、数量金额式账簿　D. 序时账簿、分类账簿、备查账簿

3）在记账的过程中，发现记账凭证所列账户对应关系错误并已计入账簿，应用(　　)方法进行更正。

A. 划线更正法　B. 补充登记法　C. 红字登记法　D. 涂改法

4）结账的基础是(　　)。

A. 期末账项调整　B. 账证核对　C. 全部经济业务登记入账　D. 核对账目

5）登记账簿的依据是(　　)。

A. 原始凭证　B. 记账凭证　C. 会计凭证　D. 审核无误的会计凭证

6）银行存款日记账的登记方法是(　　)。

A. 每日汇总登记　B. 定期汇总登记　C. 逐日逐笔登记　D. 月末一次登记

7）目前实际工作中使用的库存现金日记账、银行存款日记账属于(　　)。

A. 特种日记账　B. 普通日记账　C. 专栏日记账　D. 分录簿

8）结账前，发现账簿记录的金额少记，而记账凭证无误，应采用(　　)。

A. 划线更正法　B. 补充登记法　C. 红字更正法　D. 核对账单法

9）应收账款明细分类账页格式一般采用(　　)格式。

A. 数量金额式　B. 借方多栏式　C. 贷方多栏式　D. 三栏式

10）“主营业务收入”明细账适于采用(　　)。

A. 三栏式　B. 贷方多栏式　C. 借方多栏式　D. 数量金额式

2. 多项选择题

1）下列项目中，可以采用数量金额式格式的是(　　)。

A. 银行存款日记账　B. 应收账款明细分类账　C. 库存商品明细分类账　D. 原材料明细分类账　E. 管理费用明细账

2）下列属于会计账簿基本内容的是(　　)。

A. 封面 B. 扉页 C. 账页 D. 账页格式 E. 同一天登记

3）账簿的运用说法正确的是(　　)。

A. 库存现金及银行存款日记账必须用订本账 B. 总账用订本账 C. 明细账用活页账 D. 备查账用卡片账 E. 登记账簿可以使用钢笔或圆珠笔

4）明细分类账对总分类账起(　　)作用。

A. 统驭 B. 控制 C. 补充 D. 说明 E. 细分

5）对账工作应包括的内容有(　　)。

A. 账证核对 B. 账账核对 C. 金额核对 D. 账实核对 E. 数量核对

6）账簿按其用途可分为(　　)。

A. 订本账簿 B. 活页账簿 C. 序时账簿 D. 分类账簿 E. 备查账簿

7）下列账户的明细分类账页格式应采用借方多栏式的有(　　)账户。

A. 材料采购 B. 生产成本 C. 制造费用 D. 营业外支出 E. 管理费用

8）明细分类账的账页格式主要有(　　)。

A. 三栏式 B. 多栏式 C. 数量金额式 D. 横线登记式 E. 活页式

9）若记账出现错误，可供选择的更正方法可能有(　　)。

A. 实地盘点法 B. 技术推算盘点法 C. 划线更正法 D. 红字更正法 E. 补充登记法

10）下列应逐日逐笔登记明细账的有(　　)。

A. 原材料 B. 应收账款 C. 应付账款 D. 管理费用 E. 固定资产

3. 判断题

1）总分类账户和明细分类账户主要区别是登记的原始依据和详细程度不同。(　　)

2）补充登记法适用于记账后，发现记账凭证应借、应贷的账户对应关系正确，但所记金额小于应记金额的情况。(　　)

3）对账是对账簿记录进行的核对工作，它包括企业同外企业相关账簿相核对。(　　)

4）订本式账簿是指在记完账后，把记过账的账页装订成册的账簿。(　　)

5）备查账簿的登记应以审核无误的会计凭证作为依据。(　　)

6）分类账簿是指对全部经济业务按照收款业务、付款业务和转账业务进行分类登记的账簿。(　　)

7）序时账簿也称日记账，是按照经济业务发生时间的先后顺序，逐日逐笔登记经济业务的账簿。(　　)

8）总分类账是按照总分类账户和明细分类账户分类登记的账簿。(　　)

9）三栏式账簿是指具有日期、摘要、金额三个栏目格式的账簿。(　　)

10）账账核对就是指企业银行存款日记账与银行对账单的核对。(　　)

5.2.2 实务题

1. 单项选择题

1）企业用银行存款支付展览费 5 700 元，会计人员编制的付款凭证为借记“销售费用”7 500 元，贷记“银行存款”7 500 元，并已登记入账。对当年发生的该项记账错误应采用的更正方法是(　　)。

A. 红字更正法　B. 重编正确的付款凭证　C. 划线更正法　D. 补充登记法

2) 编制会计报表的主要依据是(　　)提供的核算信息。

A. 日记账　B. 分类账簿　C. 备查账簿　D. 科目汇总表

3) 登记账簿的依据是(　　)。

A. 原始凭证　B. 记账凭证　C. 会计凭证　D. 审核无误的会计凭证

4) 库存现金日记账应由出纳人员根据收付款凭证逐日逐笔登记，(　　)结出余额与库存现金核对。

A. 每月　B. 每日　C. 定期　D. 每3~5天

5) 登记明细账的依据是(　　)。

A. 汇总记账凭证　B. 记账凭证或原始凭证　C. 原始凭证　D. 汇总原始凭证

6) 做好总账和明细账的相互核对、相互补充，关键是进行(　　)。

A. 编制会计分录　B. 过账　C. 平行登记　D. 结账

7) 库存现金日记账的登记依据可能是(　　)。

A. 转账凭证　B. 原始凭证　C. 银行存款收款凭证　D. 银行存款付款凭证

8) 下列各项中，属于账实核对的是(　　)。

A. 银行存款日记账与银行对账单核对　B. 银行存款日记账与银行存款总账核对　C. 银行存款日记账与银行存款付款凭证核对　D. 银行存款日记账与银行存款余额调节表核对

9) 总账与明细账之间进行平行登记的原因是总账与明细账的(　　)。

A. 格式相同　B. 登记时间相同　C. 反映经济业务内容相同　D. 提供指标详细程度相同

10) 总账、明细账都可以采用的格式是(　　)。

A. 三栏式　B. 二栏式　C. 单栏式　D. 数量金额式

2. 多项选择题

1) 期末结账时，对没有余额的账户应当(　　)。

A. 在“借”或“贷”余额方向栏内写“平”字　B. 在余额栏内写“0”字　C. 在“借”或“贷”余额方向栏内写“0”字　D. 在余额栏内写“平”字　E. 在余额栏内不填写

2) 在会计账簿中，可以用红色墨水记账的有(　　)。

A. 更正会计科目和金额同时错误的记账凭证　B. 登记减少数　C. 未印有余额方向的，在余额栏内登记减少数　D. 更正会计科目正确但金额多记的记账凭证　E. 为了记账美观

3) 下列账户的明细分类账应采用三栏式格式的有(　　)。

A. 材料采购　B. 应收账款　C. 应付账款　D. 预收账款　E 营业外支出

4) 三栏式现金日记账“收入”栏登记的依据有(　　)。

A. 现金收款凭证　B. 现金付款凭证　C. 银行存款收款凭证　D. 银行存款付款凭证　E. 转账凭证

5) 在账簿记录中，能用红色墨水书写的有(　　)。

A. 结账 B. 改错 C. 表明已过账 D. 冲销账簿记录 E. 注销空行、空页

6）结账就是在会计期末计算并结转各账户的(　　)。

A. 本期发生额 B. 期末余额 C. 期初余额 D. 本期借方发生额 E. 本期贷方发生额

7）结账工作主要内容包括(　　)。

A. 核对有关账目 B. 将本期发生的经济业务全部登记入账 C. 按权责发生制原则调整和结转有关账项 D. 对有关业务核算中出现的差错予以更正 E. 计算与记录各账户本期发生额和期末余额

8）多栏式明细账适用于(　　)。

A. 物资采购明细分类核算 B. 其他应收款明细分类核算 C. 营业外支出明细分类核算 D. 生产成本明细分类核算 E. 产品销售收入明细分类核算

9）红色墨水可以用来(　　)。

A. 登账 B. 冲销账簿记录 C. 改错 D. 结账划线 E. 专门填写摘要栏

10）收回货款1 800 元存入银行，记账凭证中误将金额填为18 000 元，并已入账。错账的更正方法是(　　)。

A. 用红字更正法更正 B. 用蓝字借记“银行存款”账户 1 800 元，贷记“应收账款”账户 1 800 元 C. 用红字借记“银行存款”账户 18 000 元，贷记“应收账款”账户 18 000 元 D. 用红字借记“银行存款”账户 16 200 元，贷记“应收账款”16 200 元 E. 用补充登记法更正

3. 混合选择题

1）“解决问题（初级）”的“规范与标准”是(　　)。

A. 能用几种常用的办法理解问题，确立目标，提出对策或方案 B. 能准备、制订和实施被人认可并具有一定可行性的计划 C. 能寻找方法，实施检查，鉴定结果，提出改进方式 D. 能描述问题，确定目标，提出并选择较佳方案

2）“革新创新能力（初级）”的“技能点”是(　　)。

A. 评估实施创新方案 B. 揭示不足、提出改进 C. 做出创新方案 D. 评估创新方案

3）“革新创新能力（初级）”的基本要求是(　　)。

A. 能综合运用多种创新方法，运用各种思维形式 B. 具备有关思维障碍形成的知识，并在此基础上具有可行性进行预测和撰写评估报告的知识 C. 具备可持续创新的知识和原理，市场预测知识 D. 具备思维和创造性思维的一般知识和对创新成果进行认定和撰写可行性报告的知识

4）“会计账簿的开设与登记”这一“专业能力领域”包括的技能点有(　　)。

A. 账簿的开设技能 B. 总分类账的登记技能 C. 明细分类账的登记技能 D. 错账更正技能

5）“账簿的开设技能”的“规范与标准”有(　　)。

A. 能正确掌握会计账簿的概念、类型与内容 B. 能根据会计账簿的内容对账簿的开设与类型有所分析、判断 C. 能根据分析、判断的结果对不同类型的会计账簿进行启用与开设 D. 能正确分析经济业务 E. 能否正确编制会计分录

6）“总分类账的登记技能”的“规范与标准”有(　　)。

A. 掌握总分类账的格式、登记依据、记账规则　B. 熟悉记账凭证核算形式下总分类账的登记过程与要领　C. 能根据所掌握的登记总分类账簿要领进行总分类账的登记　D. 对错账进行正确的更正

7）"明细分类账的登记技能"的"规范与标准"有(　　)。

A. 掌握明细分类账的格式、登记依据、记账规则　B. 熟悉总分类账与明细分类账的平行登记的要点　C. 能根据相应经济业务进行分析判断所适用的明细分类账格式　D. 能根据所掌握的记账规则根据相应经济业务进行明细分类账的登记

8）"错账更正技能"的"规范与标准"有(　　)。

A. 掌握错账更正方法的适用范围、更正步骤　B. 对相应经济业务进行分析、判断其错误类型　C. 能根据分析、判断结果对相关会计资料进行更正　D. 能进行试算平衡

4. 判断题

1）根据总账与明细账平行登记的要求，经济业务发生后总账和明细账必须在同一时间登记。（　　）

2）红色墨水只能在划线、改错、冲账时使用。（　　）

3）明细账一般是逐笔登记，也可以定期汇总登记。（　　）

4）明细账既可以根据原始凭证或原始凭证汇总表登记，也可以根据记账凭证登记。（　　）

5）通过同时登记，可以使总分类账户与其所属明细分类账户保持统驭关系和对应关系，便于核对和检查，纠正错误和遗漏。（　　）

6）登记账簿时，发生空行、空页，一定要补充书写，不得注销。（　　）

7）使用活页式账页，应按账户顺序编号，并定期装订成册。已装订成册的活页账，应按实际使用的账页顺序编写页数。（　　）

8）结账是指按规定把一定时期内所发生的经济业务登记入账，并进行账实核对，以保证账簿资料正确性的会计方法。（　　）

9）错账要采用红字冲销法更正。（　　）

10）出纳员应在库存现金日记账每笔业务登记完毕，即结出余额，并与库存现金进行核对。（　　）

5.2.3　案例题

财政例行检查，会计账簿露了馅

背景与情境：2001年3月，某市财政部门对该市一所市属学校2000年度的财务收支情况进行例行检查。检查人员在审阅该学校会计报表和会计账簿等会计资料时发现"其他应收款"科目2000年年末余额较年初余额有大幅上升。检查人员接着调阅了2000年度与"其他应收款"账户相关的会计凭证，发现2000年度借方发生额中，有3笔其他应收款金额共计20万元，在记账凭证后未附原始凭证。

检查人员经询问校方得知"为解决曾向学校提供过资金赞助的某乡镇企业甲公司的临时资金周转困难，向甲公司临时借出20万元资金，学校并未向该企业收取利息"。检查人员又对甲公司进行了调查。经过查阅有关资料，得知甲公司与该学校订有有息贷款协议，甲公司至2000年底已以现金方式向该学校支付了利息1.5万元。

检查人员以上述对甲公司检查的结果为基础，对该学校有关人员进行了质询，在上述事实面前，有关人员不得不承认该学校将其向甲公司收取的借款利息存入学校的小金库的事实。

资料来源 http：//www. exambook. net/a/kjz/fxzd/2010/0819/454. html，2010-08-19。

要求：请根据案例在下列题中填入适当选项：

1）本案中查账人员从(　　)发现该所市属学校存在小金库问题的。

A. 会计凭证　B. 会计账簿　C. 会计报表　D. 原始凭证

2）我国的会计监督体系包括(　　)。

A. 以政府财政部门为主体的政府监督　B. 单位内部监督　C. 以注册会计师为主体的社会监督　D. 社会公众监督

3）政府监督的内容包括(　　)。

A. 该单位是否依法设置账簿　B. 该单位的会计资料是否真实、完整　C. 该单位的会计核算是否符合法定要求　D. 该单位从事会计工作的人员是否具备会计从业资格

4）本案中财政部门检查了(　　)。

A. 各单位是否依法设置账簿　B. 各单位的会计资料是否真实、完整　C. 各单位的会计核算是否符合法定要求　D. 各单位从事会计工作的人员是否具备会计从业资格

5）你认为本案中学校向甲公司收取的利息应(　　)。

A. 计入主营业务收入　B. 计入其他业务收入　C. 冲减财务费用　D. 冲减管理费用

5.2.4 实训题

1. 单项选择题

1）下列各账簿中，必须逐日逐笔登记的是(　　)。

A. 库存现金总账　B. 银行存款日记账　C. 原材料明细账　D. 应付票据登记簿

2）账簿中书写的文字和数字一般应占格局的(　　)。

A. 1/3　B. 1/2　C. 2/3　D. 3/4

3）在启用会计账簿时，应当在账簿封面上写明(　　)。

A. 单位负责人名字　B. 单位、账簿名称　C. 会计主管名字　D. 记账人员名字

4）库存商品明细账一般采用(　　)。

A. 横线登记式　B. 三栏式　C. 多栏式　D. 数量金额式

5）下列账簿中，一般采用活页账形式的是(　　)。

A. 日记账　B. 总分类账　C. 明细分类账　D. 备查账

6）填制记账凭证时无误，根据记账凭证登记账簿时，将50 000元误记为5 000元，更正时应采用的方法是(　　)。

A. 划线更正法　B. 红字更正法　C. 补充登记法　D. 更换账页法

7）账簿登记完毕后，要在记账凭证上签名或者盖章，并在记账凭证的(　　)栏内注明账簿页数或划对勾。

A. 摘要　B. 过账　C. 合计　D. 附件

8）利润和利润分配明细账一般采用(　　)明细账。

A. 三栏式　B. 多栏式　C. 数量金额式　D. 平行式

9）在采用划线更正法时，下列不正确的做法是(　　)。

A. 用红线将错误数字全部划销 B. 由记账或相关人员在更正处盖章以示负责 C. 用蓝线将错误数字全部划销 D. 只划去文字错误的部分

10）需要结计本年累计发生额的某些明细账户，每月结账时，应在本月合计行下结计自年初起至本月末止的累计发生额，登记在月份发生额下面，在摘要栏内注明( )字样，并在下面划( )。

A. 本年累计；通栏划红双线 B. 结转下年；通栏划红单线 C. 本年累计；通栏划单双线 D. 结转下年；通栏划红双线

2. 多项选择题

1）下列有关明细分类账户的说法中，正确的有( )。

A. 也称一级账户 B. 是进行明细分类核算的依据 C. 是进行总分类核算的依据 D. 提供更加详细具体的指标 E. 与总分类账同时登记

2）下列情形可以用红包墨水记账的有( )。

A. 按照红字冲账的记账凭证，冲销错误记录 B. 在不设借贷栏的多栏式账页中，登记减少数 C. 在三栏式账户的余额栏前，如未印明余额方向的，在余额栏内登记负数余额 D. 银行的复写账簿 E. 补充登记法

3）实际工作中，成本费用类明细科目采用多栏式明细的具体设置格式有( )。

A. 只按借方发生余额设置专栏，贷方发生余额在借方直接用红字冲销 B. 在借方设专栏，贷方设一总的金额栏，再设一余额栏 C. 只按贷方发生余额设置专栏，借方发生余额在贷方直接用红字冲销 D. 在贷方设专栏，借方设一总的金额栏，再设一余额栏 E. 在借方或贷方都同时设置各项专栏

4）结账方式包括( )。

A. 收入、费用等明细账，每月要结出本月发生额和余额 B. 现金、银行存款日记账每月结账时，要结出本月发生额和余额 C. 不需按月结计本期发生额的账户，每次只需登记本期发生额 D. 总账账户平时只需结出月末余额 E. 固定资产和应收账款明细账逐日逐笔登记

5）对于总账科目设置账簿时，可设( )。

A. 数量金额式 B. 三栏式 C. 活页账 D. 订本账 E. 多栏式

6）需要按月结计本月发生额和余额的账户有( )。

A. 库存现金日记账 B. 银行存款日记账 C. 收入、费用明细账 D. 总账 E. 各项应收应付款明细账

7）多栏式明细分类账一般适用于( )。

A. 原材料 B. 管理费用 C. 制造费用 D. 长期待摊费用 E. 库存商品

8）在登记各种账簿时，如无意发生隔页、跳行现象时，正确处理方式有( )。

A. 在空页、空行处用红色墨水划线注销，并由记账人员签名或者签章 B. 在空页、空行处用蓝黑或碳素墨水划对角线注销，并由记账人员签名或者签章 C. 注明“此页空白”或“此行空白”字样，并由记账人员签名或者签章 D. 注明“此页空白”或“此行空白”字样，并由单位负责人签名或者签章 E. 注明“此页空白”或“此行空白”字样，并由记账人员签名并盖章

9）账证核对内容一般包括( )。

A. 日记账与收、付款凭证相核对 B. 总账与记账凭证相核对 C. 明细账与记账凭证相核对 D. 明细账与原始凭证相核对 E. 总账与原始凭证相核对

10）结账的程序包括(　　)。

A. 将损益类科目转入“本年利润”科目，结平所有损益类科目 B. 将本期发生的经济业务事项全部登记入账 C. 结算出资产、负债和所有者权益科目的本期发生额和余额，并结转下期 D. 结出资产、负债和所有者权益科目月初至本页末止的发生额合计和余额，并过次页 E. 根据收付实现制的要求，调整有关账项，合理确定本期实收的收入和实付的费用

5.3 主观题

5.3.1 理论题

1. 简答题

1）什么是会计账簿？设置会计账簿的作用是什么？

2）账簿的主要内容（基本要素）有哪些？

3）对账的主要内容是什么？

4）会计账簿按用途如何进行分类？

5）什么是结账？其内容是什么？

2. 理解题

1）会计账簿与会计凭证的关系是什么？

2）三种错账更正方法的适用范围是什么？

3）可以用红字墨水记账的情况有哪些？

5.3.2 实务题

1. 规则复习

1）会计账簿的记账规则的具体内容有哪些？

2）如何进行月结？

3）划线更正法的具体步骤是什么？

4）补充登记法的具体步骤是什么？

5）红字更正法的具体步骤是什么？

2. 业务解析

1）所有的总分类账户的余额之间具有怎样的内在联系？

2）总分类账户与所属的明细分类账户之间具有怎样的内在联系？

3）总分类账与明细分类账的登记方法各是什么？

5.3.3 案例题

收入、费用确认分析

背景与情境：通发股份公司的张敏，在出纳、材料会计等岗位上经过几年的磨炼之后，又接手了会计稽核工作。在近半年的稽核工作实践中，张敏由自视颇高到虚心学习，

业务能力和职业素养有了很大的提高。张敏在对通发股份公司2002年12月份的有关凭单审核中，发现了如下的一些记录：

（1）通发股份公司在新产品发布会上公布了一款新研制的产品，该产品将在三个月后投产。在会上收到了两项客户订单及客户预交的订货款600 000元，会计分录为：

借：银行存款　　600 000

　　应收账款　　102 000

　贷：主营业务收入　　600 000

　　　应交税费　　102 000

（2）财务处新购进两台电脑，总价16 000元，会计分录为：

借：管理费用　　16 000

　贷：银行存款　　16 000

（3）公司新安装一台设备，发生工人工资费用26 000元，会计分录为：

借：生产成本　　26 000

　贷：应付职工薪酬　　26 000

在会计主管人员的支持下，张敏与相关业务处理人员进行了座谈，在座谈会上，相关人员对上述账务处理的理由陈述如下：

对于业务（1），相关人员认为，这样处理的原因有二：一是这600 000元终究是由于销售产品而引起的，作为销售收入来处理并无太大的不当之处；二是这样处理有利于国家税收。

对于业务（2），相关人员认为，电脑使用率很高，同时也是高淘汰率产品，他自己在三年前购买了一台台式电脑，由于住处电压问题，买回的第二天即被击毁。无奈之下，它又重新购买了一台，但当时价格不菲的配置，今天已成原始武器，电脑的贬值非常大，因此作为当期费用处理是可以的。

对于业务（3），相关人员认为，由于是本企业的生产工人进行的设备安装，将这些生产工人的工资按惯例计入生产成本无可厚非。

资料来源　佚名：《第八章　会计事项载体与存储：会计账簿》，上海电机学院网，2012-04-21。

问题：

1）请分别指出上述三项业务的错误之处。

2）分别就三项业务的会计分录进行改正。

3）分别做出三项业务的正确的会计分录。

分析要求：

1）课业的结构、格式与体例要求：参照《训练手册》“5.5.1　‘案例题’课业范例”。

2）其他要求同“1.3.3　案例题”的“分析要求”。

5.3.4　实训题

“会计账簿的开设与登记”胜任力训练

【实训目的】

见本章章名页之“学习目标”中的“实训目标”。

【能力与道德领域】

专业能力——会计账簿的开设与登记

技能Ⅰ

名称：账簿的开设技能

规范与标准：

（1）能正确掌握会计账簿的概念、类型与内容。

（2）能根据会计账簿的内容对账簿的开设与类型有所分析、判断。

（3）能根据分析、判断的结果对不同类型的会计账簿进行启用与开设。

技能Ⅱ

名称：总分类账的设置与登记技能

规范与标准：

（1）掌握总分类账的格式、登记依据、记账规则。

（2）熟悉记账凭证核算形式下总分类账的设置与登记过程要领。

（3）能根据所掌握的登记总分类账簿要领进行总分类账的登记。

技能Ⅲ

名称：明细分类账的设置与登记技能

规范与标准：

（1）掌握明细分类账的格式、登记依据、记账规则。

（2）熟悉总分类账与明细分类账的平行登记的要点。

（3）能根据相应经济业务进行分析判断所适用的明细分类账格式。

（4）能根据所掌握的记账规则根据相应经济业务进行明细分类账的设置与登记。

（5）能根据平行登记要领对总分类账与明细分类账进行核对，保证达到三个平衡：总分类账期初余额＝所属明细分类账期初余额之和；总分类账本期发生额＝所属明细分类账本期发生额之和；总分类账期末余额＝所属明细分类账期末余额之和。

技能Ⅳ

名称：错账更正技能

规范与标准：

（1）掌握错账更正方法的适用范围、更正步骤。

（2）对相应经济业务进行分析、判断其错误类型。

（3）能根据分析、判断结果对相关会计资料进行更正。

技能Ⅴ

名称：撰写企业《会计账簿登记实训报告》技能

规范与标准：

（1）能合理设计《会计账簿登记实训报告》的结构，层次较分明。

（2）能较规范地填制企业总分类账、明细分类账和日记账，能进行对账和结账工作。

（3）能较规范地撰写《会计账簿登记实训报告》。

（4）本教材网络教学资源包中《学生考核手册》考核表5—2所列各项“考核指标”和“考核标准”。

职业核心能力——与人合作、解决问题、革新创新（初级）

上述能力领域的“基本要求”、“技能点”和“规范与标准”见本教材“附录二”中的附表2—2 。

职业道德——职业态度、职业守则（顺从级）

各道德领域的“规范与标准”见本教材“附录二”中的附表2—3。

【实训任务】

（1）对“会计账簿开设与登记”专业能力领域各技能点实施阶段性基本训练。

（2）对“与人合作、解决问题、革新创新”等职业核心能力领域各技能点实施“初级”强化训练。

（3）对“职业态度”和“职业守则”等职业道德领域实施“顺从级”相关训练。

【实训要求】

（1）实训前学生要了解并熟记本实训的“目标”、“能力与道德领域”、“任务”与“要求”，了解并熟记本教材网络教学资源包中《学生考核手册》考核表5—1和考核表5—2的“考核指标”与“考核标准”内涵，将其作为本实训的操练点和考核点来准备。

（2）通过“实训步骤”，将“实训任务”所列四种训练整合并落实到本实训的“活动过程”和“成果形式”中。

（3）实训后学生要对本次“会计账簿开设与登记”的实训活动进行总结，并在此基础上撰写实训报告。

【情境设计】

将学生分成若干实训组。各实训组结合本实训“成果形式”的“实训课业”题目，在“5.4　实训资料”的三组资料中任选一组（每组资料包括针对“技能Ⅰ”至“技能Ⅴ”的“实务操作题”各一套，题量以必需、够用为限），进行针对“会计账簿开设与登记”的实训。各实训组通过对所选资料中会计账簿的开设技能、总分类账的设置与登记技能、明细分类账的设置与登记技能，以及相应《实训报告》的准备、撰写、讨论与交流等实践活动的参与和体验，依照本章“实训要求”完成各自实训任务。

【指导准备】

知识准备：

（1）“会计账簿”的理论与实务知识。

（2）本教材“附录一”附表1—1的“知识准备”中，与本章“职业核心能力‘强化训练项’”各技能点相关的“‘知识准备’参照范围”。

（3）本教材“附录二”附表2—2和附表2—3中，涉及本章“职业核心能力领域‘强化训练项’”各技能点和“职业道德领域‘相关训练项’”的“规范与标准”知识。

操作指导：

（1）教师向学生阐明“实训目的”、“能力与道德领域”和“知识准备”。

（2）教师就“知识准备”中的第（2）、（3）项，对学生进行培训。

（3）教师指导学生就操练项目企业期初资产和权益的相关情况资料进行熟悉、分析、判断，并根据分析、判断的结果准确地进行会计要素的归类。

（4）教师指导学生对操练项目企业发生的日常经济业务进行正确的会计分析和会计核算，并填制在会计凭证中。

（5）教师指导学生就操练项目企业进行正确的总分类账与明细分类账登记。

（6）教师指导学生撰写《会计账簿登记实训报告》。

【实训时间】

本章课堂教学内容结束后的双休日和课余时间，为期两天。

【实训步骤】

（1）将学生组成若干个实训组，每8位同学分成一组，每组确定1~2人负责。

（2）对学生进行会计账簿登记的培训，熟悉实训目的、步骤。

（3）各实训组成员熟悉所选实训资料，按要求进行关于技能Ⅰ至技能Ⅴ的全面操练，制作企业会计账簿，并与“5.6　参考答案与提示”中本组资料的参考答案相对比。

（4）各实训组成员在实施上述训练的过程中，融入对“与人合作”、“解决问题”和“革新创新”等职业核心能力的各“技能点”的“初级”强化训练和对“职业态度”、“职业守则”等职业道德各“素质点”的“顺从级”相关训练，并对训练过程作简要记录与说明。

（5）各实训组成员整合上述操练的过程与结果，分别撰写作为最终成果形式的关于“会计账簿登记”的相应《实训报告》。

（6）各实训组成员的《实训报告》提交小组讨论并修订后，评出小组优秀《实训报告》。

（7）班级交流并修订各组优秀《实训报告》，评出班级优秀《实训报告》。

（8）教师对班级优秀《实训报告》进行点评。

（9）将附有“教师点评”的班级优秀《实训报告》纳入该课程教学资源库，通过校园网课程平台展示，并允许学生拷贝借鉴。

【成果形式】

实训课业：《会计账簿登记实训报告》

课业要求：

（1）《实训报告》的内容、结构与体例参照《训练手册》“5.5.2　‘实训题’课业范例”。

（2）各组成员完成的《实训报告》须由指导教师、实训组长和本人三方签字负责。

5.4　实训资料

5.4.1

【资料】

飞升公司2012年9月1日，各原材料期初资料如下：直径为5厘米的合金钢，10 000千克，价值350 000元；周长为18厘米的等边三角钢，30 000千克，价值150 000元。发生原材料进出库业务如下：

（1）入库业务：

9月3日，购入直径为5厘米的合金钢5 000千克，价值175 000元，增值税税率为17%，价税款用转账支票支付。

9月12日，购入周长为18厘米的等边三角钢20 000千克，价值100 000元。增值税税率为17%，价税款尚未支付。

（2）出库业务：

9月8日，领用直径为5厘米的合金钢，数量8 000千克，价值280 000元。

9月25日，领用周长为18厘米的等边三角钢40 000千克，价值200 000元。

【要求】

(1) 根据上述资料正确地确定所需采用的相关总账和明细账（技能I训练）。

(2) 根据上述资料正确地设置和登记总账（技能II训练）。

(3) 根据上述资料正确地设置和登记明细账（技能III训练）。

(4) 通过实训过程的全程参与和体验，在基本完成实训操练各项技能任务的基础上，独立完成《会计账簿登记实训报告》（技能V训练）。

5.4.2

【资料】

某企业2012年10月份发生与产品生产有关的业务如下：

(1) 甲产品期初在产品成本5 000元，乙产品期初无在产品。

(2) 本月发生生产费用如下：甲产品直接生产费用25 000元，直接人工费用12 000元；乙产品直接材料费用13 000元，直接人工费用6 000元。制造费用总额为14 000元。

(3) 本月甲产品的生产工时为8 000工时，乙产品的生产工时为6 000工时。

(4) 甲产品100件全部完工，乙产品50件未完工。

(5) 按甲、乙产品生产工时分配制造费用（写出计算过程）。

【要求】

(1) 根据上述资料正确地确定所需采用的相关总账和明细账（技能I训练）。

(2) 根据上述资料正确地设置和登记总账（技能II训练）。

(3) 根据上述资料正确地设置和登记明细账（技能III训练）。

(4) 通过实训过程的全程参与和体验，在基本完成实训操练各项技能任务的基础上，独立完成《会计账簿登记实训报告》（技能V训练）。

5.4.3

【资料】

2012年12月，M公司发生的错账及登账情况如下：

(1) 按照购货合同规定，以银行存款75 000元向强达工厂预付材料款。在过账时，“预付账款”账户记录为57 000元。

(2) 用现金支付车间管理人员工资800元。

(3) 计提行政管理用设备折旧6 000元。

(4) 结转已验收入库材料的实际采购成本46 000元。

各笔业务的会计凭证作出并入账后见表5—1至表5—8（提示：(1) 会计凭证正确，(2)、(3)、(4) 笔业务的会计凭证错误）。

表5—1 **总分类账**

会计科目：预付账款

2012年		凭证号	摘要	借方	贷方	借或贷	余额
月	日						
1		1#	预付材料款	57 000		借	57 000

表 5—2

总分类账

会计科目：银行存款

2012 年		凭证号	摘要	借方	贷方	借或贷	余额
月	日						
1		1#	预付材料款		75 000	贷	75 000

表 5—3

总分类账

会计科目：制造费用

2012 年		凭证号	摘要	借方	贷方	借或贷	余额
月	日						
1		2#	支付车间管理人员工资	800		借	800

表 5—4

总分类账

会计科目：库存现金

2012 年		凭证号	摘要	借方	贷方	借或贷	余额
月	日						
1		2#	支付车间管理人员工资		800	贷	800

表 5—5

总分类账

会计科目：管理费用

2012 年		凭证号	摘要	借方	贷方	借或贷	余额
月	日						
1		3#	计提行政管理用设备折旧	60 000		借	60 000

表 5—6

总分类账

会计科目：累计折旧

2012 年		凭证号	摘要	借方	贷方	借或贷	余额
月	日						
1		3#	计提行政管理用设备折旧		60 000	贷	60 000

表 5—7　　　　　　　　　　　　　**总分类账**

会计科目：原材料

2012 年		凭证号	摘要	借方	贷方	借或贷	余额
月	日						
1		4#	结转入库材料成本	4 600		借	4 600

表 5—8　　　　　　　　　　　　　**总分类账**

会计科目：材料采购

2012 年		凭证号	摘要	借方	贷方	借或贷	余额
月	日						
1		4#	结转入库材料成本		4 600	贷	4 600

【要求】

（1）根据上述资料对各项错账进行更正（技能 IV 训练）。

（2）通过实训过程的全程参与和体验，在基本完成实训操练各项技能任务的基础上，独立完成《会计账簿登记实训报告》（技能 V 训练）。

5.5　课业范例

5.5.1　“案例题”课业范例

财产物资的成本确认案例分析报告

（组长：　　　　　　组员：　　　　　　　　　　　　　）

背景与情境：2012 年 12 月，红星股份公司的张巧在做了一段时间的会计稽核工作之后，回想起自己以前工作中存在的种种错误，决定对自己担任材料会计时期的会计记录进行稽核，看看是否存在着错误。在对 2012 年 2 月份的会计记录稽核中，张巧发现下面一些会计记录：

（1）2012 年 2 月份公司购进并入库了一批价值为 250 000 元的甲材料，按国家消费税税法的规定，交纳了 12 500 元的消费税。另外，这种原材料加工成产品后国家不再征收消费税，该批原材料在 2012 年已全部加工成产品，并已全部对外销售。当时张巧认为，增值税作为购进环节的流转税可以抵扣，消费税按可比性原则也应当可以抵扣。故他做了如下的会计记录：

借：原材料　　　　　　　　　　　　　　　　250 000

　　应交税费——应交消费税　　　　　　　　12 500

　贷：银行存款　　　　　　　　　　　　　　　　　262 500

（2）2012 年 3 月份，公司在购进乙、丙材料时，共支付了 6 800 元的外地运杂费，为简化核算起见，张巧把它作为管理费用，其会计处理为：

借：管理费用　　6 800

　贷：银行存款　　6 800

（3）2012 年 4 月份，在购进另外一批甲材料时，由于途中的自然损耗，验收时发现应入库 1 000 千克的甲材料只入库了 980 千克，该批材料单位购进成本为 120 元。张巧认为没有验收入库（短缺）的原材料应作为当期损失，做账务处理如下：

借：原材料　　117 600

　贷：材料采购　　117 600

借：管理费用　　2 400

　贷：材料采购　　2 400

张巧发现上面的会计记录后，认为这些会计记录是错误的，并做了必要的调整。

问题：

你认为张巧是怎样调整的？

分析：

对于张巧担任材料会计期间的错误原因及其改正方法说明如下：

（1）由于增值税存在销项税额，所以购进（或加工等）材料入库时的增值税方可作为进项税额进行反映，以待将来抵扣销项税额。而消费税没有销项税，无法抵扣，因而不可滥用可比性原则，擅自将其计入应交税费账户的借方。这样处理，一方面使得公司的损益计算不准确，另一方面也影响了国家的税收。应做如下的纠正：

借：原材料　　250 000

　　应交税费——应交消费税　　12 500

　贷：银行存款　　262 500

借：原材料　　262 500

　贷：银行存款　　262 500

（2）购进材料支付的外地运杂费按照会计制度规定应作为材料采购成本的一个组成部分，而不能随意将其作为期间费用处理，只有某些特殊的支出如采购员差旅费、采购站经费、市内小额运杂费等可以作为期间费用。另外，对于应由几种材料共同负担的采购费用，要采取适当的方法，将其在各种材料之间进行合理分配。应做如下的纠正：

借：管理费用　　6 800

　贷：银行存款　　6 800

借：材料采购　　6 800

　贷：银行存款　　6 800

（3）原材料在购买过程中发生的自然损耗（定额内损耗），按规定是构成材料的采购成本，但对于该批材料而言，并没有因发生损耗而额外付出代价，也就是没有改变原材料的总成本，只是由于发生损耗而提高了该种原材料的单位成本，即总成本不变而数量减少。所以，对于该项错误应做如下的纠正：

借：原材料　　117 600

　贷：材料采购　　117 600

借：管理费用　　2 400

　贷：材料采购　　2 400

借：原材料　　120 000

　贷：材料采购　　120 000

资料来源　佚名：《第八章　会计事项载体与存储：会计账簿》，上海电机学院网，http：//ppa. sdjues. com/Part4/6/8. html，2011-03-03。

5.5.2　“案例题”课业范例

会计账簿登记实训报告

（组长：　　　　组员：　　　　）

资料：（1）厦门南方股份公司2012年8月1日开始建账，请填写“账簿启用及登记表”，（厂长：赵洲。会计主管：聂云。记账：王海。复核：马明。制单：张良。出纳：刘红）

（2）根据记账凭证登记“银行存款”总账。2012年8月1日“银行存款”总账期初余额为借方300 000元。本月发生业务如下（由于篇幅限制，各业务应以通用记账凭证表示，这里从略，下同）：

①2日，购买固定资产价值4 500元，款项已付。

②7日，向红星公司和鲁能公司分别偿付货款50 000元和20 000元。

③10日，银行承兑汇票到期，票据面值80 000元。

④11日，销售A商品价款40 000元，增值税税率为17%，价税款46 800元均已收到。

⑤12日，销售B商品价款60 000元，增值税税率为17%，价税款70 200元均已收到。

⑥13日，偿还短期借款60 000元。

⑦15日，从银行提取现金500元备用。

⑧19日，提取现金50 000元，备发工资。

（3）厦门化工2012年4月份的原材料——甲材料账户期初余额借方为120 000元、数量为600件，单价200元。根据相关资料登记“原材料——甲材料”明细账（提示：甲材料所有的进价和出库单价都是200元/件）。本月发生业务如下：

①2日，购进甲材料200件，税率为17%，价税款46 800元已支付。

②4日，购进甲材料400件，税率为17%，价税款93 600元未支付。

③5日，购进甲材料600件，税率为17%，价税款140 400元未支付。

④15日，生产领用甲材料800件。

（4）2012年5月1日，车间生产乙产品领用直径5圆钢3 500元。会计人员根据领料单编制记账凭证如下：

转字第12号

借：制造费用　　3 500

　贷：原材料——原料及主要材料　　3 500

会计人员审核时，没有发现问题并据以登记入账。

要求：

1）根据上述资料（1）进行会计账簿（总分类账）的启用；

转 账 凭 证

转 字第 12 号

2012 年 5 月 1 日

摘要	总账科目	明细科目	借方金额											贷方金额											√
			亿	千	百	十	万	千	百	十	元	角	分	亿	千	百	十	万	千	百	十	元	角	分	
领用原材料	制造费用							3	5	0	0	0	0												
	原材料	原料及主要材料																	3	5	0	0	0	0	
合		计					¥	3	5	0	0	0	0					¥	3	5	0	0	0	0	

附单据 1 张

会计主管：林玲　记账：张翔　出纳：李明　复核：王燕　制单：刘海

根据上述资料（2）进行总分类账的登记；

根据上述资料（3）进行明细分类账的登记；

根据上述资料（4）进行错账更正。

2）通过本实训工作的全程参与和体验，能基本完成实训操练任务，并能独立完成《会计账簿编制实训报告》。

【实训课业】

一、关于“本组资料”的专业训练

账 簿 启 用 表

机构名称	厦门南方股份公司	印鉴
账簿名称	总分类账　（第一　册）	厦门南方股份有限公司 ★ 财务专用章
账簿编号	01	
账簿页数	本账簿共计100　页（本账簿页数 检点人盖章	
启用日期	2012 年 8 月 1 日	

经管人员	负责人		主办会计		复核		记账	
	姓名	盖章	姓名	盖章	姓名	盖章	姓名	盖章
	赵洲	赵洲	聂云	聂云	马明	马明	王海	王海

接交记录	经管人员		接管				交出			
	职别	姓名	年	月	日	盖章	年	月	日	盖章
备注										

步骤一：会计账簿的启用

总　账

科目：　银行存款

2012年 月	日	凭证 字	号	摘要	借方（亿千百十万千百十元角分）	√	贷方（亿千百十万千百十元角分）	√	借或贷	余额（亿千百十万千百十元角分）	√
8	1			上月结转					借	30000000	
8	2	通用	2	购买固定资产			450000			29550000	
8	7	通用	6	偿付货款			7000000			22550000	
8	10	通用	8	银行承兑汇票到期			8000000			14550000	
8	11	通用	12	销售A商品	4680000					19230000	
8	12	通用	15	销售B商品	7020000					26250000	
8	13	通用	17	偿还短期借款			6000000			20250000	
8	15	通用	19	提现备用			50000			20200000	
8	19	通用	22	提现备发工资			5000000			15200000	
8	31			本月合计	11700000		26500000		借	15200000	

步骤二：总分类账的设置与登记

步骤三：明细分类账的设置与登记

原材料明细分类账

类别：　　　　　　　　　　　　　　　　计划单价：

品名或规格：甲材料　　　　　　　　　　储备定额：

存放地点：　　　　　　　　　　　　　　计量单位：件

2012年 月	日	凭证号	摘要	收入 数量	收入 单价	收入 金额	发出 数量	发出 单价	发出 金额	结存 数量	结存 单价	结存 金额
4	1		期初余额							600	200	120 000
4	2	付 2	购进甲材料	200	200	40 000				800	200	160 000
4	4	转 4	购进甲材料	400	200	80 000				1 200	200	240 000
4	5	转 6	购进甲材料	600	200	120 000				1 800	200	360 000
4	15	转 16	领用甲材料				800	200	160 000	1 000	200	200 000
4	30		本月合计	12 00	200	240 000	800	200	160 000	1 000	200	200 000

步骤四：错账更正

转 账 凭 证

转 字第 38 号

2012 年 5 月 31 日

摘要	总账科目	明细科目	借方金额											贷方金额											√
			亿	千	百	十	万	千	百	十	元	角	分	亿	千	百	十	万	千	百	十	元	角	分	
冲销2012年5月1日	制造费用							3	5	0	0	0	0												
	原材料	原材及主要材料																	3	5	0	0	0	0	
合计							¥	3	5	0	0	0	0					¥	3	5	0	0	0	0	

附单据 0 张

会计主管：林玲　记账：张翔　出纳：李明　复核：王二　制单：刘海

补充说明：上述凭证中的金额为红字。

转 账 凭 证

转 字第 39 号

2012 年 5 月 31 日

摘要	总账科目	明细科目	借方金额											贷方金额											√
			亿	千	百	十	万	千	百	十	元	角	分	亿	千	百	十	万	千	百	十	元	角	分	
更正2012年5月1日	生产成本	乙产品						3	5	0	0	0	0												
	原材料	原料及主要材料																	3	5	0	0	0	0	
合计							¥	3	5	0	0	0	0					¥	3	5	0	0	0	0	

附单据 0 张

会计主管：　记账：　出纳：　复核：　制单：王洪

资料来源　佚名：《基础会计》试用版，厦门网中网，http://www.netinnet.cn/try/，2012-03-21。

二、关于“职业核心能力”与“职业道德”选项的融入性操练

实训前，我们对列入本章“实训题”【指导准备】中“知识准备”的那些知识进行了必要预习，接受了指导老师的全部“操作指导”。通过参加“知识准备”第（2）、（3）项的培训，使我们了解了本章涉及的“专业能力”各项技能、“职业核心能力”和“职业道德”选项的“规范与标准”，克服了实训过程中对相关操作规范的盲目性。

在实训中，我们在实施本组“实训资料”的专业操练和《实训报告》的准备、撰写、讨论与交流的同时，有意识地融入了“与人合作”、“解决问题”和“革新创新”等“职业核心能力”强化训练和“职业态度”和“职业守则”等“职业道德”的相关训练。

三、关于《会计账簿登记实训报告》的撰写训练

《会计账簿编制实训报告》		
项目实训班级：0904203	项目小组：01	项目组成员：喻乔
实训时间：2012年11月20日 实训地点：多媒体教室		
实训目的：熟悉会计账簿的概念、格式与记账规则，掌握会计账簿的启用、设置与登记，错账更正方法与适用范围		
实训步骤：①由项目组根据企业相关资料进行会计账簿的启用（这里由于篇幅限制，只进行了总分类账的启用练习）；②以小组为单位，以企业发生的日常经济业务为依据，以已经填制完成的记账凭证为载体，对记账凭证进行过账，登记总分类账（本资料由于篇幅限制，只练习了银行存款总分类账）；③这一步包括两个内容：一是明细分类账的编制，即由成员自己对业务所附背景单据进行分析，分析业务的内容，特别是分析业务所涉及的明细分类账应采用的格式，并将大家已确定的记账凭证登记到相关的明细账中（本资料由于篇幅限制，只进行了数量金额式明细账的编制），二是总分类账与明细分类账的平行登记。由于前面第二章中已学，这里从略；④以小组为单位，根据所提供的会计科目有错误的并已过账的会计凭证，确认错误之处，并用相应的方法进行修改（这里由于篇幅限制，只进行了会计科目错误的红字更正法的练习）；⑤由各成员自己根据所编制的总分类账和明细分类账以及对错账更正过程的体验撰写实训报告		
实训结果：编制企业2012年度总分类账及明细分类账（见附件）。		
实训感言：通过本实训，熟悉了会计账簿的概念、种类、格式和记账规则，掌握了总分类账的设置与填制方法，以及明细分类账的设置与填制方法，进一步理解了会计处理的专门核算方法之一的会计账簿的登记以及记账凭证与会计账簿的关系，熟悉错账的更正方法。感悟到会计工作要仔细、严谨、要善于与人沟通、与人合作。本次实训有助于理解掌握第四章的基本概念、理论，有助于动手能力的提高		
不足与今后改进：		
项目组长评定签字：		项目指导教师评定签字：

5.6 参考答案与提示

“5.2 客观题”参考答案

5.2.1 理论题

1. 单项选择题

1）B 2）D 3）C 4）C 5）D 6）C 7）A 8）B 9）D 10）B

2. 多项选择题

1）CD 2）ABC 3）ABC 4）CDE 5）ABD 6）CDE 7）BCDE 8）ABCD 9）CDE 10）BCE

3. 判断题

1）× 2）√ 3）× 4）× 5）× 6）× 7）√ 8）× 9）× 10）×

5.2.2 实务题

1. 单项选择题

1) A 2) B 3) D 4) B 5) B 6) C 7) D 8) A 9) C 10) A

2. 多项选择题

1) AB 2) ACD 3) BCD 4) AD 5) ABDE 6) ABDE 7) BCE 8) CDE 9) BCD 10) AD

3. 混合选择题

1) ABC 2) BCD 3) D 4) ABCD 5) ABC 6) ABC 7) ABCD 8) ABC

4. 判断题

1) × 2) × 3) √ 4) √ 5) × 6) × 7) √ 8) × 9) × 10) ×

5.2.3 案例题

1) BCD 2) ABCD 3) ABCD 4) AB 5) C

5.2.4 实训题

1. 单项选择题

1) B 2) B 3) B 4) D 5) C 6) A 7) B 8) B 9) C 10) C

2. 多项选择题

1) BDE 2) ABC 3) AB 4) AB 5) BD 6) ABC 7) BC 8) ABCD 9) ABCD 10) ABC

"5.3 主观题"参考答案与提示

5.3.1 理论题

1. 简答题

参考答案：

1）账簿是指由一定格式的账页组成的，以经过审核的会计凭证为依据，全面、系统、连续地记录各项经济业务的簿籍。登记账簿是会计核算的一种专门方法。设置会计账簿是编制会计报表的基础，是连接会计凭证与会计报表的中心环节，在会计核算中具有重要意义。可以记载、储存会计信息。可以分类、汇总会计信息。账簿记录又是编制会计报表的主要依据，账簿真实与否，直接影响会计报表的质量。

2）账簿的主要内容有：（1）封面。主要标明账簿的名称，如总分类账、各种明细账、现金日记账、银行存款日记账等。（2）扉页。主要列明科目索引、账簿启用和经管人员一览表。（3）账页。包括：账户的名称、登记账户的日期栏、凭证种类和号数栏、摘要栏、金额栏、总页次和分户页次。

3）对账的内容一般包括账证核对、账账核对、账实核对三个方面。

账证核对，是指核对会计账簿记录与原始凭证和记账凭证的时间、凭证字号、内容、金额是否一致，记账方向是否相符。账账核对，是指核对不同会计账簿之间的账簿记录是否相符。账实核对，是指各项财产物资、债权债务等账面余额与实有数额之间的核对。

4）账簿按照用途分类，可以分为序时账簿、分类账簿和备查账簿。

所谓序时账簿，也称为日记账，是指按照经济业务发生的时间先后顺序，逐日逐笔登记经济业务的簿籍。所谓分类账簿，也称为分类账，是指对各项经济业务按照会计要素的具体类别而设置的分类账簿。按其反映内容详细程度的不同，又可以分为总分类账（简称总账）和明细分类账（简称明细账）。所谓备查账簿，也称备查簿、辅助登记账簿，是指对某些在日记账和分类账等主要账簿中未能记载或登记不够详细的事项进行补充登记的账簿。

5）结账，是一项将账簿记录定期结算清楚的账务工作。在月末、季末或年末时，为了编制会计报表，需要进行结账。结账的内容通常包括：结算各种收入和费用账户，并据以计算确定本期利润；结算各资产、负债和所有者权益账户，分别结出本期发生额合计和余额。

2. 理解题

参考答案：

1）会计账簿和会计凭证都是记录经济业务的会计资料，但二者记录的方式不同。会计凭证的数量繁多，对经济业务的记录是零星、分散的，且每一张凭证只能就个别的经济业务进行详细的记录和反映，不能把某一时期的全部经济业务活动情况完整地反映出来。而会计账簿对经济业务的记录是分类、序时、全面、连续的，能够把分散在会计凭证中的大量核算资料加以集中，为经营管理提供系统、完整的核算资料。

2）划线更正法适用于记账凭证正确，但账簿记录中文字或数字错误的情况。红字更正法一般适用于以下两种情况：一是在记账以后，发现记账凭证中应借应贷符号、科目有错误时，可采用红字更正法进行更正。二是在记账以后，发现记账凭证中应借应贷会计科目正确，但所记金额大于应记金额的情况。补充登记法适用于记账以后，发现记账凭证上应借应贷的会计科目正确，但所记金额小于应记金额的情况。

3）用红色墨水记账的情况有：按照红字冲账的记账凭证，冲销错误记录；在不设借贷栏的多栏式账页中，登记减少数；在三栏式账户的余额栏前，如未印明余额方向的，在余额栏内登记负数余额。因为会计中的红字表示负数，因而除上述情况外，不得用红色墨水记账。

5.3.2 实务题

1. 规则复习

参考答案：

1）登记会计账簿的规则有：为了保证账簿记录的准确、整洁，应当根据审核无误的会计凭证登记会计账簿；账簿登记完毕后，要在记账凭证上签名或者盖章，并在记账凭证的“过账”栏内注明账簿页数或者画“√”，表示已经过账完毕，避免重记、漏记；账簿中书写的文字和数字上面要留有适当的空格，不要写满格，一般应占格距的二分之一；为了保持账簿记录的持久性，防止涂改，登记账簿必须使用蓝黑墨水或碳素墨水并用钢笔书写，不得使用圆珠笔或者铅笔书写；在登记各种账簿时，应当按页次顺序连续登记，不得隔页、跳行；凡需要结出余额的账户，结出余额后，应当在“借或贷”栏内注明“借”或“贷”字样，以示余额的方向；对于没有余额的账户，应在“借或贷”栏内写“平”字，并在“余额”栏内用“0”表示。现金日记账和银行存款日记账必须逐日结出余额。每一账页登记完毕结转下页时，应当结出本页合计数及余额，写在本页的最后一行和下页的第一行有关栏内，分别在摘要栏注明“过次页”和“承前页”字样；也可以将本页合计数及余额只写在下页第一行有关栏内，并在摘要栏内注明“承前页”字样，以保持账簿记录的连续性，便于对账和结账。对需要结出本月发生额的账户，结计“过次页”的本页合计数应当为自本月初起至本页末止的发生额合计数；对需要结出本年累计发生额的账户，结出“过次页”的本页合计数应当为自年初起至本页末止的累计数；对既不需要结出本月发生额也不需要结出本年累计发生额的账户，可以只将每页末的余额结转次页。实行会计电算化的单位，总账和明细账应当定期打印。发生收款和付款业务的，在输入收款凭证和付款凭证的当天必须打印出库存现金日记账和银行存款日记账，并与库存现金核对无误。

2）①不需要按月结出本期发生额的账户，如各项应收应付款明细账，每次记账以后，都要随时结出余额，每月最后一笔余额即为月末余额。月末结账时，只需要在最后一笔经济业务记录之下通栏划单红线，不需要再结出一次余额。②库存现金、银行存款日记账和需要按月计算发生额的收入、费用等明细账，每月结账时，要在最后一笔经济业务记录下面通栏划单红线，结出本月发生额和余额，在摘要栏内注明“本月合计”字样，在下面通栏划单红线。

3）更正时，先在错误的数字或文字上划一条红线加以注销，但必须保证划去的字迹仍可清晰辨认。然后在红线上面空白处用蓝字写上正确的文字或数字，并由记账人员、会计机构负责人在更正处盖章，以明确责任。

4）更正时，用蓝字填制一张与原记账凭证应借应贷科目相同的记账凭证，摘要栏注明“更正××凭证”，补充少记金额，并据以登记入账。

5）红字更正法一般适用于以下两种情况：

①在记账以后，发现记账凭证中应借应贷符号、科目有错误时，可采用红字更正法进行更正。更正时应用红字填写一份与原来科目、记账方向和金额完全相同的记账凭证，摘要栏注明“冲销××凭证”，并据以用红字登记入账，注销原来错误的记录；然后再用蓝字重新填制一份正确的记账凭证，摘要栏注明“更正××凭证”，并用蓝字登记入账。

②在记账以后，发现记账凭证中应借应贷会计科目正确，但所记金额大于应记金额，可将多记的金额用红字填写一张记账凭证，摘要栏注明“冲销××凭证多记金额”，并据以用红字登记入账，用以注销多记的金额。

2. 业务解析

参考答案：

1）总分类账户中分为资产类和权益类账户两大类。资产类账户的余额应等于权益类账户的余额，或总账各账户的借方期初（期末）余额合计数等于总账各账户的贷方期初（期末）余额合计数。

2）总分类账簿与所属明细分类账簿余额核对公式。

①总分类账借方（贷方）期初余额=所属明细分类账借方（贷方）期初余额之和

②总分类账借方（贷方）发生额=所属明细分类账借方（贷方）发生额之和

③总分类账借方（贷方）期末余额=所属明细分类账借方（贷方）期末余额之和

3）总分类账的登记方法是：经济业务少的单位直接根据记账凭证逐笔地登记总账；经济业务多的单位，可采用汇总登记方式，即根据记账凭证汇总表（又称科目汇总表）、汇总记账凭证等定期汇总登记总账。各种明细分类账，应根据记账凭证及所附原始凭证登记。登记时，可以根据这些凭证及汇总原始凭证逐笔或逐日、定期汇总登记。固定资产、债权债务等明细账应逐日逐笔登记；商品、材料物资明细分类账可以逐笔登记，也可以逐日汇总登记；收入、费用明细账可以逐笔登记，也可以逐日或定期汇总登记。

5.3.3 案例题

分析提示：

1）业务（1）的错误之处在于：会计是对已经发生的经济业务进行核算，而在新闻发布会上收到的 500 000 元款项，属于客户交来的订金，也就是公司的预收款，按照权责发生制原则的要求，对于预收的款项，在货物（或劳务）没有提供之前，是不能确认收入的。所以，公司的会计将其作为收入入账是错误的，这不仅加大了公司的经营风险，而且，从长远来看，不但不利于国家的税收，反而会破坏税源。

业务（2）的错误之处在于：电脑确实属于高淘汰率资产，但是，国家在制定电脑折旧年限时已经对此作了考虑，电脑的折旧年限是比较短的，所以，不能因为其淘汰速度快而将其等同于流动资产看待。另外，电脑在使用过程中的意外毁损，只是偶然，不能因此而更改电脑作为固定资产的性质。

业务（3）的错误之处在于：设备属于公司的固定资产，为形成固定资产而发生的支出应作为资本性支出计入固定资产价值，不能因为是本企业工人安装的，就可以将这些工人的工资计入生产成本。如果这样处理了，一方面会使得公司固定资产价值虚减；另一方面，又会使得公司本期的生产费用虚增。

2）红字冲销这三笔会计分录：

借：银行存款　[600 000]

　　应收账款　[102 000]

　贷：主营业务收入　[600 000]

　　　应交税费　[102 000]

借：管理费用　[16 000]

　贷：银行存款　[16 000]

借：生产成本　[26 000]

　贷：应付职工薪酬　[26 000]

3）三个题目的会计分录分别改为：

借：银行存款　600 000

　贷：预收账款　600 000

借：固定资产　16 000

　贷：银行存款　16 000

借：在建工程　26 000

　贷：应付职工薪酬　26 000

5.4　实训资料参考答案与提示

5.4.1

一、关于“本组资料”的专业训练

技能 I 训练：会计账簿的确定

根据资料需要设置三栏式的“原材料”总账一个；以及数量金额式的“原材料——合金钢”和“原材料——三角钢”明细账各一个（格式分别见面表 5—9 至表 5—11）。

技能 II 训练：总分类账的设置与登记

总分类账的设置和登记内容见表 5—9。

表 5—9 **总分类账**

会计科目：原材料　　第　页

2012 年		凭证号	摘要	借方	贷方	借或贷	余额
月	日						
9	1		月初余额			借	500 000
	3		购进材料	175 000		借	675 000
	8		领用材料		280 000	借	395 000
	12		购进材料	100 000		借	495 000
	25		领用材料		200 000	借	295 000
	30		本月合计	275 000	480 000	借	295 000

技能 III 训练：明细分类账的设置与登记

明细分类账的设置和登记内容见表 5—10 和表 5—11。

表 5—10 **原材料明细分类账**

类别：　　计划单价：

品名或规格：合金钢（直径为 5 厘米）　　储备定额：

存放地点：　　计量单位：

2012 年		凭证号	摘要	收入			发出			结存		
月	日			数量	单价	金额	数量	单价	金额	数量	单价	金额
9	1		期初余额							10 000	35	350 000
	3		购进材料	5 000	35	175 000				15 000	35	525 000
	8		发出材料				8 000	35	280 000	7 000	35	245 000
	30		本月合计	5 000	35	175 000	8 000	35	280 000	7 000	35	245 000

表 5—11 **原材料明细分类账**

类别：　　计划单价：

品名或规格：三角钢（周长为 18 厘米）　　储备定额：

存放地点：　　计量单位：

2012 年		凭证号	摘要	收入			发出			结存		
月	日			数量	单价	金额	数量	单价	金额	数量	单价	金额
9	1		期初余额							30 000	5	150 000
	12		购进材料	20 000	5	100 000				50 000	5	250 000
	25		发出材料				40 000	5	200 000	100 00	5	50 000
	30		本月合计	20 000	5	100 000	40 000	5	200 000	10 000	5	50 000

二、关于“职业核心能力”与“职业道德”选项的融入性操练

（参照“5.5.2　‘实训题’课业范例”的“二”）

三、关于《会计账簿的登记实训报告》的撰写训练

（参照　“5.5.2‘实训题’课业范例”的“三”）

5.4.2

一、关于“本组资料”的专业训练

技能Ⅰ训练：会计账簿的确定

根据资料需要设置三栏式的“生产成本”总账一个；以及数量金额式的“生产成本——甲产品”和“生产成本——乙产品”明细账各一个（格式分别见表5—12至表5—14）。

技能Ⅱ训练：总分类账的设置与登记

表5—12

总分类账

会计科目：生产成本　　　　第　页

2012年		凭证号	摘要	借方	贷方	借或贷	余额
月	日						
10	1		月初余额			借	5 000
			领用材料	38 000		借	43 000
			人员工资	18 000		借	61 000
			发生制造费用	14 000		借	75 000
			结转完工产品成本		50 000（注）	借	25 000
			本月合计	70 000	50 000	借	25 000

【注】这里要说明的是：本账中“结转完工产品成本”这一步的金额50 000元来自于技能Ⅲ训练中，即完成“生产成本——甲产品”明细账的设置与登记，计算出完工甲产品的成本为50 000元，然后再将其登记到总分类账“生产成本”账中。

技能Ⅲ训练：明细分类账的设置与登记

制造费用分配过程如下：

甲产品分配制造费用＝14 000÷（8 000+6 000）×8 000＝8 000（元）

乙产品分制造费用＝14 000−8 000＝6 000（元）

表5—13

明细分类账

会计科目：生产成本——甲产品　　　　第　页

2012年		凭证号	摘要	借方			借或贷	余额
月	日			直接材料	直接人工	制造费用		
10	1		期初余额				借	5 000
			领用材料	25 000			借	30 000
			人工费用		12 000		借	42 000
			分配制造费用			8 000	借	50 000
	31		产品全部完工	25 000	12 000	8 000	平	0

表 5—14 明细分类账

会计科目：生产成本——乙产品 第 页

2012 年		凭证号	摘要	借方			借或贷	余额
月	日			直接材料	直接人工	制造费用		
10			领用材料	13 000			借	13 000
			人工费用		6 000		借	19 000
			分配制造费用			6 000	借	25 000
	31		本月合计	13 000	6 000	6 000	借	25 000

二、关于“职业核心能力”与“职业道德”选项的融入性操练

（参照“5. 5. 2 ‘实训题’课业范例”的“二”）

三、关于《会计账簿登记实训报告》的撰写训练

（参照“5. 5. 2 ‘实训题’课业范例”的“三”）

5. 4. 3

一、关于“本组资料”的专业训练

技能Ⅳ训练：错账的更正

（1）在结账前，如果发现登记账簿的文字或数字有误，而据以登账的记账凭证正确，可采用划线更正法。更改为：

表 5—15 总分类账

会计科目：预付账款

2012 年		凭证号	摘要	借方	贷方	借或贷	余额
月	日						
1		1#	预付材料款	75 000 ~~57 000~~		借	75 000

表 5—16 总分类账

会计科目：银行存款

2012 年		凭证号	摘要	借方	贷方	借或贷	余额
月	日						
1		1#	预付材料款		75 000	借	75 000

（2）支付车间管理人员工资的会计科目错误，应使用红字更正法。

借：制造费用 800

贷：库存现金 800

借：应付职工薪酬　　　　　　　　　　　　800

　贷：库存现金　　　　　　　　　　　　　800

表 5—17

总分类账

会计科目：制造费用

2012 年		凭证号	摘要	借方	贷方	借或贷	余额
月	日						
1		2#	支付车间管理人员工资	800		借	800
		5#	冲销 2#凭证	[800]		平	0

表 5—18

总分类账

会计科目：库存现金

2012 年		凭证号	摘要	借方	贷方	借或贷	余额
月	日						
1		2#	支付车间管理人员工资		800	借	800
		5#	冲销 2#凭证		[800]	平	0
		6#	发放车间管理人员工资		800	贷	800

表 5—19

总分类账

会计科目：应付职工薪酬

2012 年		凭证号	摘要	借方	贷方	借或贷	余额
月	日						
1		6#	发放车间管理人员工资	800		借	800

（3）科目使用正确，金额多计并已入账，应使用红字更正法。

借：管理费用　　　　　　　　　　　　[54 000]

　贷：累计折旧　　　　　　　　　　　[54 000]

表 5—20

总分类账

会计科目：管理费用

2012 年		凭证号	摘要	借方	贷方	借或贷	余额
月	日						
1		3#	计提行政管理用设备折旧	60 000		借	60 000
		7#	冲销 3#凭证多记金额	[54 000]		借	6 000

表 5—21　　　**总分类账**

会计科目：累计折旧

2012 年		凭证号	摘要	借方	贷方	借或贷	余额
月	日						
1		3#	计提行政管理用设备折旧		60 000	贷	60 000
		7#	冲销 3#凭证多记金额		54 000	贷	6 000

（4）属于会计科目使用正确，但金额少计 41 400 元，还可以应用补充登记法。

借：原材料　　　　41 400

　贷：材料采购　　　　41 400

表 5—22　　　**总分类账**

会计科目：原材料

2012 年		凭证号	摘要	借方	贷方	借或贷	余额
月	日						
1		4#	结转入库材料的采购成本	4 600		借	4 600
		8#	更正 4#凭证	41 400		借	46 000

表 5—23　　　**总分类账**

会计科目：材料采购

2012 年		凭证号	摘要	借方	贷方	借或贷	余额
月	日						
1		4#	结转入库材料的采购成本		4 600	贷	4 600
		8#	更正 4#凭证		41 400	贷	46 000

二、关于“职业核心能力”与“职业道德”选项的融入性操练

（参照“5.5.2　‘实训题’课业范例”的“二”）

三、关于《会计账簿登记实训报告》的撰写训练

（参照“5.5.2　‘实训题’课业范例”的“三”）

第 6 章 账务处理程序

6.1 预习要览

6.1.1 内容提要与结构

1. 内容提要

账务处理程序，又称会计核算组织程序或会计核算形式，是指在会计核算中，以账簿体系为核心，把会计凭证、会计账簿、记账程序和记账方法有机地结合起来的技术组织方式。账务处理程序包括账簿组织、记账程序和记账方法。由于各会计主体的业务性质、规模大小不同，其应当设置的账簿种类、格式和账簿的相互关系，以及与之相适应的记账程序和记账方法也就不完全相同。不同的账簿组织、记账程序和记账方法相互结合在一起，就形成了不同的账务处理程序。

在我国的会计核算单位中实际运用的账务处理程序主要有记账凭证账务处理程序、科目汇总表账务处理程序、汇总记账凭证账务处理程序这三种。它们之间具有许多相同点，根本区别在于登记总分类账的依据和方法不同。

选用适当的账务处理程序，对于科学地组织本单位的会计核算工作具有重要意义。

记账凭证账务处理程序的特点是根据记账凭证逐笔登记总分类账，它是会计核算中最基本的一种账务处理程序，也是其他账务处理程序的基础。在记账凭证账务处理程序下，记账凭证一般采用收款凭证、付款凭证和转账凭证三种格式，分别用以反映单位日常发生的各种收、付款和转账经济业务。账簿的设置一般包括日记账、总分类账和明细分类账。日记账包括库存现金日记账和银行存款日记账，分别序时记录现金、银行存款收付业务，其格式一般采用三栏式。总分类账应按总分类科目设置，格式可采用三栏式。明细分类账可根据经济管理的需要设置，采用三栏式、多栏式或数量金额式。

记账凭证账务处理程序比较简单明了，易于理解，并且由于总分类账是根据记账凭证逐笔登记的，因而在总分类账中能够详细反映各项经济业务的内容，便于了解经济业务的动态变化。但是这种核算账务处理程序登记总分类账的工作量比较大，这种程序适用于一些规模小、业务量少、凭证不多的单位。

科目汇总表账务处理程序的特点是根据记账凭证汇总编制科目汇总表，再根据科目汇总表登记总分类账。科目汇总表是根据一定时期内的全部记账凭证，按各个账户的借、贷方进行归类，并计算出每一总分类账户的本期借方发生额和贷方发生额，并填写在科目汇总表的相关栏内。科目汇总表可以每月汇总一次编制一张，也可以按旬汇总一次，按月编制一张。业务量较多的单位也可每日进行汇总。在科目汇总表账务处理程序下，记账凭证、库存现金日记账、银行存款日记账、各种总分类账和明细分类账的设置与记账凭证账务处理程序基本相同。同时为了将记账凭证定期地进行汇总，还需设置科目汇总表（又称记账凭证汇总表）。

这种账务处理程序可以减少登记总分类账的工作，而且科目汇总表还起着试算平衡的作用。但是，科目汇总表不反映各个科目的对应关系及经济业务的来龙去脉，所以不便于分析经济活动情况，不便于查对账目，因此一般适用于业务量较大、记账凭证较多的单位。

汇总记账凭证账务处理程序的主要特点是根据记账凭证编制汇总记账凭证，并以此作为登记总分类账的依据。各种记账凭证、账簿的设置种类、格式与记账凭证账务处理程序基本相同。但总分类账的账页格式须设“对应账户”栏，此外还需设置汇总记账凭证。

汇总记账凭证是根据记账凭证汇总填制的，汇总的期间一般不超过十天，以便登记总分类账。其种类可分为汇总收款凭证、汇总付款凭证和汇总转账凭证。其中，汇总转账凭证既可按借方科目设置，也可按贷方科目设置，但在会计实务惯例中一般按贷方科目分别设置，并按借方科目归类，月末时结计出其合计数，分别根据汇总转账凭证应贷账户的贷方及借方记入总账。

汇总记账凭证账务处理程序可以减轻登记总账的工作量，为及时地编制会计报表提供方便；汇总记账凭证是按照科目对应关系归类、汇总编制的，能够明确地反映账户之间的对应关系，便于经常分析检查经济活动的发生情况，但它不考虑经济业务的性质，不利于会计核算工作的分工，而且编制汇总记账凭证的工作量也较大，因此这种账务处理程序适用于规模较大、业务量较多的企业。

2. 内容结构

本章内容结构如图6—1所示。

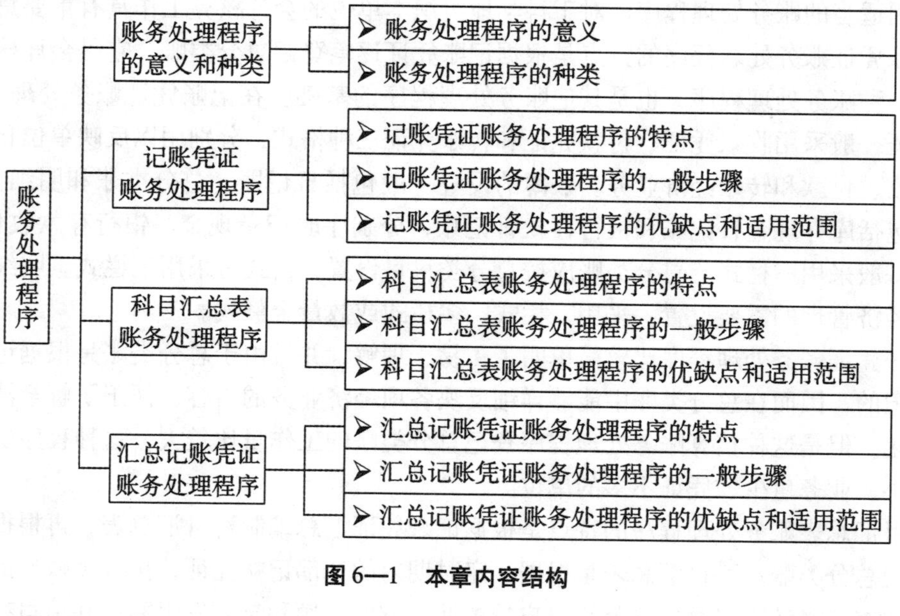

图6—1　本章内容结构

3. 主要概念和观念

1）主要概念

账务处理程序　账簿组织　记账程序和记账方法

2）主要观念

账务处理程序的意义和种类　记账凭证账务处理程序　科目汇总表账务处理程序　汇总记账凭证账务处理程序

6.1.2　重点与难点

1. 重点理论

账务处理程序的概念　账务处理程序的作用　账务处理程序的理论依据　账务处理程序的类型　账务处理程序的适用范围

2. 重点实务

账务处理程序的账簿组织　账务处理程序步骤　账务处理程序方法

3. 重点操作

记账凭证账务处理程序　科目汇总表账务处理程序

4. 难点

汇总记账凭证账务处理程序

6.1.3　主要公式

科目汇总表中：

所有科目的本期借方发生额 = 所有科目的本期贷方发生额

6.2　客观题

6.2.1　理论题

1. 单项选择题

1）各种账务处理程序的主要区别是(　　)。

A. 填制会计凭证的依据和方法　B. 登记总账的依据和方法　C. 填制会计报表的依据和方法　D. 登记明细账的依据和方法

2）一切经济业务都必须根据原始凭证编制记账凭证，然后再根据记账凭证直接逐笔登记总分类账，这种记账程序（或者会计核算组织程序）一般被称为(　　)。

A. 科目汇总表核算记账程序　B. 多栏式日记账账务处理程序　C. 记账凭证账务处理程序　D. 汇总记账凭证账务处理程序

3）记账凭证核算形式的特点是直接根据各种记账凭证逐笔登记(　　)。

A. 总分类账　B. 明细分类账　C. 库存现金日记账　D. 银行存款日记账

4）最基本的账务处理程序是(　　)。

A. 日记总账账务处理程序　B. 科目汇总表账务处理程序　C. 记账凭证账务处理程序　D. 多栏式日记账账务处理程序

5）按转账凭证贷方科目设置，汇总一定时期内转账业务的记账凭证称为(　　)。

A. 汇总收款凭证 B. 汇总付款凭证 C. 科目汇总表 D. 汇总转账凭证

6）科目汇总表账务处理程序的缺点之一是(　　)。

A. 不能试算平衡 B. 不能简化登记总账的工作量 C. 只适用于经济业务量小的单位 D. 不能反映经济业务的来龙去脉

7）科目汇总表账务处理程序的主要特点是(　　)。

A. 根据原始凭证编制原始凭证汇总表 B. 根据原始凭证汇总表编制记账凭证 C. 根据科目汇总表登记总账 D. 根据科目汇总表编制会计报表

8）(　　)是指会计凭证和账簿的种类、格式及其相互关系。

A. 记账程序 B. 账簿组织 C. 账务处理程序 D. 会计核算形式

9）汇总记账凭证与科目汇总表账务处理程序的主要相同点是(　　)。

A. 记账凭证的汇总方法相同 B. 汇总凭证的格式相同 C. 登记总账的依据相同 D. 记账凭证都需要汇总

10）科目汇总表与汇总记账凭证都属于(　　)。

A. 原始凭证 B. 汇总的原始凭证 C. 汇总的记账凭证 D. 转账凭证

2. 多项选择题

1）我国会计工作中采用的核算形式有(　　)。

A. 记账凭证账务处理程序 B. 科目汇总表账务处理程序 C. 汇总记账凭证账务处理程序 D. 日记总账账务处理程序 E. 通用日记账账务处理程序

2）汇总记账凭证账务处理程序下，汇总记账凭证一般采用(　　)。

A. 一借一贷 B. 一贷多借 C. 一借多贷 D. 多借多贷 E. 只有贷方没有借方

3）可以简化登记总账工作量的账务处理程序有(　　)。

A. 记账凭证账务处理程序 B. 记账凭证汇总表账务处理程序 C. 多栏式日记账账务处理程序 D. 汇总记账凭证账务处理程序 E. 日记总账账务处理程序

4）由于采用的账务处理程序不同，总账的登记依据可以是(　　)。

A. 记账凭证 B. 汇总记账凭证 C. 科目汇总表 D. 多栏式库存现金日记账 E. 通用日记账

5）汇总记账凭证账务处理程序的优点是(　　)。

A. 反映科目的对应关系 B. 编制汇总转账凭证的工作量较小 C. 减少了登记总账的工作量 D. 有利于会计核算工作的分工 E. 可以了解经济业务的来龙去脉

6）在记账凭证账务处理程序下，应设置(　　)。

A. 收款、付款和转账凭证或通用记账凭证 B. 科目汇总表或汇总记账凭证 C. 现金和银行存款日记账 D. 总分类账 E. 若干明细分类账

7）对于汇总记账凭证账务处理程序，下列说法错误的是(　　)。

A. 登记总账的工作量大 B. 不能体现账户之间的对应关系 C. 明细账与总账无法核对 D. 有利于会计工作的分工 E. 当转账凭证较多时，汇总转账凭证的编制工作量较大

8）各种账务处理程序下，登记明细账的依据可能是(　　)。

A. 原始凭证 B. 汇总原始凭证 C. 记账凭证 D. 汇总记账凭证 E. 记账凭证汇总表

9）规模大、业务多、使用会计科目多的单位，应该采用的核算组织程序是(　　)。

A. 记账凭证核算组织程序 B. 科目汇总表核算组织程序 C. 汇总记账凭证核算组织程序 D. 日记总账核算组织程序 B. 以上各种核算组织程序均可以

10）会计核算组织程序是指(　　)的合理组织过程。

A. 会计凭证 B. 会计科目 C. 会计账簿 D. 会计方法 E. 会计报表

3. 判断题

1）科目汇总表账务处理程序不仅可以减少登记总账的工作量，而且能够反映账户之间的对应关系。(　　)

2）记账凭证会计核算形式的主要特点是：根据科目汇总直接登记总分类账。(　　)

3）科目汇总表不仅能起到试算平衡的作用，而且能反映账户的对应关系。(　　)

4）我国经济业务较多的经济单位的核算形式是记账凭证核算。(　　)

5）在各种不同的账务处理程序下，登记总分类账的依据和程序都是相同的。(　　)

6）由于汇总记账凭证核算组织程序大大减少了登记总账的工作量，因而这种核算组织程序适用于大、中、小一切单位。(　　)

7）汇总的记账凭证不仅能体现账户之间的对应关系，而且能起到入账前的试算平衡作用。(　　)

8）科目汇总表不仅是登记总账的依据，而且根据科目汇总表可以了解企业资金运动的来龙去脉。(　　)

9）记账凭证账务处理程序的特点是直接根据每张记账凭证逐笔登记总分类账。(　　)

10）由于各单位的业务性质、规模大小、管理要求不同，各单位所采用的账务处理程序也就各不相同。(　　)

6.2.2 实务题

1. 单项选择题

1）会计循环的顺序是(　　)。

A. 填制和审核会计凭证→编制会计报表→登记账簿 B. 编制会计报表→登记账簿→填制和审核会计凭证 C. 填制和审核会计凭证→登记账簿→编制会计报表 D. 登记账簿→填制和审核会计凭证→编制会计报表

2）编制科目汇总表时，汇总的范围是(　　)。

A. 全部会计科目的借贷方发生额 B. 全部会计科目的借贷方余额 C. 资产类和负债类会计科目的发生额 D. 资产类和负债类及所有者权益类会计科目的发生额

3）适用于经济业务较少，且规模较小的单位的账务处理程序是(　　)。

A. 科目汇总表记账程序 B. 记账凭证记账程序 C. 汇总记账凭证记账程序 D. 多栏式日记账记账程序

4）编制科目汇总表直接依据的凭证是(　　)。

A. 原始凭证 B. 汇总原始凭证 C. 记账凭证 D. 汇总记账凭证

5）记账凭证核算形式的特点是直接根据各种记账凭证登记(　　)。

A. 总分类账 B. 明细分类账 C. 库存现金日记账 D. 银行存款日记账

6）可以简化总分类账的登记工作，但不能反映账户对应关系的是(　　)。

A. 根据记账凭证登记总账　B. 根据记账凭证汇总表登记总账　C. 根据汇总记账凭证登记总账　D. 根据明细账登记总账

7）在汇总记账凭证账务处理程序下，登记总分类账的依据是(　　)。

A. 汇总原始凭证　B. 汇总记账凭证　C. 记账凭证　D. 原始凭证

8）与记账凭证账务处理程序相比，科目汇总表账务处理程序增设的步骤是(　　)。

A. 根据原始凭证、汇总原始凭证和记账凭证，登记各种明细分类账　B. 根据原始凭证编制汇总原始凭证　C. 根据各种记账凭证编制科目汇总表　D. 根据原始凭证编制原始凭证汇总表

9）科目汇总表账务处理程序的缺点是(　　)。

A. 不利于会计核算分工　B. 不能进行试算平衡　C. 反映不出账户的对应关系　D. 会计科目数量受限制

10）单位的会计凭证、会计账簿、会计报表相结合的方式称为(　　)。

A. 会计核算形式　B. 记账工作步骤　C. 会计组织体制　D. 会计机构

2. 多项选择题

1）在科目汇总表核算形式下，各种明细账登记的依据有(　　)。

A. 原始凭证　B. 汇总原始凭证　C. 收款凭证　D. 付款凭证　E. 转账凭证

2）科目汇总表账务处理程序的优点是(　　)。

A. 减少登记总账的工作量　B. 能够反映科目的对应关系　C. 可以根据科目汇总表进行试算平衡　D. 简明易懂　E. 便于进行日常分工

3）在科目汇总表账务处理程序下，所有记账凭证中的科目对应关系必须是(　　)。

A. 一个借方科目与一个贷方科目相对应　B. 一个借方科目与几个贷方科目相对应　C. 几个借方科目与一个贷方科目相对应　D. 几个借方科目与几个贷方科目相对应　E. 所有会计凭证各个科目之间不具有对应关系

4）不论采用何种账务处理程序，编制财务报表所需资料都来源于(　　)。

A. 科目汇总表　B. 总分类账　C. 明细分类账　D. 汇总记账凭证　E. 日记账

5）下列有关记账凭证会计处理程序叙述正确的是(　　)。

A. 直接根据各种记账凭证逐笔登记总分类账　B. 体现会计核算的基本原理和基本程序，是一种基本的账务处理程序　C. 记账凭证只能采用收、付、转三种形式，不能采用通用的格式　D. 优点是比较简单明了，易于理解，在总分类账中能具体反映经济业务的内容，便于查账　E. 登记总分类账的工作量较小

6）在不同的账务处理程序下，总账的记账依据有(　　)。

A. 原始凭证　B. 记账凭证　C. 汇总记账凭证　D. 科目汇总表　E. 原始凭证汇总表

7）各种账务处理程序的相同之处有(　　)。

A. 现金日记账和银行存款日记账的登记　B. 各种明细分类账的登记　C. 会计报表的编制　D. 对账要求　E. 结账要求

8）在账务处理程序中，特别适用于规模大、业务量多的大型企业的是(　　)账务处理程序。

A. 记账凭证　B. 科目汇总表　C. 汇总记账凭证　D. 日记总账　E. 记账凭证汇总表

9）在不同的账务处理程序下，可以作为登记总账依据的有(　　)。

A. 记账凭证　B. 科目汇总表　C. 汇总记账凭证　D. 多栏式日记账　E. 记账凭证汇总表

10）汇总记账凭证账务处理程序的缺点有(　　)。

A. 不能减轻登记总账的工作量　B. 不能够反映账户间的对应关系　C. 不利于日常核算工作的合理分工　D. 编制汇总转账凭证的工作量较大　E. 能进行试算平衡

3. 混合选择题

1）“革新创新能力（初级）”的“规范与标准”是(　　)。

A. 能揭示事物的不足，提出改进意见　B. 能在采纳各方意见的基础上，确定创新方案的目标、方法、步骤、难点和对策，指出创新方案需要的资源和条件　C. 能进行自我检查，正确对待反馈信息和他人意见，对创新方案及实施做出客观评估并调整　D. 能设计并实施创新方案，并坚持创新活动

2）“职业理想”的“规范与标准”是(　　)。

A. 爱岗敬业、诚实守信　B. 对职业选择或模拟选择有充分的认知和积极的倾向与行动　C. 对将要从事的职业种类、职业方向与事业成就有积极的向往和执着的追求　D. 对职业、职业选择、职业工作等具有正确的看法

3）“职业观念”的“规范与标准”是(　　)。

A. 在履行职业义务时具有强烈的道德责任感和较高的自我评价能力　B. 公正客观、坚持原则　C. 具备可持续创新的知识和原理及市场预测知识　D. 对职业、职业选择、职业工作、职业道德和会计伦理等具有正确的看法

4）“账务处理程序运用”这一“专业能力领域”包括的技能点有(　　)。

A. 确定适用账务处理程序的能力　B. 会计凭证账务处理程序的应用能力　C. 科目汇总表账务处理程序的应用能力　D. 汇总记账凭证账务处理程序的应用能力

5）“确定适用账务处理程序的能力”的“规范与标准”有(　　)。

A. 能正确掌握账务处理程序的概念、种类　B. 能准确判断企业的规模大小、业务多少及与账务处理程序的关系　C. 能在上述判断的基础上对企业适用的账务处理程序进行选择　D. 编制会计报表

6）“会计凭证账务处理程序的运用能力”的“规范与标准”有(　　)。

A. 能正确掌握会计凭证账务处理程序的特点、会计凭证与会计账簿种类及格式　B. 能正确确定在该账务处理程序下登记明细账、日记账的根据并进行登记　C. 能正确确定在该账务处理程序下登记总分类账的根据并进行登记　D. 编制会计报表

7）“科目汇总表账务处理程序的运用能力”的“规范与标准”有(　　)。

A. 能正确掌握科目汇总表账务处理程序的特点、会计凭证与会计账簿的种类及格式　B. 能正确确定在该账务处理程序下登记明细账、日记账的根据并进行登记　C. 能正确确定在该账务处理程序下登记总分类账的根据并进行登记　D. 编制会计报表

8）“汇总记账凭证账务处理程序的运用能力”的“规范与标准”有(　　)。

A. 能正确掌握科目汇总表账务处理程序的特点、会计凭证与会计账簿的种类及格式　B. 能正确确定在该账务处理程序下登记明细账、日记账的根据并进行登记　C. 能正确

确定在该账务处理程序下登记总分类账的根据并进行登记　D. 编制会计报表

4. 判断题

1）科目汇总表汇总了有关科目的借、贷方发生额和余额。（　）

2）记账凭证核算组织程序下，总账可以根据记账凭证逐笔登记，也可以定期汇总登记。（　）

3）不论哪种会计核算组织程序，在编制会计报表之前，都要进行对账工作。（　）

4）在各种会计核算组织程序中，记帐凭证都不能直接用来登记总账和明细账。（　）

5）科目汇总表账务处理程序中，每月可以编制多个科目汇总表。（　）

6）采用科目汇总表账务处理程序，科目对应关系不明显，不能直接通过总分类账查对账目。（　）

7）科目汇总表与记账凭证账务处理程序一样，都是根据各种记账凭证登记总分类账。（　）

8）不论采用何种账务处理程序，报表的编制方法是相同的。（　）

9）在各种会计核算组织程序中，原始凭证都不能直接用来登记总账和明细账。（　）

10）科目汇总表账务处理程序，是以科目汇总表为登记总账和明细账的依据的。（　）

6.2.3　案例题

包工包料偷逃增值税款

背景与情境：审计人员在审查N企业2012年的资产负债表时发现，有一笔待处理流动资产净损失20万元，审查其明细账得知是部分库存材料盘亏，但在审查会计凭证时却发现N企业10月15日23#凭证购买装饰材料时，编制如下会计分录：

借：原材料　　200 000

　　应交税费——应交增值税　　34 000

　贷：银行存款　　234 000

10月15日25#记账凭证后未附原始凭证，但编制的会计分录是：

借：待处理财产损溢——待处理流动资产损溢　　280 000

　贷：原材料　　200 000

　　　其他应付款　　80 000

10月18日编制的记账凭证是：

借：管理费用　　280 000

　贷：待处理财产损溢——待处理流动资产损溢　　280 000

上述会计分录的可疑之处在于，N企业因何将8万元的材料损失记入了“其他应付款”账户？审计人员对“其他应付款”的明细账进行了审查，发现有一笔应付给C装饰公司的装饰用工费值得怀疑。审计人员实际查看了N企业的会议室，从外观上看是最近装修的，但从账簿、会计凭证中未发现有任何记录。于是，审计人员找到C装饰公司于经理询问此事。据于经理反映，他们为N企业装饰会议室不仅出了工，而且还购买了装饰材料。

资料来源　佚名：《会计系统之整合与流程：账务处理程序》，http：//ppa. sdjues. com/Part4/6/11. html。

要求：请根据案例在下列题中填入适当选项：

1）材料出现盘亏时，如属正常损耗应记入(　　)科目。

A. “管理费用”　B. “营业外支出”　C. “销售费用”　D. “财务费用”

2）其他应付款科目反映了(　　)内容。

A. 存入保证金　B. 应付经营租入固定资产租金　C. 应付租入包装物租金　D. 售后回租方式融入的资金

3）根据这些证据，说明 N 企业(　　)。

A. 掩饰铺张行为　B. 偷漏了增值税　C. 虚增了当期费用　D. 少交了所得税

4）购进装饰材料时应作的会计处理是(　　)。

A. 借：工程物资　234 000
　贷：银行存款　234 000

B. 借：原材料　234 000
　贷：银行存款　234 000

C. 借：工程物资　200 000
　应交税费——应交增值税　34 000
　贷：银行存款　234 000

D. 借：工程物资　200 000
　贷：银行存款　200 000

5）领用工程物资并发生用工费时，正确的会计处理是(　　)。

A. 借：在建工程 31. 4 万元　B. 贷：工程物资 23. 4 万元　C. 贷：其他应付款 8 万元　D. 借：管理费用 31. 4 万元

6.2.4　实训题

1. 单项选择题

1）科目汇总表账务处理程序的缺点是(　　)。

A. 不利于会计核算分工　B. 反映不出账户的对应关系　C. 适用于任何企业单位　D. 适用于规模大，业务量多的企业单位

2）可以简化总分类账的登记工作，但不能反映账户对应关系的是(　　)。

A. 记账凭证账务处理程序　B. 科目汇总表账务处理程序　C. 汇总记账凭证账务处理程序　D. 以上三种都不能

3）科目汇总表账务处理程序的特点是(　　)。

A. 根据记账凭证登记总账　B. 根据记账凭证汇总表登记总账　C. 根据汇总记账凭证登记总账　D. 根据明细账登记总账

4）各种账务处理程序的主要区别是(　　)。

A. 会计凭证格式不同　B. 会计账簿不同　C. 登记总账的依据不同　D. 会计报表种类不同

5）汇总记账凭证账务处理程序的适用范围是(　　)。

A. 规模较小，业务较少的单位　B. 规模较小，业务较多的单位　C. 规模较大，业务较多的单位　D. 规模较大，业务较少的单位

6）不能简化总账工作量的是(　　)。

A. 记账凭证账务处理程序　B. 科目汇总表账务处理程序　C. 汇总记账凭证账务处理程序　D. 以上三种都不能

7）科目汇总表账务处理程序适用于(　　)。

A. 规模较小，业务较小的单位　B. 规模较小，业务较多的单位　C. 规模较大，业务较多的单位　D. 规模较大，业务较少的单位

8）根据记账凭证逐笔登记总分类账，这种账务处理程序是(　　)。

A. 记账凭证账务处理程序　B. 科目汇总表账务处理程序　C. 汇总记账凭证账务处理程序　D. 多栏式日记账账务处理程序

9）记账凭证汇总表核算程序适用于(　　)的企业采用。

A. 规模小、业务少　B. 规模大、业务多　C. 规模较大、业务较少　D. 收付款业务多、会计科目使用少

10）汇总记账凭证账务处理程序的优点：一是可以减少登记总账的工作量，二是(　　)。

A. 简单明了、易于理解　B. 便于了解账户间的对应关系　C. 简明易懂　D. 可以做到试算平衡

2. 多项选择题

1）科目汇总表账务处理程序的优点是(　　)。

A. 减少登记总账的工作量　B. 能够反映科目的对应关系　C. 可以根据科目汇总表进行试算平衡　D. 简明易懂　E. 定期编制科目汇总表

2）我国企业所采用的账务处理程序主要有(　　)。

A. 记账凭证账务处理程序　B. 科目汇总表账务处理程序　C. 汇总记账凭证账务处理程序　D. 财务软件账务处理程序　E. 日记总账账务处理程序

3）账务处理程序是对(　　)按照一定的形式和方法相结合的方式。

A. 会计科目　B. 会计凭证　C. 会计账簿　D. 会计报表　E. 原始凭证

4）关于科目汇总表核算程序说法不正确的是(　　)。

A. 登记总账的直接依据是记账凭证　B. 登记总账的直接依据是科目汇总表　C. 编制会计报表的直接依据是科目汇总表　D. 与记账凭证会计核算账务处理程序相比增加了一道编制汇总记账凭证的程序　E. 登记明细分类账的依据是科目汇总表

5）账务处理程序的意义在于(　　)。

A. 有利于会计工作程序规范化，提高会计信息质量　B. 有利于保证会计记录的完整性、正确性、增强会计信息的可靠性　C. 有利于减少不必要的会计核算环节，保证会计信息的及时性　D. 强化会计监督，有利于财务会计报告使用者科学地作出经济决策　E. 有利于提高会计信息的质量

6）汇总记账凭证账务处理程序与科目汇总表账务处理程序的共同点有(　　)。

A. 减少登记总账的工作量　B. 总账可以比较详细地反映经济业务的发生情况

C. 有利于查账　D. 均适用于经济业务较多的单位　E. 编制会计报表的依据是相同的

7）科目汇总表账务处理程序的缺点是(　　)。

A. 不能反映各科目的对应关系　B. 不便于分析和检查经济业务的来龙去脉　C. 不便于查对账目　D. 减少登记总账的工作量　E. 不能进行试算平衡

8）在各种账务处理程序下，记账凭证可以根据(　　)填制。

A. 每一张原始凭证　B. 若干张同类原始凭证汇总　C. 不同内容和类别的原始凭证汇总　D. 原始凭证汇总表　E. 只能根据一张原始凭证

9）科目汇总表是根据(　　)编制的。

A. 收款凭证　B. 付款凭证　C. 原始凭证　D. 转账凭证　E. 记账凭证

10）下列会计凭证中，属于汇总原始凭证的是(　　)。

A. 差旅费报销单　B. 限额领料单　C. 增值税专用发票　D. 工资结算汇总表　E. 折旧计算表

6.3　主观题

6.3.1　理论题

1. 简答题

1）什么是账务处理程序？账务处理程序有哪些类型？

2）账务处理程序的意义是什么？

3）记账凭证账务处理程序的特点、优缺点和适用范围是什么？

4）科目汇总表账务处理程序的特点、优缺点和适用范围是什么？

5）汇总记账凭证账务处理程序的特点、优缺点和适用范围是什么？

2. 理解题

1）在各种账务处理程序中哪一种是最基本的账务处理程序？为什么？

2）各种账务处理程序的不同点有哪些？相同点是什么？

3）科目汇总表的理论依据和作用是什么？

6.3.2　实务题

1. 规则复习

1）记账凭证账务处理程序的一般程序是什么？

2）科目汇总表账务处理程序的一般程序是什么？

3）汇总记账凭证账务处理程序的一般程序是什么？

4）汇总记账凭证包括哪些类型？

5）记账凭证账务处理程序下要设置哪些账簿？

2. 业务解析

1）为什么汇总记账凭证账务处理程序能反映账户对应关系？

2）科目汇总表与汇总记账凭证有何相同与不同？

3）汇总记账凭证账务处理程序下要注意的问题有哪些？

6.3.3 案例题

正常使用的设备提前报废——虚减利润

背景与情境：审计人员在对某企业进行审计时发现，该企业1998年12月份以更新机器设备为名报废了8台正常运转的机器设备。8台设备原值共计1 600 000元，已提折旧700 000元，会计人员按照厂长的指示对8台设备进行了固定资产清理的账务处理。

借：固定资产清理	900 000	
累计折旧	700 000	
贷：固定资产		1 600 000
借：营业外支出	900 000	
贷：固定资产清理		900 000

问题：

1）该企业为什么这样？

2）该企业如何进行怎样的账务调整？

分析要求：

1）课业的结构、格式与体例要求：参照《训练手册》“6.5.1 ‘案例题’课业范例”。

2）其他要求同“1.3.3 案例题”的“分析要求”。

6.3.4 实训题

“账务处理程序运用”业务胜任能力训练

【实训目标】

见本章“学习目标”中的“实训目标”。

【能力与道德领域】

专业能力——账务处理程序运用

技能Ⅰ名称：运用会计凭证账务处理程序的能力

规范与标准：

(1) 能掌握会计凭证账务处理程序的特点、会计凭证与会计账簿种类及格式。

(2) 能确定在该账务处理程序下登记明细账、日记账的依据，并进行登记。

(3) 能确定在该账务处理程序下登记总分类账的依据，并进行登记。

技能Ⅱ

名称：运用科目汇总表账务处理程序的能力

规范与标准：

(1) 能掌握科目汇总表账务处理程序的特点、会计凭证与会计账簿种类及格式。

(2) 能确定在该账务处理程序下登记明细账、日记账的依据，并进行登记。

(3) 能确定在该账务处理程序下登记总分类账的依据，并进行登记。

技能Ⅲ

名称：运用汇总记账凭证账务处理程序的能力

规范与标准：

（1）能掌握汇总记账凭证账务处理程序的特点、会计凭证与会计账簿种类及格式。

（2）能确定在该账务处理程序下登记明细账、日记账的依据，并进行登记。

（3）能确定在该账务处理程序下登记总分类账的依据，并进行登记。

技能Ⅳ

名称：撰写企业《账务处理程序运用实训报告》的能力

规范与标准：

（1）企业总分类账和明细分类账制作规范。

（2）账务处理程序适用类型确定准确。

（3）日常经济业务分析和会计凭证填制正确。

（4）明细分类账和日记账登记正确。

（5）登记总分类账登记正确。

（6）《账务处理程序运用实训报告》结构合理、层次分明、写作规范。

（7）本教材网络教学资源包中《学生考核手册》考核表6—2中所列各项“考核指标”与“考核标准”。

职业核心能力——数字应用、解决问题、革新创新（初级）

各专业能力领域的“基本要求”、“技能点”和“规范与标准”见本教材“附录二”中的附表2—2。

职业道德——职业观念、职业理想、职业态度、职业守则（顺从级）

各道德领域的“规范与标准”见本教材“附录二”中的附表2—3。

【实训任务】

（1）对“账务处理程序运用”专业能力领域各技能点实施阶段性基本训练。

（2）对“数字应用”、“解决问题”、“革新创新”等职业核心能力领域各技能点实施“初级”强化训练。

（3）对“职业态度”和“职业守则”等职业道德领域实施“顺从级”相关训练。

【实训要求】

（1）实训前学生要了解并熟记本实训的“目标”、“能力与道德领域”、“任务”与“要求”，了解并熟记本教材网络教学资源包中《学生考核手册》考核表6—1、考核表6—2的“考核指标”与“考核标准”内涵，将其作为本实训的操练点和考核点来准备。

（2）通过“实训步骤”，将“实训任务”所列三种训练整合并落实到本实训的“活动过程”和“成果形式”中。

（3）实训后学生要对本次“账务处理程序运用”实训活动进行总结，在此基础上撰写实训报告。

【情境设计】

将学生分成若干实训组，结合本实训“成果形式”的“实训课业”题目，在“6.4　实训资料”的三组资料中任选一组（每组资料包括针对“技能Ⅰ”至“技能Ⅲ”的“实务操作题”各一套，题量以必需、够用为限），进行针对“账务处理程序运用”的实训。各实训组通过对所选企业账务处理程序的种类选择，对经济业务的分析和处理、明细分类账、日记账及总分类账登记等实践活动的参与和体验，完成本实训题的各项实训任务，在此基础上撰写《账务处理程序运用实训报告》。

【指导准备】

知识准备：

（1）“账务处理程序”的理论与实务知识。

（2）本教材“附录一”的附表1—1中，涉及与本章“职业核心能力‘强化训练项’”各技能点相关的“‘知识准备’参照范围”。

（3）见本教材“附录二”的附表2—2、附表2—3中，涉及本章“职业核心能力领域‘强化训练项’”各技能点和“职业道德领域‘相关训练项’”的“规范与标准”知识。

操作指导：

（1）教师向学生阐明“实训目的”、“能力与道德领域”和“知识准备”。

（2）教师就“知识准备”中的第（2）、（3）项，对学生进行培训。

（3）教师指导学生就实训资料进行了解、分析和判断，并根据分析和判断的结果准确进行账务处理程序的选择。

（4）教师指导学生就实训资料对资产、权益的影响情况及其结果进行正确地分析。

（5）教师指导学生正确编制企业总分类账、明细分类账和日记账。

（6）教师指导学生撰写《账务处理程序运用实训报告》。

【实训时间】

本章课堂教学内容结束后的双休日和课余时间，为期两天。

【实训步骤】

（1）将学生组成若干个实训组，每8位同学分成一组，每组确定1~2人负责。

（2）对学生进行账务处理程序的应用培训，熟悉实训目的、步骤。

（3）指导各实训组熟悉所选按要求进行关于技能I至技能III的全面操练，制作关于企业账务处理程序的各种会计凭证与会计账簿，并与“6.6　参考答案与提示”中本组资料的参考答案相对比。

（4）各实训组成员在实施上述训练的过程中，融入对“数字应用”、“解决问题”和“革新创新”等职业核心能力的各“技能点”的“初级”强化训练和对“职业态度”、“职业守则”等职业道德各“素质点”的“顺从级”相关训练，并对训练过程作简要记录与说明。

（5）各实训组成员整合上述操练的过程与结果，分别撰写作为最终成果形式的关于“账务处理程序运用”的相应《实训报告》。

（6）各实训组成员的《实训报告》提交小组讨论并修订后，评出小组优秀《实训报告》。

（7）班级交流并修订各组优秀《实训报告》，评出班级优秀《实训报告》。

（8）教师对班级优秀《实训报告》进行点评。

（9）将附有“教师点评”的班级优秀《实训报告》纳入该课程教学资源库，通过校园网课程平台展示，并允许学生拷贝借鉴。

【成果形式】

实训课业：《账务处理程序运用实训报告》

课业要求：

（1）《实训报告》的内容、结构与体例参照《训练手册》"6.5.2 '实训题'课业范例"。

（2）各组成员完成的《实训报告》须由指导教师、实训组长和本人三方签字负责。

6.4 实训资料

6.4.1

【资料】

企业2012年4月1日有关账户期初余额见表6—1。

表6—1 **期初余额表** 单位：元

账户名称	借方余额	账户名称	贷方余额
库存现金	2 200	累计折旧	100 000
银行存款	74 296	短期借款	80 000
原材料	91 200	其他应付款	30 800
库存商品	65 000	应付职工薪酬	200 000
预付账款	100	应付利息	300
固定资产	800 000	长期借款	200 000
应交税费	15 504	实收资本	400 000
生产成本	62 800	盈余公积	100 000
合计	1 111 100	合计	1 111 100

2012年4月份发生下列经济业务

（1）收到投资者投入企业的股款150 000元，存入银行。

（2）某单位投入企业全新运输汽车一辆，经投资各方确认价值为260 000元。

（3）企业向银行借入临时借款50 000元，期限为2个月。

（4）因购置生产设备需要向银行借入35 100元，借款期为2年。该项生产设备价款30 000元，增值税率17%，计5 100元。设备已投入使用。

（5）因进行基建工程需要，购置建筑材料120 000元（含增值税），向银行借入长期借款支付价款。

（6）向外地某单位购入甲材料4 000千克，每千克8元，乙材料2 000千克，每千克4元；共计40 000元，进项增值税率17%，计6 800元。材料已验收入库，货款以商业汇票一张付讫。

（7）向本地某单位购入丙材料5 000千克，每千克10元，计50 000元，进项增值税率17%，计8 500元。材料已验收入库，货款以银行存款支付。

（8）以银行存款支付甲、乙、丙三种材料的装卸费1 800元，以现金支付装卸费400元，装卸费按材料重量比例分配。

（9）商业汇票到期，以银行存款归还外地某工厂材料款46 800元。

（10）从仓库领用甲、乙、丙材料各一批价值55 000元，用以生产A、B两种产品和其他一般耗用（见表6—2）。

（11）结算本月份应付职工工资24 000元。其中：制造A产品工人工资15 000元，制造B产品工人工资5 000元，车间管理人员1 800元，厂部管理人员工资2 200元。

（12）从银行存款中提取现金24 000元，准备用以发放职工工资。

（13）以现金24 000元发放职工工资。

表6—2 **材料耗用表**

项目	甲材料		乙材料		丙材料		合计	
	数量（千克）	金额（元）	数量（千克）	金额（元）	数量（千克）	金额（元）	数量（千克）	金额（元）
制造A产品耗用	1 000	8 000	600	2 400	2 000	20 000	3 600	30 400
制造B产品耗用	1 000	8 000	300	1 200	1 000	10 000	2 300	19 200
小计	2 000	16 000	900	3 600	30 000	30 000	5 900	49 600
车间一般耗用	500	4 000			100	1 000	600	5 000
管理部门领用			100	400			100	400
合计	2 500	20 000	1 000	4 000	300	31 000	6 600	55 000

（14）以银行存款支付行政管理部门办公费、水电费1 600元。

（15）以银行存款1 200元预付6个月书报杂志订阅费。

（16）摊销应由本月行政管理费负担的书报杂志订阅费200元。

（17）预提应由本月负担的短期借款利息600元。

（18）按照规定的固定资产折旧率，计提本月固定资产折旧12 000元，其中车间固定资产折旧8 000元，行政管理部门固定资产折旧4 000元。

（19）车间办公费3 600元，行政管理部门设备的修理费2 000元，计5 600元款项未付。

（20）将本月发生的制造费用18 400元转入生产成本。（按生产工人工资分配）

（21）本月A产品100台全部制造完工，并已验收入库，按其实际生产成本59 200元转账。

（22）向本市某工厂出售A产品100台，每台售价920元，计92 000元，产品已发出，货款尚未收到，增值税率17%。

（23）上述A产品应交纳的消费税为9 200元。

（24）以银行存款支付A产品包装费用148元。

（25）结转本月已销A产品100台的实际成本59 200元。

（26）以现金支付销售部门业务费300元。

（27）出售一批材料，价值3 500元，应交销项增值税率为17%，计595元。款已收到，存入银行。

（28）结转出售材料的实际成本3 000元。

（29）以现金支付自办职工子弟学校经费450元。

（30）没收逾期未退的包装物的押金150元。

（31）计算并结转本期利润总额。

（32）按利润总额计算所得税费用并进行结转，所得税税率为25%。

（33）用银行存款归还临时借款50 000元。

（34）经上级批准，出售一台机器，计价30 000元，原值40 000元，已提折旧10 000元，价款已收到。

（35）以固定资产向其他单位换入长期股权投资，原值60 000元，已提折旧

20 000元。

（36）企业购入面值1 000元的一年期债券10张，年利率为5%，以银行存款支付10 000元。

（37）以现金购入医药用品400元，支付职工困难补助费500元。

（38）以银行存款交纳消费税9 200元。

【要求】

（1）根据上述资料运用会计凭证账务处理程序登记库存现金、银行存款、原材料、短期借款、长期借款总账（技能Ⅰ训练）。

（2）根据上述资料运用科目汇总表账务处理程序登记库存现金、银行存款、原材料、短期借款、长期借款总账（技能Ⅱ训练）。

（3）根据上述资料运用汇总记账凭证账务处理程序登记库存现金、银行存款、长期借款总账（技能Ⅲ训练）。

（4）通过实训过程的全程参与和体验，在基本完成实训操练各项技能任务的基础上，独立形成账务处理程序实训报告（技能Ⅳ训练）。

6.4.2

【资料】

（1）某企业2012年12月1日有关总分类账户期初余额见表6—3。

表6—3 **总分类账户期初余额表**

账户名称	借方余额	账户名称	贷方余额
库存现金	2 000	应交税费	1 000
银行存款	200 000	短期借款	80 000
库存商品	100 000	长期借款	200 000
固定资产	100 000	实收资本	101 000
		利润分配	20 000
本月合计	402 000	本月合计	402 000

（2）该企业2012年12月发生如下业务：

1）12月2日，提现1 000元备用。

2）12月10日提现15 000元备发工资。

3）12月10日以现金发放工资。

4）12月30日销售商品价款40 000元，增值税税率为17%，价税款均已收到。

5）12月30日银行代交水电费1 000元。

6）12月31日结转商品销售成本10 000元。

7）12月31日计提所得税费用10 000元。

8）12月31日结转收入40 000元。

9）结转费用类账户。

10）结转本年利润账户。

【要求】

（1）根据上述资料运用会计凭证账务处理程序登记库存现金、银行存款、库存商品、本年利润、利润分配总账（技能Ⅰ训练）。

（2）根据上述资料运用科目汇总表账务处理程序登记库存现金、银行存款、库存商品、本年利润、利润分配总账（技能Ⅱ训练）。

（3）根据上述资料运用汇总记账凭证账务处理程序登记库存现金、银行存款总账（技能Ⅲ训练）。

（4）通过实训过程的全程参与和体验，在基本完成实训操练各项技能任务的基础上，独立形成账务处理程序实训报告（技能Ⅳ训练）。

6.4.3

【资料】某企业于2012年12月发生如下业务，如下图收款凭证1号—3号、付款凭证1号—4号和转账凭证1号至7号所示。

收款凭证

银收 字第 1 号

借方科目：银行存款　　2012年12月01日

摘要	对方科目：总账科目	对方科目：明细科目	借或贷	金额（千百十万千百十元角分）	√
收到大明公司欠的货款	应收账款	大明公司	贷	5000000	□
					□
					□
					□
					□
					□
合计				¥5000000	□

会计主管：　记账：　出纳：　复核：　制单：陈光　收款人：

收款凭证

银收 字第 2 号

借方科目：银行存款　　2012年12月08日

摘要	对方科目：总账科目	对方科目：明细科目	借或贷	金额（千百十万千百十元角分）	√
收到货款	应收账款	北京职业中专学校	贷	4680000	□
					□
					□
					□
					□
					□
合计				¥4680000	□

会计主管：　记账：　出纳：　复核：　制单：陈光　收款人：

收款凭证

现收 字第 1 号

借方科目：库存现金　　2012年12月20日

摘要	对方科目：总账科目	对方科目：明细科目	借或贷	金额（千百十万千百十元角分）	√
收到职工还款	其他应收款	张刚	贷	8000	☐
					☐
					☐
					☐
					☐
					☐
合计				¥8000	☐

会计主管：　记账：　出纳：　复核：　制单：陈光　收款人：

图6—2 收款凭证1号至3号

付款凭证

银付 字第 1 号

贷方科目：银行存款　　2012年12月02日

摘要	对方科目：总账科目	对方科目：明细科目	借或贷	金额（千百十万千百十元角分）	√
支付欠北京百货的货款	应付账款	北京百货有限公司	借	3000000	☐
					☐
					☐
					☐
					☐
					☐
合计				¥3000000	☐

会计主管：　记账：　出纳：　复核：　制单：　收款人：陈光

付款凭证

现付 字第 1 号

贷方科目：库存现金　　2009年12月03日

摘要	对方科目：总账科目	对方科目：明细科目	借或贷	金额（千百十万千百十元角分）	√
购买办公用品	管理费用	办公费	借	45000	☐
					☐
					☐
					☐
					☐
					☐
合计				¥45000	☐

会计主管：　记账：　出纳：　复核：　制单：陈光　收款人：

付款凭证

银付 字第 2 号

贷方科目：银行存款　　　　2012年12月30日

摘要	对方科目：总账科目	对方科目：明细科目	借或贷	金额（千百十万千百十元角分）	√
提取现金备发工资	库存现金		借	1000000	
合计				¥1000000	

会计主管：　记账：　出纳：　复核：　制单：陈光　收款人：

付款凭证

现付 字第 2 号

贷方科目：库存现金　　　　2012年12月30日

摘要	对方科目：总账科目	对方科目：明细科目	借或贷	金额（千百十万千百十元角分）	√
支付工资	应付职工薪酬	工资	借	1000000	
合计				¥1000000	

会计主管：　记账：　出纳：　复核：　制单：陈光　收款人：

图6—3　付款凭证1号至4号

转账凭证

转字第 1 号

2012年12月06日

摘要	总账科目	明细科目	借方金额（亿千百十万千百十元角分）	贷方金额（亿千百十万千百十元角分）	√
销售商品款未收	应收账款	北京职业中专学校	4680000		
	主营业务收入			4000000	
	应交税费	应交增值税（销项税）		680000	
合计			¥4680000	¥4680000	

附单据1张

会计主管：　记账：　出纳：　复核：　制单：陈光

转账凭证

转字第 2 号

2012年12月30日

摘要	总账科目	明细科目	借方金额（亿千百十万千百十元角分）	贷方金额（亿千百十万千百十元角分）	√
计提本月职工工薪	生产成本	计数器	570000		
	销售费用	工资及福利费	342000		
	管理费用	工资及福利费	228000		
	应付职工薪酬	工资		1000000	
	应付职工薪酬	福利费		140000	
合		计	¥1140000	¥1140000	

附单据 1 张

会计主管：　记账：　出纳：　复核：　制单：陈光

转账凭证

转字第 3 号

2012年12月31日

摘要	总账科目	明细科目	借方金额（亿千百十万千百十元角分）	贷方金额（亿千百十万千百十元角分）	√
结转销售产品成本	主营业务成本		1000000		
	库存商品	计数器		1000000	
合		计	¥1000000	¥1000000	

附单据 1 张

会计主管：　记账：　出纳：　复核：　制单：陈光

转账凭证

转字第 4 号

2012年12月31日

摘要	总账科目	明细科目	借方金额（亿千百十万千百十元角分）	贷方金额（亿千百十万千百十元角分）	√
计提营业税	营业税金及附加		360000		
	应交税费	应缴营业税		360000	
合		计	¥360000	¥360000	

附单据 1 张

会计主管：　记账：　出纳：　复核：　制单：陈光

转 账 凭 证

转字第 5 号

2012年12月31日

摘 要	总账科目	明细科目	借方金额（亿千百十万千百十元角分）	贷方金额（亿千百十万千百十元角分）	√
结转主营业务收入	主营业务收入		4000000		
	本年利润			4000000	
合		计	¥4000000	¥4000000	

附单据 张

会计主管： 记账： 出纳： 复核： 制单：陈光

转 账 凭 证

转字第 6 号

2012年12月31日

摘 要	总账科目	明细科目	借方金额（亿千百十万千百十元角分）	贷方金额（亿千百十万千百十元角分）	√
结转营业成本及税金	本年利润		1360000		
	主营业务成本			1000000	
	营业税金及附加			360000	
合		计	¥1360000	¥1360000	

附单据 张

会计主管： 记账： 出纳： 复核： 制单：陈光

转 账 凭 证

转字第 7 号

2012年12月31日

摘 要	总账科目	明细科目	借方金额（亿千百十万千百十元角分）	贷方金额（亿千百十万千百十元角分）	√
结转费用账户	本年利润		615000		
	管理费用			273000	
	销售费用			342000	
合		计	¥615000	¥615000	

附单据 张

会计主管： 记账： 出纳： 复核： 制单：陈光

图6—4 转账凭证1号至7号

【要求】

(1) 根据上述资料运用科目汇总表账务处理程序分别登记本企业1—31日科目汇总表（技能Ⅱ训练）。

(2) 根据上述资料运用汇总记账凭证账务处理程序登记汇总银行存款付款记账凭证、汇总现金付款凭证、汇总本年利润转账凭证、汇总应交税费转账凭证、汇总银行收款凭证和汇总现金收款凭证（技能Ⅲ训练）。

(3) 通过实训过程的全程参与和体验，在基本完成实训操练各项技能任务的基础上，独立形成账务处理程序实训报告（技能Ⅳ训练）。

6.5 课业范例

6.5.1 "案例题"课业范例

账务处理程序的评价案例分析报告

(组长:　　　　　　组员:　　　　　　　　　　　　)

背景与情境：

某公司关于账务处理程序的描述如下：

(1) 会计人员根据审核后的原始单据填制记账凭证。

(2) 根据财务经理审核后的记账凭证登记明细账。

(3) 月末会计人员根据各记账凭证汇总编制汇总记账凭证。

(4) 会计人员根据汇总记账凭证与出纳员核对现金账发生额和银行存款发生额。

(5) 会计人员根据汇总记账凭证登记总账。

(6) 会计人员进行总账与明细账、现金账、银行存款日记账的核对，库存现金日记账的余额与库存现金数的核对。

(7) 会计人员根据总分类账编制各种会计报表。

(8) 出纳员根据银行日记账与银行对账单相核对，并登记未达账项。

备注：(1) 原始单据一定要按照公司财务制度规定的程序审核签字。

(2) 记账凭证要由财务经理审核。

(3) 月末会计要监督出纳进行账库核对。

(4) 会计要检查支票备查簿并核实、签字。

(5) 出纳员要认真登记未达账单，会计人员要审核签字。

问题：

根据上述描述，对该公司的账务处理程序作出评价，说明其优缺点及改进措施。

资料来源　佚名：《第九章　单元教学做之教学案例》，江苏财经职业技术学院网站，http://kjx.jscjxy.cn/kjjc/wlkc01-9.asp? ID=233，2012-01-23。

分析：

该企业采用的是汇总记账凭证账务处理程序，说明该公司的业务较多、规划较大，因此账务处理程序（2）中指出记账凭证由财务经理审核不正确，应设立稽核岗位，由稽核进行审理，在稽核不能确定时，才需向财务经理提出商讨要求，共同决定。(3) 项中指出各记账凭证在月末汇总编制不正确，应在平时进行登记，便于经常分析检查经济活动的发生情况。(7) 项中编制会计报表的依据除了总分类账以外，还应有明细账、日记账。

备注中 (1) 是规范的；(2) 与“分析提示”中所讲的 (2) 相同，不再重复；(3) 中指出会计月末监督出纳进行账库核对不正确，应为每日、平时或定期；(4) 中应指出由稽核保管并检查支票备查簿，空白支票由出纳保管；(5) 的问题是：应由出纳员以外的人到银行取回对账单，登记银行存款余额调节表而不是未达账单，由于未达账项无须作会计处理，因此一般附在银行存款日记账后面，不需要会计签字。

6.5.2 “实训题”课业范例

账务处理程序运用实训报告

（组长：　　　　　组员：　　　　　　　　　　　　）

【资料】

某企业采用汇总记账凭证账务处理程序，有关资料与教材【同步案例 6—1】相同。

【要求】

1）按汇总记账凭证账务处理程序登记总账。

(1) 根据以上经济业务编制通用记账凭证（不考虑增值税）。

(2) 根据收、付款凭证逐日逐笔登记现金、银行存款日记账。

(3) 根据原始凭证、记账凭证登记原材料、生产成本明细账。

(4) 根据记账凭证编制汇总转账凭证。

(5) 根据汇总转账凭证登记银行存款总分类账和原材料总分类账。

2）通过本实训工作的全程参与和体验，能基本完成实训操练任务，并能独立形成会计凭证编制实训报告。

【实训课业】

一、关于“本组资料”的专业训练

技能 I 训练：记账凭证账务处理程序的正确选择。(参考教材【同步案例 6—1】)。

技能 II 训练：科目汇总表账务处理程序的正确运用。(参考教材【同步案例 6—2】)。

技能 III 训练：汇总记账凭证处理程序的正确运用。

企业可根据记账凭证定期（如 5 天或 10 天，视业务量大小而定）汇总编制汇总记账凭证，本题采用全月汇总，主要内容有：

根据收款凭证、付款凭证和转账凭证编制汇总收款凭证、汇总付款凭证和汇总转账凭证，见表 6—4 至表 6—22。

表 6—4　**汇总收款凭证**

借方科目：银行存款　　　　汇收字第 1 号

贷方科目	金　额	总账页数	
		借方	贷方
主营业务收入	240 000		
合计	240 000		

表 6—5

汇总付款凭证

2012 年 1 月 1 日至 31 日

贷方科目：银行存款　　　　汇付字第 1 号

借方科目	金　额	总账页数	
		借方	贷方
原材料	40 000		
应付利息	12 000		
库存现金	60 000		
生产成本	6 500		
制造费用	1 500		
销售费用	3 000		
合计	123 000		

表 6—6

汇总付款凭证

贷方科目：库存现金　　　　汇付字第 2 号

借方科目	金　额	总账页数	
		借方	贷方
管理费用	2 000		
应付职工薪酬	60 000		
合计	62 000		

表 6—7

汇总转账凭证

贷方科目：应付账款　　　　汇转字第 1 号

借方科目	金　额	总账页数	
		借方	贷方
原材料	60 000		
合计	60 000		

表 6—8

汇总转账凭证

贷方科目：原材料　　　　汇转字第 2 号

借方科目	金　额	总账页数	
		借方	贷方
生产成本	115 500		
管理费用	4 000		
合计	119 500		

表 6—9

汇总转账凭证

贷方科目：主营业务收入

汇转字第 3 号

借方科目	金　额	总账页数	
		借方	贷方
应收账款	40 000		
合计	40 000		

表 6—10

汇总转账凭证

贷方科目：应付职工薪酬

汇转字第 4 号

借方科目	金　额	总账页数	
		借方	贷方
生产成本	35 000		
制造费用	10 000		
管理费用	15 000		
合计	60 000		

表 6—11

汇总转账凭证

贷方科目：累计折旧

汇转字第 5 号

借方科目	金　额	总账页数	
		借方	贷方
管理费用	1 000		
合计	1 000		

表 6—12

汇总转账凭证

贷方科目：制造费用

汇转字第 6 号

借方科目	金　额	总账页数	
		借方	贷方
生产成本	11 500		
合计	11 500		

表 6—13

汇总转账凭证

贷方科目：生产成本

汇转字第 7 号

借方科目	金　额	总账页数	
		借方	贷方
库存商品	336 000		
合计	336 000		

表 6—14　　汇总转账凭证

贷方科目：应交税费　　汇转字第 8 号

借方科目	金　额	总账页数	
		借方	贷方
营业税金及附加	28 000		
所得税费用	10 000		
合计	38 000		

表 6—15　　汇总转账凭证

贷方科目：库存商品　　汇转字第 9 号

借方科目	金　额	总账页数	
		借方	贷方
主营业务成本	200 000		
合计	200 000		

表 6—16　　汇总转账凭证

贷方科目：本年利润　　汇转字第 10 号

借方科目	金　额	总账页数	
		借方	贷方
主营业务收入	280 000		
合计	280 000		

表 6—17　　汇总转账凭证

贷方科目：主营业务成本　　汇转字第 11 号

借方科目	金　额	总账页数	
		借方	贷方
本年利润	200 000		
合计	200 000		

表 6—18　　汇总转账凭证

贷方科目：营业税金及附加　　汇转字第 12 号

借方科目	金　额	总账页数	
		借方	贷方
本年利润	53 000		
合计	53 000		

表 6—19

汇总转账凭证

贷方科目：管理费用

汇转字第 13 号

借方科目	金　额	总账页数	
		借方	贷方
本年利润	22 000		
合计	22 000		

表 6—20

汇总转账凭证

贷方科目：销售费用

汇转字第 14 号

借方科目	金　额	总账页数	
		借方	贷方
本年利润	3 000		
合计	3 000		

表 6—21

汇总转账凭证

贷方科目：盈余公积

汇转字第 15 号

借方科目	金　额	总账页数	
		借方	贷方
利润分配	10 000		
合计	10 000		

表 6—22

汇总转账凭证

贷方科目：应付股利

汇转字第 16 号

借方科目	金　额	总账页数	
		借方	贷方
利润分配	10 000		
合计	10 000		

登记银行存款总分类账和原材料总分类账，具体情况见表 6—23 和表 6—24。

表 6—23

总分类账

会计科目：银行存款

第 1 页

2012 年		凭证号	摘要	借方	贷方	借或贷	余额
月	日						
1	1		期初余额			借	400 000
	31		汇转字 1 号		123 000	借	277 000
	31		汇转字 5 号	240 000		借	517 000

表 6—24 **总分类账**

会计科目：原材料 第 2 页

2012 年		凭证号	摘要	借方	贷方	借或贷	余额
月	日						
1	1		期初余额			借	900 000
	31		汇转字 1 号	40 000		借	940 000
	31		汇转字 2 号	60 000		借	1 000 000
	31		汇转字 3 号		119 500	借	880 500

二、关于“职业核心能力”与“职业道德”选项的融入性操练

实训前，我们对列入本章“实训题”【指导准备】中“知识准备”的那些知识进行了必要预习，接受了指导老师的全部“操作指导”。通过参加“知识准备”第（2）、（3）项的培训，使我们了解了本章涉及的“专业能力”各项技能、“职业核心能力”和“职业道德”选项的“规范与标准”，克服了实训过程中对相关操作规范的盲目性。

在实训中，我们在实施本组“实训资料”的专业操练和《实训报告》的准备、撰写、讨论与交流的同时，有意识地融入了“数字应用”、“解决问题”和“革新创新”等“职业核心能力”强化训练和“职业态度”和“职业守则”等“职业道德”的相关训练。

三、关于《账务处理程序运用实训报告》的撰写训练

《账务处理程序运用实训报告》
项目实训班级：0904203 项目小组：01 项目组成员：喻乔
实训时间：2012 年 12 月 10 日 实训地点：多媒体教室
实训目的：熟悉账务处理程序的概念及与企业规模大小的关系，掌握汇总记账凭证账务处理程序的一般步骤
实训步骤：①由项目组根据企业相关资料确定账务处理程序的选择（这里由于篇幅限制，只进行了汇总记账凭证账务处理程序的练习）。②以小组为单位，以企业发生的日常经济业务为依据，填制会计凭证（由于篇幅限制，使用了与教材相同的例子，这里从略）。③以已经填制完成的记账凭证为载体，对记账凭证进行过账，登记明细分类账（本资料由于篇幅限制，使用了与教材相同的例子，这里从略）。④这一步是关键的一步，采用按月汇总的形式登记以贷方科目为主的汇总会计凭证，并以汇总会计凭证为依据登记总分类账（这里由于篇幅限制，只进行了两个总分类账的登记）。⑤由各成员自己根据所登记的总分类账和明细分类账撰写会计账务处理程序的应用实训报告
实训结果：编制企业 2012 年度总分类账及明细分类账（见附件）
实训感言：通过本实训，熟悉了账务处理程序的概念、种类、特点，掌握了汇总会计凭证的格式与编制方法，以及根据汇总会计凭证登记总分类账的方法；进一步理解了账务处理程序——汇总会计凭证账务处理程序的应用，以及与记账凭证账务处理程序、科目汇总表账务处理程序的区别与联系；感悟到了会计工作要仔细、严谨，要善于与人沟通、与人合作。本次实训有助于理解、掌握第 6 章的基本概念、理论，有助于动手能力的提高
不足与今后改进：
项目组长评定签字： 项目指导教师评定签字：

6.6 参考答案与提示

"6.2 客观题"参考答案

6.2.1 理论题

1. 单项选择题

1) B 2) C 3) A 4) C 5) D 6) A 7) C 8) B 9) D 10) C

2. 多项选择题

1) ABCDE 2) ABC 3) BCD 4) ABC 5) ACE 6) ACDE 7) ABCD 8) ABC 9) BC 10) ACE

3. 判断题

1) × 2) × 3) × 4) × 5) × 6) × 7) × 8) × 9) √ 10) √

6.2.2 实务题

1. 单项选择题

1) C 2) A 3) B 4) C 5) A 6) B 7) B 8) C 9) C 10) A

2. 多项选择题

1) ABCDE 2) ACD 3) ABCD 4) BC 5) ABD 6) BCD 7) ABCD 8) BCE 9) ABCE 10) CD

3. 混合选择题

1) A 2) C 3) D 4) ABCD 5) ABC 6) ABCD 7) ABCD 8) ABCD

4. 判断题

1) × 2) × 3) √ 4) × 5) √ 6) √ 7) × 8) √ 9) × 10) √

6.2.3 案例题

1) A 2) ABCD 3) ABCD 4) A 5) ABC

6.2.4 实训题

1. 单项选择题

1) B 2) B 3) B 4) C 5) C 6) A 7) C 8) A 9) A 10) B

2. 多项选择题

1) ACD 2) ABC 3) BCD 4) ACD 5) ABCE 6) ADE 7) ABC 8) ABD 9) ABDE 10) AD

"6.3 主观题"参考答案与提示

6.3.1 理论题

1. 简答题

参考答案：

1) 账务处理程序，又称会计核算组织程序或会计核算形式，是指在会计核算中，以账簿体系为核心，把会计凭证、会计账簿、记账程序和记账方法有机地结合起来的技术组织方式。由于各会计主体的业务性质、规模大小不同，其应当设置的账簿种类、格式和账簿的相互关系，以及与之相适应的记账程序和记账方法也就不完全相同。不同的账簿组织、记账程序和记账方法相互结合在一起，就形成了不同的账务处理程序。

目前，我国采用的账务处理程序主要有：记账凭证账务处理程序、科目汇总表账务处理程序和汇总记账凭证账务处理程序。

2）科学合理地选择适用于本单位的账务处理程序，对提高会计核算工作效率，保证会计核算工作质量，有效组织会计核算具有重要意义。一是有利于会计工作程序的规范化，确定合理的凭证、账簿与报表之间的联系方式，保证会计信息加工过程的严密性，提高会计信息的质量。二是有利于保证会计记录的完整性、准确性，通过凭证、账簿及报表之间的牵制作用，增强会计信息的可靠性。三是有利于减少不必要的会计核算环节，通过井然有序的账务处理程序，提高会计工作效率，保证会计信息的及时性。

3）记账凭证账务处理程序的特点是直接根据各种记账凭证逐笔登记总分类账。

记账凭证账务处理程序的优点是比较简单明了，易于理解，并且由于总分类账是根据记账凭证逐笔登记的，因而在总分类账中能够详细反映各项经济业务的内容，便于了解经济业务的动态变化。但是这种核算账务处理程序登记总分类账的工作量比较大，因此，记账凭证账务处理程序一般适用于规模小、经济业务少、凭证不多的会计主体。

4）科目汇总表账务处理程序又称记账凭证汇总表账务处理程序，其主要特点是：根据记账凭证定期编制科目汇总表，然后再根据科目汇总表登记总分类账。

优点：简化了总分类账的登记工作，并且科目汇总表的编制方法比较容易、简便。通过编制科目汇总表，可以进行总分类账户本期借、贷方发生额的试算平衡，保证记账工作的质量。缺点：在科目汇总表和总分类账中，不能明确反映有关账户之间的对应关系，所以不便于分析经济活动情况，不便于查对账目。适用范围：科目汇总表账务处理程序一般为经济业务量较大的会计主体所采用。

5）汇总记账凭证账务处理程序的主要特点是：根据记账凭证定期编制汇总记账凭证，然后根据汇总记账凭证登记总分类账。

汇总记账凭证是根据记账凭证，按照会计科目对应关系进行归类、汇总而编制的。所以，为了便于了解有关会计科目之间的对应关系，便于查对和分析账目，汇总记账凭证账务处理程序克服了科目汇总表账务处理程序的缺点，而且总分类账根据汇总记账凭证登记，简化了总分类账的登记工作。然而，由于汇总转账凭证是根据每一贷方会计科目归类、汇总的，所以它不便于日常核算工作的合理分工，并且编制汇总记账凭证的工作量也较大。一般适用于规模大、经济业务较多的会计主体。

2. 理解题

参考答案：

1）记账凭证账务处理程序是最基本的账务处理程序。其他各种账务处理程序都是以它为基础上发展演化而来的。

2）它们的不同点在于登记总分类账的依据和程序不同。记账凭证账务处理程序登记总账的依据是记账凭证；科目汇总表账务处理程序登记总账的依据是科目汇总表；汇总记账凭证账务处理程序登记总账的依据是汇总记账凭证。

它们的相同点是：都是根据原始或汇总原始凭证，编制记账凭证；根据收款凭证、付款凭证逐笔登记库存现金日记账和银行存款日记账；期末，根据总分类账和明细分类账的记录编制会计报表。

3）科目汇总表是对本期发生的经济业务的发生额进行汇总和试算平衡的一个汇总表。是在填制记账凭证之后登记会计账簿之前将所有账户的本期借方发生额和本期贷方发生额进行汇总，根据企业业务多少可以每10日、15日或30日汇总一次，依会计等式原理，所有账户的本期借方发生额与本期贷方发生额必然相等。因此，编制科目汇总表的理论依据是会计等式，可以起到试算平衡的作用。编制完科目汇总表后，再根据科目汇总表登记总账，可以大大减轻登记总分类账的工作量。

6.3.2 实务题

1. 规则复习

参考答案：

1）记账凭证账务处理程序的一般步骤是：①根据原始凭证或汇总原始凭证填制记账凭证。②根据收、付款凭证，每日逐笔登记库存现金和银行存款日记账。③根据原始凭证、汇总原始凭证或记账凭证，逐笔登记各种明细分类账。④根据记账凭证逐笔登记总分类账。⑤期末，将库存现金日记账、银行存款日记账和各明细分类账的余额与总分类账的有关账户的余额核对。⑥期末，根据总分类账和有关明细分类账的记录，编制会计报表。

2）科目汇总表账务处理的一般步骤是：①根据原始凭证或汇总原始凭证编制记账凭证。②根据收、付款凭证逐笔登记库存现金日记账和银行存款日记账。③根据原始凭证、汇总原始凭证和记账凭证逐笔登记各明细分类账。④根据记账凭证定期编制科目汇总表。⑤根据科目汇总表登记总分类账。⑥期末，将库存现金日记账和银行存款日记账余额与现金总账和银行存款总账余额进行核对，将各明细分类账余额与有关总分类账余额进行核对。⑦期末，根据总分类账和明细分类账记录，编制会计报表。

3）汇总记账凭证账务处理程序的一般步骤是：①根据原始凭证或汇总原始凭证编制记账凭证。②根据收、付款凭证，每日逐笔登记库存现金日记账和银行存款日记账。③根据原始凭证、汇总原始凭证或记账凭证，逐笔登记各明细分类账。④根据收、付款凭证和转账凭证，定期编制汇总收款凭证、汇总付款凭证和汇总转账凭证。⑤期末，根据汇总记账凭证登记总分类账。⑥期末，将库存现金、银行存款日记账的余额和各明细分类账的期末余额，分别与有关总分类账的余额进行核对。⑦期末，根据总分类账和明细分类账的记录，编制会计报表。

4）记账凭证按照经济业务内容的不同包括收款凭证、付款凭证和转账凭证三种，与此相对应，汇总记账凭证账务处理程序下，分别对它们进行汇总，有汇总收款凭证、汇总付款凭证和汇总转账凭证三种。其中，汇总收款凭证按借方科目不同，分为库存现金汇总收款凭证和银行存款汇总收款凭证；汇总付款凭证按贷方科目不同，分为库存现金汇总付款凭证和银行存款汇总付款凭证；汇总转账凭证按贷方科目归类汇总。

5）记账凭证账务处理程序下，记账凭证一般采用收款凭证、付款凭证和转账凭证三种格式，分别用以反映单位日常发生的各种收、付款和转账经济业务。账簿的设置一般包括日记账、总分类账和明细分类账。日记账包括库存现金日记账和银行存款日记账，分别序时记录现金、银行存款收付业务，其格式一般采用三栏式。总分类账应按总分类科目设置，格式可采用三栏式。明细分类账可根据经济管理的需要设置，采用三栏式、多栏式或数量金额式。

2. 业务解析

参考答案：

1）汇总记账凭证账务处理程序是根据记账凭证定期编制汇总记账凭证，然后根据汇总记账凭证登记总分类账的一种账务处理程序。汇总记账凭证包括汇总收款凭证、汇总付款凭证和汇总转账凭证。汇总收款凭证是按“库存现金”和“银行存款”科目的借方分别设置，按有关对应的贷方科目归类汇总编制。汇总付款凭证是按“库存现金”和“银行存款”科目的贷方分别设置，按有关对应的借方科目归类汇总编制。汇总转账凭证是按照除“库存现金”、“银行存款”以外的每一贷方科目分别设置，而按相应的借方科目进行归类汇总的一种汇总记账凭证。由于汇总记账凭证都是按照账户的对应关系汇总编制记账凭证，因此便于了解账户之间的对应关系。

2）科目汇总表与汇总记账凭证的相同点：均是对记账凭证的一种汇总方法；二者都是登记总分类账的依据；都适用于经济业务较多、规模较大的企业。

科目汇总表与汇总记账凭证的不同点：①汇总的方法不同，科目汇总表是对本期发生的经济业务的发生额进行汇总和试算平衡的一个汇总表。该表中所有账户的借方发生额等于贷方发生额；汇总记账凭证分为汇总收款凭证、汇总付款凭证和汇总转账凭证三种，汇总收款凭证是按借方科目归类汇总，汇总付款凭证和汇总转账凭证都是按每一贷方科目归类汇总。②账户间对应关系不同，科目汇总表不能清晰地反映账户间的对应关系，不便于查对账目；汇总记账凭证的编制没有破坏各账户间的对应关系，能够清晰地反映经济业务的来龙去脉。

3）汇总记账凭证分为汇总收款凭证、汇总付款凭证和汇总转账凭证三种，汇总收款凭证是按借方科目归类汇总，汇总付款凭证和汇总转账凭证都是按每一贷方科目归类汇总。因此在该种账务处理程序下，注意的问题是：记账凭证要使用收款凭证、付款凭证和转账凭证三种，不能使用通用记账凭证。转账凭证的填制应一借一贷或多借一贷，尽量不编制一借多贷的模式。特别对于涉及库存现金与银行存款间的业务应避免重复登记。

6.3.3　案例题

分析提示：

1）该企业提前报废正在使用的固定资产的目的是减少当年利润，达到少交所得税的目的，从而缓解企业资金不足的矛盾。

2）账务调整的会计分录为：

借：固定资产	1 600 000	
贷：累计折旧		700 000
利润分配——未分配利润		900 000

“6.4　实训资料”

参考答案：

6.4.1

账务处理程序运用实训报告

一、关于“本组资料”的专业训练

技能 I 训练：记账凭证账务处理程序

步骤一：分析业务，编制记账凭证（会计分录）如下：

(1) 借：银行存款	150 000	
贷：实收资本		150 000
(2) 借：固定资产	260 000	
贷：实收资本		260 000
(3) 借：银行存款	50 000	
贷：短期借款		50 000
(4) 借：银行存款	35 100	
贷：长期借款		35 100
借：固定资产	30 000	
应交税费——应交增值税（进项税额）	5 100	
贷：银行存款		35 100
(5) 借：工程物资	120 000	
贷：长期借款		120 000
(6) 借：原材料——甲材料	32 000	
——乙材料	8 000	
应交税费——应交增值税（进项税额）	6 800	
贷：应付票据		46 800
(7) 借：原材料——丙材料	50 000	
应交税费——应交增值税（进项税额）	8 500	
贷：银行存款		58 500
(8) 借：原材料——甲材料	800	
——乙材料	400	
——丙材料	1000	
贷：银行存款		1 800
库存现金		400
(9) 借：应付票据	46 800	
贷：银行存款		46 800
(10) 借：生产成本——A 产品	30 400	
——B 产品	19 200	
制造费用	5 000	
管理费用	400	
贷：原材料——甲材料		20 000
——乙材料		4 000
——丙材料		31 000
(11) 借：生产成本——A 产品	15 000	
——B 产品	5 000	
制造费用	1 800	
管理费用	2 200	
贷：应付职工薪酬		24 000

（12）借：库存现金　　24 000
　　贷：银行存款　　24 000
（13）借：应付职工薪酬　　24 000
　　贷：库存现金　　24 000
（14）借：管理费用　　1 600
　　贷：银行存款　　1 600
（15）借：预付账款　　1 200
　　贷：银行存款　　1 200
（16）借：管理费用　　200
　　贷：预付账款　　200
（17）借：财务费用　　600
　　贷：应付利息　　600
（18）借：制造费用——折旧费　　8 000
　　管理费用——折旧费　　4 000
　　贷：累计折旧　　12 000
（19）借：制造费用——办公费　　3 600
　　管理费用——办公费　　2 000
　　贷：应付账款　　5 600
（20）本月发生的制造费用＝5 000+1 800+8 000+3 600＝18 400（元）
A 产品应分配的制造费用＝18 400÷（15 000+5 000）×15 000＝13 800（元）
B 产品应分配的费用＝18 400－13 800＝4 600（元）
借：生产成本——A 产品　　13 800
　　——B 产品　　4 600
　　贷：制造费用　　18 400
（21）A 产品的实际生产成本＝30 400+15 000+13 800＝59 200（元）
借：库存商品——A 产品　　59 200
　　贷：生产成本——A 产品　　59 200
（22）借：应收账款　　107 640
　　贷：主营业务收入——A 产品　　92 000
　　应交税费——应交增值税（销项税额）　　15 640
（23）借：营业税金及附加　　9 200
　　贷：应交税费——应交消费税　　9 200
（24）借：销售费用——包装费　　148
　　贷：银行存款　　148
（25）借：主营业务成本——A 产品　　59 200
　　贷：库存商品——A 产品　　59 200
（26）借：销售费用　　300
　　贷：库存现金　　300
（27）借：银行存款　　4 095

贷：其他业务收入 3 500
应交税费——应交增值税（销项税额） 595

（28）借：其他业务成本 3 000
贷：原材料 3 000

（29）借：营业外支出 450
贷：库存现金 450

（30）借：其他应付款 150
贷：营业外收入 150

（31）借：本年利润 83 298
贷：主营业务成本 59 200
其他业务成本 3 000
管理费用 10 400
销售费用 448
财务费用 600
营业外支出 450
营业税金及附加 9 200

借：主营业务收入 92 000
其他业务收入 3 500
营业外收入 150
贷：本年利润 95 650

（32）利润总额＝95 650－83 298＝12 352（元）

所得税费用＝12 352×25%＝3 088（元）

借：所得税费用 3 088
贷：应交税费——应交所得税 3 088

借：本年利润 3 088
贷：所得税费用 3 088

（33）借：短期借款 50 000
贷：银行存款 50 000

（34）借：固定资产清理 30 000
累计折旧 10 000
贷：固定资产 40 000

借：银行存款 30 000
贷：固定资产清理 30 000

（35）借：固定资产清理 40 000
累计折旧 20 000
贷：固定资产 60 000

借：长期股权投资 40 000
贷：固定资产清理 40 000

（36）借：持有至到期投资 10 000

贷：银行存款　10 000

（37）借：应付职工薪酬　900

贷：库存现金　900

（38）借：应交税费——应交消费税　9 200

贷：银行存款　9 200

步骤二：开设有关总分类账，并运用会计凭证账务处理程序登记相关总账。

表 6—25　**总分类账**

会计科目：库存现金

2012 年		凭证号	摘要	借方	贷方	借或贷	余额
月	日						
4	1		期初余额			借	2 200
		8#	支付装卸费		400	借	1 800
		13#	提取现金	24 000		借	25 800
		14#	发放工资		24 000	借	1 800
		26#	支付业务费		300	借	1 500
		29#	职工子弟学校经费		450	借	1 050
		37#	购进药品等		900	借	150
	30		本月合计	24 000	26 050	借	150

表 6—26　**总分类账**

会计科目：银行存款

2012 年		凭证号	摘要	借方	贷方	借或贷	余额
月	日						
4	1		期初余额			借	74 296
		1#	收到投资款	150 000		借	224 296
		3#	向银行借款	50 000		借	274 296
		4#	向银行借款	35 100		借	309 396
		4#	购进固定资产		35 100	借	274 296
		7#	购入材料		58 500	借	215 796
		8#	支付装卸费		1 800	借	213 996
		9#	偿还材料款		46 800	借	167 196
		13#	提取现金		24 000	借	143 196
		15#	支付办公费		1 600	借	141 596
		16#	支付报刊费		1 200	借	140 396
		24#	支付包装费		148	借	140 248
		27#	材料销售款	4 095		借	144 343
		33#	归还借款		50 000	借	94 343
		34#	出售机器	30 000		借	124 343
		36#	购进债券		10 000	借	114 343
		38#	交纳税款		9 200	借	105 143
	30		本月合计	269 195	238 348	借	105 143

表 6—27

总分类账

会计科目：原材料

2012 年		凭证号	摘要	借方	贷方	借或贷	余额
月	日						
4	1		期初余额			借	91 200
		6#	购入材料	40 000		借	131 200
		7#	购入材料	50 000		借	181 200
		8#	支付装卸费	2 200		借	183 400
		10#	领用材料		55 000	借	128 400
		28#	销售材料		3 000	借	125 400
	30		本月合计	92 200	58 000	借	125 400

表 6—28

总分类账

会计科目：短期借款

2012 年		凭证号	摘要	借方	贷方	借或贷	余额
月	日						
4	1		期初余额			贷	80 000
		3#	向银行借款		50 000	贷	130 000
		33#	归还借款	50 000		贷	80 000
	30		本月合计	50 000	50 000	贷	80 000

表 6—29

总分类账

会计科目：长期借款

2012 年		凭证号	摘要	借方	贷方	借或贷	余额
月	日						
4	1		期初余额			贷	200 000
		4#	向银行借款		35 100	贷	235 100
		5#	向银行借款		120 000	贷	355 100
	30		本月合计		155 100	贷	355 100

技能 II 训练：科目汇总表账务处理程序

步骤一：分析业务，编制记账凭证（会计分录），与技能 I 训练相同，这里从略。

步骤二：根据以上业务编制科目汇总表如下（见表 6—30）。

表 6—30

科目汇总表

2012 年 4 月

单位：元

会计科目	借方发生额	贷方发生额
库存现金	24 000	26 050
银行存款	269 195	238 348
库存商品	59 200	59 200
应收账款	107 640	
应付账款		5 600
实收资本		410 000
短期借款	50 000	50 000
长期借款		155 100
固定资产	295 100	100 000
工程物资	120 000	
原材料	92 200	58 000
应交税费	24 500	28 523
应付票据	46 800	46 800
生产成本	88 000	59 200
制造费用	18 400	18 400
管理费用	10 400	10 400
应付职工薪酬	24 900	24 000
预付账款	1 200	200
财务费用	600	600
应付利息		600
累计折旧	30 000	12 000
主营业务收入	92 000	92 000
营业税金及附加	9 200	9 200
销售费用	448	448
主营业务成本	59 200	59 200
其他业务收入	3 500	3 500
其他业务成本	3 000	3 000
营业外支出	450	450
其他应付款	150	
营业外收入	150	150
本年利润	86 386	95 650
所得税费用	3 088	3 088
固定资产清理	70 000	30 000
长期股权投资	10 000	
合计	1 599 707	1 599 707

步骤三：根据科目汇总表登记相关总分类账。

表 6—31

总分类账

会计科目：库存现金

2012 年		凭证号	摘要	借方	贷方	借或贷	余额
月	日						
4	1		期初余额			借	2 200
	30		科汇 1 号	24 000	26 050	借	150
	30		本月合计	24 000	26 050	借	150

表 6—32

总分类账

会计科目：银行存款

2012 年		凭证号	摘要	借方	贷方	借或贷	余额
月	日						
4	1		期初余额			借	74 296
	30		科汇 1 号	269 195	238 348	借	105 143
	30		本月合计	269 185	238 348	借	105 143

表 6—33

总分类账

会计科目：原材料

2012 年		凭证号	摘要	借方	贷方	借或贷	余额
月	日						
4	1		期初余额			借	91 200
	30		科汇 1 号	92 200	58 000	借	125 400
	30		本月合计	92 200	58 000	借	125 400

表 6—34

总分类账

会计科目：短期借款

2012 年		凭证号	摘要	借方	贷方	借或贷	余额
月	日						
4	1		期初余额			贷	80 000
	30		科汇 1 号	50 000	50 000	贷	80 000
	30		本月合计	50 000	50 000	贷	80 000

表 6—35

总分类账

会计科目：长期借款

2012 年		凭证号	摘要	借方	贷方	借或贷	余额
月	日						
4	1		期初余额			贷	200 000
	30		科汇 1 号		155 100	贷	355 100
	30		本月合计		155 100	贷	355 100

技能III训练：汇总记账凭证账务处理程序

步骤一：分析业务，编制记账凭证（会计分录），与技能I训练相同，这里从略。

步骤二：根据以上业务采用按月编制汇总记账凭证如下（见表6—36）。

表6—36

汇总收款凭证

借方科目：库存现金　　2012年4月1日—4月30日　　第1号

贷方科目	金　额	总账页数	
		借方	贷方

附注：收款凭证自　　号至　　号　共　　张

会计主管：　　记账：　　复核：　　制单：

表6—37

汇总收款凭证

借方科目：银行存款　　2012年4月1日—4月30日　　第2号

贷方科目	金　额	总账页数	
		借方	贷方
实收资本	150 000		
短期借款	50 000		
长期借款	35 100		
其他业务收入	3 500		
应交税费	595		
固定资产清理	30 000		
合 计	269 195		

附注：收款凭证自　　号至　　号　共　　张

会计主管：　　记账：　　复核：　　制单：

表6—38

汇总付款凭证

贷方科目：库存现金　　2012年4月1日—4月30日　　第1号

借方科目	金　额	总账页数	
		借方	贷方
原材料	400		
银行存款	24 000		
销售费用	300		
营业外支出	450		
应付职工薪酬	900		
合计	26 050		

附注：付款凭证自　　号至　　号　共　　张

会计主管：　　记账：　　复核：　　制单：

表 6—39

汇总付款凭证

贷方科目：银行存款　　2012 年 4 月 1 日—4 月 30 日　　第 2 号

借方科目	金　额	总账页数	
		借方	贷方
固定资产	30 000		
应交税费	5 100+8 500+9 200＝22 800		
原材料	50 000+1 800＝51 800		
应付票据	46 800		
库存现金	24 000		
管理费用	1 600		
预付账款	1 200		
销售费用	148		
短期借款	50 000		
持有至到期投资	10 000		
合计	238 348		

附注：付款凭证自　　号至　　号　共　　张

会计主管：　　记账：　　复核：　　制单：

表 6—40

汇总转账凭证

贷方科目：长期借款　　2012 年 4 月 1 日—4 月 30 日　　第 1 号

借方科目	金　额	总账页数	
		借方	贷方
工程物资	120 000		
小 计	120 000		

附注：转账凭证自　　号至　　号　共　　张

会计主管：　　记账：　　复核：　　制单：

步骤三：根据汇总记账凭证登记相关总分类账。

表 6—41

总分类账

会计科目：库存现金

2012 年		凭证号	摘要	借方	贷方	借或贷	余额
月	日						
4	1		期初余额			借	2 200
	30		汇付 2 号	24 000		借	26 200
			汇付 1 号		26 050	借	150
	30		本月合计	24 000	26 050	借	150

表 6—42　　**总分类账**

会计科目：银行存款

2012 年		凭证号	摘要	借方	贷方	借或贷	余额
月	日						
4	1		期初余额			借	74 296
	30		汇收 2 号	269 195		借	343 491
			汇付 2 号		238 348	借	105 143
	30		本月合计	269 185	238 348	借	105 143

表 6—43　　**总分类账**

会计科目：长期借款

2012 年		凭证号	摘要	借方	贷方	借或贷	余额
月	日						
4	1		期初余额			贷	200 000
	30		汇转 1 号		120 000	贷	320 000
	30		汇收 2 号		35 100	贷	355 100
	30		本月合计		155 100	贷	355 100

二、关于“职业核心能力”与“职业道德”选项的融入性操练

（参照“6.5.2‘实训题’课业范例”的“二”）

三、关于《账务处理程序运用实训报告》的撰写训练

（参照“6.5.2‘实训题’课业范例”的“三”）

6.4.2

账务处理程序运用实训报告

一、关于“本组资料”的专业训练

技能 I 训练：记账凭证账务处理程序

步骤一：分析业务，编制记账凭证（会计分录）如下：

1）借：库存现金　　1 000

　　贷：银行存款　　1 000

2）借：库存现金　　15 000

　　贷：银行存款　　15 000

3）借：应付职工薪酬　　15 000

　　贷：库存现金　　15 000

4）借：银行存款　　46 800

　　贷：主营业务收入　　40 000

　　　　应交税费——应交增值税（销项税额）　　6 800

5）借：管理费用　　1 000

贷：银行存款 1 000

6）借：主营业务成本 10 000

贷：库存商品 10 000

7）借：所得税费用 10 000

贷：应交税费——应交所得税 10 000

8）借：主营业务收入 40 000

贷：本年利润 40 000

9）借：本年利润 21 000

贷：管理费用 1 000

主营业务成本 10 000

所得税费用 10 000

10）借：本年利润 19 000

贷：利润分配——未分配利润 19 000

步骤二：开设有关总分类账，并运用会计凭证账务处理程序登记相关总账。

表6—44 **总分类账**

会计科目：库存现金

2012年		凭证号	摘要	借方	贷方	借或贷	余额
月	日						
12	1		期初余额			借	2 000
	2	1#	提现备用	1 000		借	3 000
	10	2#	提现备发工资	15 000		借	18 000
	10	3#	发放工资		15 000	借	3 000
	31		本月合计	16 000	15 000	借	3 000

表6—45 **总分类账**

会计科目：银行存款

2012年		凭证号	摘要	借方	贷方	借或贷	余额
月	日						
12	1		期初余额			借	200 000
	2	1#	提现备用		1 000	借	199 000
	10	2#	提现备发工资		15 000	借	184 000
	30	4#	销售商品	46 800		借	230 800
	30	5#	支付水电费		1 000	借	229 800
	31		本月合计	46 800	17 000	借	229 800

表 6—46　　**总分类账**

会计科目：库存商品

2012 年		凭证号	摘要	借方	贷方	借或贷	余额
月	日						
12	1		期初余额			借	100 000
	31	6#	结转销售成本		10 000	借	90 000
	31		本月合计		10 000	借	90 000

表 6—47　　**总分类账**

会计科目：本年利润

2012 年		凭证号	摘要	借方	贷方	借或贷	余额
月	日						
12	31	8#	结转收入		40 000	贷	40 000
	31	9#	结转费用	21 000		贷	19 000
	31	10#	结转本年利润	19 000		平	0
	31		本月合计	40 000	40 000	平	0

表 6—48　　**总分类账**

会计科目：利润分配

2012 年		凭证号	摘要	借方	贷方	借或贷	余额
月	日						
12	1		期初余额			贷	20 000
	31	10#	结转本年利润		19 000	贷	39 000
	31		本月合计		19 000	贷	39 000

技能 II 训练：科目汇总表账务处理程序

步骤一：分析业务，编制记账凭证（会计分录），与技能 I 训练相同，这里从略。

步骤二：根据以上业务编制科目汇总表见表 6—49。

表 6—49　　**科目汇总表**

2012 年 12 月　　单位：元

会计科目	借方发生额	贷方发生额
库存现金	16 000	15 000
银行存款	46 800	17 000
库存商品		10 000
应付职工薪酬	15 000	
应交税费		16 800
主营业务收入	40 000	40 000
管理费用	1 000	1 000
主营业务成本	10 000	10 000
所得税费用	10 000	10 000
本年利润	40 000	40 000
利润分配		19 000
本月合计	178 800	178 800

步骤三：根据科目汇总表登记相关总分类账。

表 6—50　　**总分类账**　　单位：元

会计科目：库存现金

2012 年		凭证号	摘要	借方	贷方	借或贷	余额
月	日						
12	1		期初余额			借	2 000
	31		科汇 1 号	16 000	15 000	借	3 000
	31		本月合计	16 000	15 000	借	3 000

表 6—51　　**总分类账**　　单位：元

会计科目：银行存款

2012 年		凭证号	摘要	借方	贷方	借或贷	余额
月	日						
12	1		期初余额			借	200 000
	31		科汇 1 号	46 800	17 000	借	229 800
	31		本月合计	46 800	17 000	借	229 800

表 6—52　　**总分类账**　　单位：元

会计科目：库存商品

2012 年		凭证号	摘要	借方	贷方	借或贷	余额
月	日						
12	1		期初余额			借	100 000
	31		科汇 1 号		10 000	借	90 000
	31		本月合计		10 000	借	90 000

表 6—53　　**总分类账**　　单位：元

会计科目：本年利润

2012 年		凭证号	摘要	借方	贷方	借或贷	余额
月	日						
12	31		科汇 1 号	40 000	40 000	平	0
	31		本月合计	40 000	40 000	平	0

表 6—54　　**总分类账**　　单位：元

会计科目：利润分配

2012 年		凭证号	摘要	借方	贷方	借或贷	余额
月	日						
12	1		期初余额			贷	20 000
	31		科汇 1 号		19 000	贷	39 000
	31		本月合计		19 000	贷	39 000

技能 III 训练：汇总记账凭证账务处理程序

步骤一：分析业务，编制记账凭证（会计分录），与技能 I 训练相同，这里从略。

步骤二：根据以上业务编制汇总记账凭证如下。

表 6—55　　汇总收款凭证　　单位：元

借方科目：银行存款　　2012 年 12 月 1 日—12 月 31 日　　第 1 号

贷方科目	金　额	总账页数	
		借方	贷方
主营业务收入	40 000		
应交税费	6 800		
合计	46 800		

附注：收款凭证自　　号至　　号 共　　张

会计主管：　　记账：　　复核：　　制单：

表 6—56　　汇总收款凭证　　单位：元

借方科目：库存现金　　2012 年 12 月 1 日—12 月 31 日　　第 2 号

贷方科目	金　额	总账页数	
		借方	贷方
合计			

附注：收款凭证自　　号至　　号 共　　张

会计主管：　　记账：　　复核：　　制单：

表 6—57　　汇总付款凭证　　单位：元

贷方科目：库存现金　　2012 年 12 月 1 日—12 月 31 日　　第 1 号

借方科目	金　额	总账页数	
		借方	贷方
应付职工薪酬	15 000		
合计	15 000		

附注：收款凭证自　　号至　　号 共　　张

会计主管：　　记账：　　复核：　　制单：

表 6—58　　汇总付款凭证　　单位：元

贷方科目：银行存款　　2012 年 12 月 1 日—12 月 31 日　　第 2 号

借方科目	金　额	总账页数	
		借方	贷方
库存现金	1 000+15 000＝16 000		
管理费用	1 000		
合计	17 000		

附注：收款凭证自　　号至　　号 共　　张

会计主管：　　记账：　　复核：　　制单：

步骤三：根据汇总记账凭证登记相关总分类账。

表6—59 **总分类账** 单位：元

会计科目：库存现金

2012年		凭证号	摘要	借方	贷方	借或贷	余额
月	日						
12	1		期初余额			借	2 000
	31		汇付2号	16 000		借	18 000
	31		汇付1号		15 000	借	3 000
	31		本月合计	16 000	15 000	借	3 000

表6—60 **总分类账** 单位：元

会计科目：银行存款

2012年		凭证号	摘要	借方	贷方	借或贷	余额
月	日						
12	1		期初余额			借	200 000
	31		汇收1号	46 800		借	246 800
	31		汇付2号		17 000	借	229 800
	31		本月合计	46 800	17 000	借	229 800

二、关于“职业核心能力”与“职业道德”选项的融入性操练

（参照“6.5.2 ‘实训题’课业范例”的“二”）

三、关于《账务处理程序运用实训报告》的撰写训练

（参照“6.5.2 ‘实训题’课业范例”的“三”）

6.4.3

账务处理程序运用实训报告

一、关于“本组资料”的专业训练

技能Ⅱ训练：科目汇总表账务处理程序

根据相关资料编制本企业科目汇总表见表6—61。

表6—61 科目汇总表 单位：元

2012年12月1日至31日

会计科目	借方金额	贷方金额
库存现金	10 080	10 450
银行存款	96 800	40 000
应收账款	46 800	96 800
应付账款	30 000	
应交税费		10 400
主营业务收入	40 000	40 000

续表

会计科目	借方金额	贷方金额
管理费用	2 730	2 730
其他应收款		80
生产成本	5 700	
销售费用	3 420	3 420
应付职工薪酬	10 000	11 400
主营业务成本	10 000	10 000
库存商品		10 000
营业税金及附加	3 600	3 600
本年利润	19 750	40 000
合计	278 880	278 880

技能 III 训练：汇总记账凭证账务处理程序

内容一：根据相关资料编制汇总银行存款付款凭证如图 6—5 所示。

汇总付款凭证

贷方账户:银行存款　　2012年12月　　第 1 号

借方账户	金额				总账页数	
	1—10日	11—20日	21—31日	合计	借方	贷方
应付账款	30 000.00			30 000.00		
库存现金			10 000.00	10 000.00		

附件
(1)自 1日至 10日 银付凭证共 1张
(2)自 11日至 20日 银付凭证共 张
(3)自 21日至 31日 银付凭证共 1张

图 6—5　银行存款付款凭证

内容二：根据相关资料编制汇总现金付款凭证如图 6—6 所示。

汇总付款凭证

贷方账户:库存现金　　2012年12月　　第 2 号

借方账户	金额				总账页数	
	1—10日	11—20日	21—31日	合计	借方	贷方
管理费用	450.00			450.00		
应付职工薪酬			10 000.00	10 000.00		

附件
(1)自 1日至 10日 现付凭证共 1张
(2)自 11日至 20日 现付凭证共 张
(3)自 21日至 31日 现付凭证共 1张

图6—6　汇总现金付款凭证

内容三：根据相关资料编制汇总本年利润转账凭证如图6—7所示。

汇 总 转 账 凭 证

贷方账户:本年利润　　*2012*年*12*月　　第 *3* 号

借方账户	金额				总账页数	
	1—10日	11—20日	21—31日	合计	借方	贷方
主营业务收入			40 000.00	40 000.00		

附件
(1)自 *1*日至 *10*日 *转账*凭证共 *0*张
(2)自 *11*日至 *20*日 *转账*凭证共 张
(3)自 *21*日至 *31*日 *转账*凭证共 *6*张

图6—7　汇总本年利润转账凭证

内容四：根据相关资料编制汇总应交税费转账凭证如图 6—8 所示。

汇 总 转 账 凭 证

贷方账户:应交税费　　2012年12月　　第 4 号

借方账户	金额				总账页数	
	1—10日	11—20日	21—31日	合 计	借 方	贷 方
应收账款	46800.00			46800.00		
营业税金及附加			3600.00	3600.00		

附件
(1)自 1日至 10日 转账凭证共 1张
(2)自 11日至 20日 转账凭证共 张
(3)自 21日至 31日 转账凭证共 6张

图 6—8 汇总应交税费转账凭证

内容五：根据相关资料编制汇总银行存款收款凭证如图 6—9 所示。

汇总收款凭证

借方账户:银行存款　　2012年12月　　第 5 号

贷方账户	金额				总账页数	
	1—10日	11—20日	21—31日	合 计	借 方	贷 方
应收账款	96800.00			96800.00		

附件
(1)自 1日至 10日 银收凭证共 2张
(2)自 11日至 20日 银收凭证共 张
(3)自 21日至 31日 银收凭证共 张

图 6—9 汇总银行存款收款凭证

内容六：根据相关资料编制汇总现金收款凭证如图 6—10 所示。

汇总收款凭证

借方账户:库存现金　　　　2012年12月　　　　第 6 号

贷方账户	金额				总账页数	
	1—10日	11—20日	21—31日	合计	借方	贷方
其他应收款		80.00		80.00		

附件
(1)自 1日至 10日 现收凭证共 张
(2)自 11日至 20日 现收凭证共 1张
(3)自 21日至 31日 现收凭证共 张

图6—10 汇总现金收款凭证

二、关于“职业核心能力”与“职业道德”选项的融入性操练

（参照“6.5.2 ‘实训题’课业范例”的“二”）

三、关于《账务处理程序运用实训报告》的撰写训练

（参照“6.5.2 ‘实训题’课业范例”的“三”）

第 7 章 财产清查

7.1 预习要览

7.1.1 内容提要与结构

1. 内容提要

财产清查，是指通过对库存现金、银行存款等货币资金，存货、固定资产等实物资产和应收账款等往来款项的盘点或核对，确定其实有数，核对账存数与实有数是否相符的一种专门方法。

理论上讲，账簿记载的各项财产的结存数与实有数应当一致。由于存在一些客观及主观因素，导致账簿记录并不能完全反映客观实际，账实不符的情况会经常发生。为了保证会计资料真实可靠，对各项财产进行定期或不定期盘点和核对，发现账实不符的详细情况，并查清不符的原因，及时采取措施。财产清查可充分发挥会计工作在经济活动中的监督作用，对会计核算和经营管理具有重要意义。

财产清查是会计核算的一种专门方法。(1) 按照清查的对象和范围分类可分为全面清查和局部清查。(2) 按照清查的时间分类可以分为定期清查和不定期清查。(3) 按照清查的执行单位分类，可以分为内部清查和外部清查。

财产清查一般包括准备工作、清查工作和报告工作三个过程。

库存现金的清查采用实地盘点法，通过实地盘点确定库存现金的实有数，然后与现金日记账的账面余额核对，确定账实是否相符。

银行存款的清查采用账目核对法，即将企业出纳人员登记的银行存款日记账与银行对账单进行核对。在同银行核对账目之前，应将企业的银行存款业务全部记入银行存款日记账。银行存款的清查一般在月末进行。

实物清查的常用方法：(1) 实地盘点法。(2) 技术推算盘点法。

财产清查结果的处理程序。首先，核准盘盈、盘亏、毁损和损失的数额，查明性质与原因，明确责任，提出处理意见，报相关人员批准。调整账簿记录，做到账实相符。然后，根据批准情况，进行相应会计处理。

由于财产清查结果的账务处理需分成两步，报批前已经调整了账簿记录，报批后才能针对盈亏原因作出相应的处理，因此，必须有一个过渡性的账户“待处理财产损溢”解决报批前后的相关记录。

库存现金盘盈账务处理，批准前应记入“库存现金”借方和“待处理财产损溢——待处理流动资产损溢”贷方。查清原因报经批准后分别情况进行处理。如为应支付给有关人员或单位的，则转入“其他应付款”，如为无法查明原因的，则转入“营业外收入”账户。

库存现金盘亏账务处理，批准前记入“库存现金”贷方和“待处理财产损溢——待处理流动资产损溢”借方。查清原因、报经批准后分别情况进行处理。由责任人赔偿的转入“其他应收款”，无法查明原因的转入“管理费用”。

存货清查盘盈财务处理，在报经批准前借记有关存货科目，贷记“待处理财产损溢”。在报经批准后冲销“管理费用”。

存货清查盘亏财务处理，在报经批准前应借记“待处理财产损溢——待处理流动资产损溢”科目，贷记有关存货科目；在报经批准后，对于入库的残料价值，记入“原材料”等科目；对于应由保险公司或过失人支付的赔款记入“其他应收款科目”；剩余净损失，属于一般经营损失的部分记入“管理费用”科目，属于非常损失的部分记入“营业外支出科目”。

固定资产盘盈的账务处理，固定资产盘盈不计入当期损益，而是作为以前期间的会计差错，记入“以前年度损益调整”科目。

固定资产盘亏的账务处理，批准前按盘亏固定资产的账面价值借记“待处理财产损溢——待处理固定资产损溢”，按已计提的累计折旧借记“累计折旧”，按固定资产原价贷记“固定资产”。报经批准后，按可收回保险公司赔偿或过失人赔偿，借记“其他应收款”，净损失借记“营业外支出”，贷记“待处理财产损溢——待处理固定资产损溢”。

无法收回债权的账务处理，在财产清查中确认已经无法收回的应收款项应在上报有关部门批准后予以核销。

无法偿还的债务的账务处理，确实无法偿还的应付款项，按规定程序经批准后转作营业外收入。

2. 内容结构

本章内容结构如图 7—1 所示：

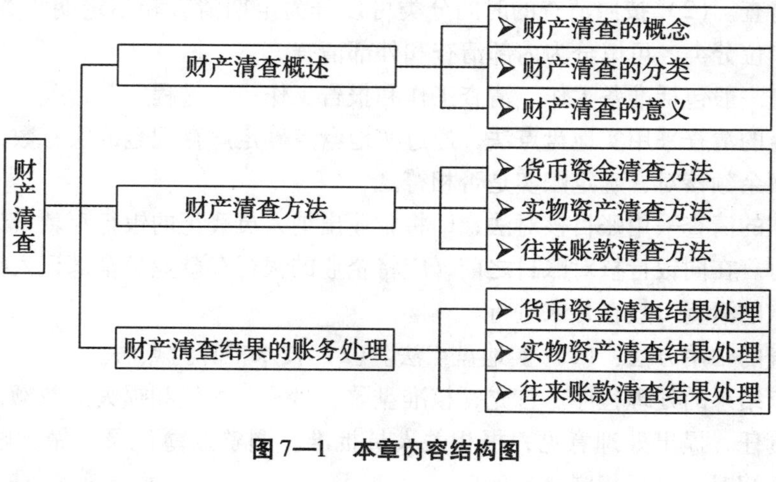

图 7—1　本章内容结构图

3. 主要概念和观念

1）主要概念

财产清查　盘盈　盘亏　未达账项　实地盘存制　永续盘存制

2）主要观念

实地盘点法　账目核对法　前期差错更正

7.1.2　重点与难点

1. 重点理论

财产清查的意义　财产清查的种类和程序　财产清查的方法

2. 重点实务

库存现金盘点表　银行存款余额调节表　账存实存对比表

3. 重点操作

存货清查　存货盘盈的账务处理　存货盘亏的账务处理　撰写《存货盘点方案编写实训报告》

4. 难点

财产清查的会计处理

7.1.3　主要公式

1）银行存款余额、银行对账单和未达账项关系公式：

$$\text{企业银行存款日记账余额}+\text{银行已收而企业未收的款项}-\text{银行已付而企业未付的款项}=\text{银行对账单余额}+\text{企业已收而银行未收的款项}-\text{企业已付而银行未付的款项}$$

2）实地盘存制本期发出存货数量计算公式：

$$\text{本期发出存货数量}=\text{期初结存数量}+\text{本期入库数量}-\text{期末结存数量}$$

3）实地盘存制本期发出存货金额计算公式：

$$\text{本期发出存货金额}=\text{期初结存金额}+\text{本期入库金额}-\text{期末结存金额}$$

7.2　客观题

7.2.1　理论题

1. 单项选择题

1）财产清查一般不包括对(　　)的清查。

A. 银行存款　B. 应收账款　C. 应付账款　D. 应付工资

2）出纳人员每日对库存现金的盘点属于(　　)。

A. 不定期清查　B. 定期清查　C. 全面清查　D. 外部清查

3）下列说法正确的是(　　)。

A. 库存现金应每日清点一次　B. 银行存款每月至少同银行核对两次　C. 贵重物品每天应盘点一次　D. 债权债务每年至少核对二至三次

4）企业在遭受自然灾害后，对其受损的财产物资进行的清查，属于(　　)。

A. 局部清查和定期清查　B. 全面清查和定期清查　C. 局部清查和不定期清查　D. 全面清查和不定期清查

5）进行年终决算，编制年度会计报表前，要对财产进行一次(　　)清查。

A. 全面清查 B. 局部清查 C. 临时清查 D. 外部清查

6）银行存款的清查方法是(　　)。

A. 实地盘点法 B. 账目核对法 C. 函证法 D. 银行存款余额调节表法

7）原材料的清查方法是(　　)。

A. 实地盘点法 B. 账目核对法 C. 永续盘存法 D. 函证法

8）永续盘存制不能逐日逐笔反映各项存货的(　　)。

A. 收入情况 B. 发出情况 C. 结存情况 D. 使用情况

9）财产清查准备工作一般包括(　　)。

A. 组织准备 B. 现场清点 C. 盘存单的填制 D. 账存实存对比表的填制

10）可能因未达账项造成账实不符的有(　　)。

A. 库存现金 B. 原材料 C. 固定资产 D. 应收账款

2. 多项选择题

1）在财产清查的过程中，应编制并据以调整账面记录的原始凭证有(　　)。

A. 现金盘点报告单 B. 银行存款余额调节表 C. 财产物资清查盘存单 D. 账存实存对比表 E. 银行对账单

2）下列项目中，属于不定期并且全面清查的有(　　)。

A. 单位合并时 B. 年终决算之前 C. 企业股份改制前 D. 发生自然灾害时 E. 贵重物资每月盘点

3）造成账实不符的原因主要有(　　)。

A. 财产物资的自然损耗 B. 财产物资的收发计量错误 C. 财产物资的毁损 D. 会计账簿漏记 E. 未达账项

4）财产清查的内容包括(　　)。

A. 库存现金 B. 固定资产 C. 应收账款 D. 应付款项 E. 实收资本

5）在银行存款对账中，未达账项包括(　　)。

A. 银行已收款入账企业未收款未入账 B. 企业已付款入账银行也已付款入账 C. 企业已付款入账银行未付款未入账 D. 银行已付款入账企业未付款未入账 E. 企业已收款入账银行未收款未入账

6）引起账簿记录与财产物资实有数不一致的因素可能有(　　)。

A. 财产物资保管过程中的自然损耗或升溢 B. 发生自然灾害和意外损失 C. 财产物资收发计量过程中，发生错误或误差 D. 财产物资在账簿记录中，发生漏记、重记或错记 E. 未达账项

7）财产清查的作用有(　　)。

A. 确保会计资料真实可靠 B. 确保财产物资账实相符 C. 确保财产物资安全完整 D. 促进财产物资有效使用 E. 确保财经纪律贯彻执行

8）全面清查的对象一般包括(　　)。

A. 固定资产、存货以及实物资产 B. 货币资金、有价证券和银行存款等 C. 应收账款等各种往来结算款项 D. 实收资本等所有者权益 E. 成本与费用

9）临时清查主要有(　　)。

A. 更换财产物资保管人员时，要对有关人员保管的财产物资进行清查 B. 发生自然

灾害和意外损失时，要对受损失的财产进行清查 C. 主管部门对本单位进行检查时，应按检查要求和范围对财产进行清查 D. 企业改变隶属关系时，要对本单位的财产进行清查 E. 企业分立时，对本单位的财产进行清查

10）内部清查可以是(　　)。

A. 定期清查 B. 不定期清查 C. 全面清查 D. 局部清查 E. 外部清查

3. 判断题

1）全面清查既可以是定期清查，也可以是不定期清查。（　　）

2）财产清查的范围是存放在本企业的各项财产物资。（　　）

3）“待处理财产损溢”账户是资产类账户。（　　）

4）“待处理财产损溢”账户余额一般在借方。（　　）

5）由于未达账项的存在，财产物资的账存数与实存数一定不相符。（　　）

6）企业每年应至少进行一次全面清查。（　　）

7）财产清查一般由会计人员进行，财产保管人员可不参与。（　　）

8）财产清查只要账实相符，就无需进行账务处理。（　　）

9）企业财产清查大多数是外部清查。（　　）

10）制订财产清查方案是财产清查的业务准备。（　　）

7.2.2 实务题

1. 单项选择题

1）库存现金的清查方法是(　　)。

A. 实地盘点法 B. 技术推算法 C. 账目核对法 D. 抽样盘点法

2）银行存款的清查方法是(　　)。

A. 实地盘存法 B. 技术推算法 C. 账目核对法 D. 抽样盘点法

3）存货清查现场要填写(　　)。

A. 存货盘点表 B. 账存实存对比表 C. 存货清查结果分析表 D. 存货清查结果处理意见表

4）贵重原材料清查要(　　)。

A. 至少每日盘点一次 B. 至少每月盘点一次 C. 至少每半年盘点一次 D. 至少每年盘点一次

5）账存实存对比表是(　　)。

A. 收款凭证 B. 付款凭证 C. 转账凭证 D. 原始凭证

6）固定资产盘亏，经批准处理前，不使用(　　)账户。

A. “固定资产” B. “累计折旧” C. “待处理财产损溢” D. “营业外支出”

7）固定资产盘盈时，不使用(　　)账户。

A. “固定资产” B. “累计折旧” C. “待处理财产损溢” D. “以前年度损益调整”

8）对应收账款进行清查时，应采用的方法是(　　)。

A. 实地盘点法 B. 账目核对法 C. 技术推算法 D. 抽样盘点法

9）对应付账款清查时，应采用的方法是(　　)。

A. 实地盘点法 B. 技术推算法 C. 账目核对法 D. 抽样盘点法

10）财产清查结果账务处理完毕后，会计期末“待处理财产损溢”账户为(　　)。

A. 借方余额　B. 贷方余额　C. 借方或贷方余额　D. 无余额

2. 多项选择题

1）财产清查前就要做好的业务准备包括(　　)。

A. 会计部门在清查之前将所有经济业务全部入账，并保证账证相符、账账相符　B. 财产物资管理部门整理所保管的各项财产物资　C. 要准备好各种计量准确的度量衡器具及有关清查用的登记表册　D. 对于银行存款清查，应该取得对账单　E. 编制财产清查工作方案，组成清查专班

2）采用实地盘点法进行财产清查的有(　　)。

A. 库存现金　B. 银行存款　C. 原材料　D. 应收账款　E. 固定资产

3）可用做调整账簿记录的原始凭证有(　　)。

A. 账存实存对比表　B. 现金盘点单　C. 银行存款余额调节表　D. 银行对账单　E. 存货盘点表

4）银行存款清查处理的可能情况有(　　)。

A. 企业账务登记有误，调整账簿记录　B. 银行记录有误，调整银行记录　C. 未达账项引起单位日记账和银行对账单不一致，调整单位日记账　D. 未达账项引起单位日记账和银行对账单不一致，调整银行对账单　E. 未达账项引起单位日记账和银行对账单不一致，不调整单位日记账或银行对账单

5）库存现金清查结果是账实不符，账务处理用到的会计科目可能有(　　)。

A. “银行存款”　B. “其他应收款”　C. “营业外收入”　D. “待处理财产损溢”　E. “管理费用”

6）原材料盘盈，账务处理用到的会计科目可能有(　　)。

A. “管理费用”　B. “待处理财产损溢”　C. “其他应收款”　D. “营业外支出”　E. “营业外收入”

7）原材料盘亏，账务处理用到的会计科目可能有(　　)。

A. “管理费用”　B. “待处理财产损溢”　C. “其他应收款”　D. “营业外支出”　E. “营业外收入”

8）库存现金盘点时，要检查(　　)。

A. 账实是否相符　B. 有无超过现金库存限额　C. 有无白条抵库　D. 有无挪用库存现金　E. 有无取得银行对账单

9）财产清查结果账务处理，可能计入营业外收入的有(　　)。

A. 库存现金盘盈　B. 银行存款日记账余额超过银行对账单余额　C. 原材料盘盈　D. 固定资产盘盈　E. 无法支付的应付账款

10）库存现金盘点处理意见审批前，会计处理如何进行(　　)。

A. 不进行处理　B. 盘盈库存现金转入“待处理财产损溢”贷方　C. 盘亏库存现金转入“待处理财产损溢”借方　D. 直接记入“营业外收入”　E. 直接记入“营业外支出”

3. 混合选择题

1）“与人交流能力（初级）”包括的技能点有(　　)。

A. 交流讨论、当众讲演、阅读和获取资料 B. 交谈讨论、阅读和获取资料、书面表达 C. 交谈讨论、简短发言、书面表达 D. 分析问题、提出方案，实施方案

2）“与人交流能力（初级）”的“基本要求”是(　　)。

A. 在有限的资源条件下，能根据工作岗位的需要，解决复杂的问题 B. 在更广泛的工作范围内，灵活运用这些能力以适应工作岗位各方面的需要 C. 具备进入工作岗位最基本的与人交流能力，在常规条件下能运用这些能力适应既定工作的需要 D. 在工作岗位上表现出更强的解决问题的能力，在多种资源条件下，能根据工作需要解决复杂和综合性问题

3）“自我学习能力（初级）”的“基本要求”是(　　)。

A. 具备学习的基本能力，在常规条件下能运用这些能力适应工作和学习要求 B. 具备学习的超强能力，在特殊条件下能运用这些能力适应工作和学习要求 C. 能较熟练灵活地运用各种学习方法在最短时间内掌握急需知识信息；能广泛地搜集、整理、开发和运用信息，善于学习、接受新的事物，以适应复杂工作和终身发展的要求 D. 主要用理解式接受法，对有兴趣的任务可以用发现法掌握知识信息；在更广泛的工作范围内灵活运用这些能力以适应工作岗位各方面需要

4）“解决问题能力（初级）”包括的技能点是(　　)。

A. 分析问题、提出问题，实施计划、解决问题，验证方案、改进计划 B. 分析问题、提出方案，实施计划、解决问题，验证方案、改进方式 C. 分析问题、提出对策，实施方案、解决问题，验证方案、改进计划 D. 分析问题、提出方案，实施方案、解决问题，验证方案、改进计划

5）“与人交流能力（初级）”的“知识准备参照范围”主要包括(　　)。

A. 与交谈主题相关的信息和知识；正确使用规范语言的基本知识；口语交谈方式和技巧；身体语言运用技巧 B. 资料查询和搜索的方法；一般阅读的方法；文件资料归类的方法；词典类工具书的功能和使用方法；各种图表的功能；网上阅读的方法 C. 与发言主题相关的知识和信息；当众讲话的技巧（包括运用身体语言的技巧）；简短发言的辅助手段或多媒体演示技术 D. 与工作任务相关的知识；实用文体的应用；图表的功能和应用；素材选用的基本方法；写作的基本技法；逻辑和修辞初步技法

6）“财产清查”这一“专业能力领域”包括的技能点有(　　)。

A. 现金盘点单编制技能 B. 往来款项对账技能 C. 银行存款余额调节表编制技能 D. 撰写企业《存货清查方案编制实训报告》技能

7）“银行存款余额调节表编制技能”的“规范与标准”有(　　)。

A. 熟悉未达账项的含义 B. 能正确掌握银行未达账项的概念 C. 能正确掌握企业未达账项的概念 D. 能根据分析、判断的结果填制银行存款余额调节表

8）“财产清查结果账务处理”的“规范与标准”有(　　)。

A. 熟悉财产清查结果账务处理科目设置 B. 熟悉财产清查批准前账务处理 C. 熟悉财产清查批准后账务处理 D. 熟悉待处理财产损溢账户转销的账务处理

9）“存货清查方案编制技能”的“规范与标准”有(　　)。

A. 能正确地建立存货清查小组 B. 能正确地组织清查人员学习有关政策规定和相关业务知识 C. 能正确地安排各部门进行业务准备 D. 能正确确定清查对象范围

10）“撰写企业《存货清查方案编制实训报告》技能”的“规范与标准”有（　　）。

A. 能合理设计存货盘点方案　B. 能较规范地制作存货盘点方案　C. 能规范撰写《存货盘点方案编写实训报告》　D. 由实训小组长、实训指导教师评定

4. 判断题

1）无法查明原因的现金盘盈计入营业外收入，而无法查明原因的现金盘亏计入营业外支出。（　　）

2）如不存在未达账项，那么银行存款日记账余额一定与银行对账单余额相符。（　　）

3）对于未达账项应编制银行存款余额调节表调节，同时将未达账项编制记账凭证。（　　）

4）自然灾害所造成的原材料毁损，均应计入营业外支出。（　　）

5）企业在银行的存款的可使用数应是银行对账单上列明的余额。（　　）

6）原材料的定额内损耗，经批准处理后，应计入管理费用。（　　）

7）固定资产盘盈经批准转销时计入营业外收入，盘亏经批准转销时计入营业外支出。（　　）

8）对于无法收回的应收账款，应先记入“待处理财产损溢”账户，批准后转入有关账户。（　　）

9）企业对于无法收回的应收账款经批准后转入营业外支出。（　　）

10）企业确实无法偿还的应付账款经批准后转入营业外收入。（　　）

7.2.3　案例题

银行存款余额调节表的编制训练

背景与情境：天顺公司在2010年6月30日的银行存款余额为30 000元，银行对账单上的余额为32 000元，经过逐笔核对发现有下列未达账项：

企业于5月29日收到转账支票一张计5 000元，银行尚未入账。

企业于6月30日开出转账支票6 000元。因持票人尚未到银行办理转账手续，银行尚未入账。

银行于6月21日记入企业存款户存款利息1 500元，但企业尚未入账。

银行于6月28日从企业存款中代付本月电费500元，企业未收到付款通知未入账。

请帮天顺公司编制银行存款余额调节表，使调整后的企业账面存款余额与对账单存款余额一致，具体情况如下：

银行存款余额调节表

单位名称：天顺公司　　2010年6月30日　　单位：元

项目	金额	项目	金额
企业账面的存款金额	30 000	银行对账单存款余额	32 000
加：银行已收企业未收的款项		加：企业已收银行未收的款项	
减：银行已付企业未付的款项		减：企业已付银行未付的款项	
调节后的存款余额		调节后的存款余额	

要求：请根据案例在下列题中填入适当选项：

1）银行存款清查的方法(　　)。

A. 实地盘点法　B. 账目核对法　C. 技术推算法　D. 数学统计法

2）企业的未达账项有(　　)。

A. 银行已收企业未收的款项　B. 银行已付企业未付的款项　C. 企业已收银行未收的款项　D. 企业已付银行未付的款项

3）银行已收企业未收款项和银行已付企业未付款项分别为(　　)元。

A. 1 500　B. 6 000　C. 500　D. 3 100

4）企业已收银行未收款项和企业已付银行未付款项分别为(　　)元。

A. 1 500　B. 5 000　C. 6 000　D. 500

5）调节后的存款余额为(　　)元。

A. 3 100　B. 6 000　C. 5 000　D. 3 300

7.2.4　实训题

1. 单项选择题

1）“待处理财产损溢”属于(　　)科目。

A. 资产类　B. 负债类　C. 费用类　D. 收入类

2）“待处理财产损溢”账户借方登记(　　)。

A. 发生盘亏　B. 发生盘盈　C. 盘亏报批后的核销　D. 期末未转销的盘盈

3）永续盘存制下，根据(　　)计算确定本期发出存货数量。

A. 期初存货结存数量　B. 本期存货入库数量　C. 期末存货结存数量　D. 账面记载的本期存货发出数量

4）永续盘存制下，根据(　　)计算确定本期发出存货金额。

A. 期初存货结存金额　B. 本期存货入库金额　C. 期末存货结存金额　D. 账面记载的本期存货发出金额

5）原材料盘盈一般是由计量不准造成的，在进行会计处理时，经批准后应计入(　　)。

A. 管理费用　B. 其他应收款　C. 营业外支出　D. 其他业务支出

6）由相关责任人员负责赔偿的存货盘亏，经批准处理时应计入(　　)。

A. 管理费用　B. 营业外支出　C. 其他应收款　D. 其他业务成本

7）存货盘亏，未经批准处理前均应计入(　　)。

A. 管理费用　B. 其他应收款　C. 营业外支出　D. 待处理财产损溢

8）存货盘亏，属于一般经营损失的部分，经批准后计入(　　)。

A. 管理费用　B. 其他应收款　C. 营业外支出　D. 其他业务支出

9）存货盘亏，属于非常损失的部分，经批准后计入(　　)。

A. 管理费用　B. 其他应收款　C. 营业外支出　D. 其他业务支出

10）存货在采购途中发生的正常耗损，应计入(　　)。

A. 管理费用　B. 其他应收款　C. 营业外支出　D. 存货的成本

2. 多项选择题

1）存货的盘存制度有(　　)两种。

A. 账目核对制　B. 实地盘存制　C. 永续盘存制　D. 固定盘点制　E. 随机抽查制

2）实地盘存制下，根据(　　)计算确定本期发出存货数量。

A. 期初存货结存数量　B. 本期存货入库数量　C. 期末存货结存数量　D. 账面记载的本期存货发出数量　E. 账面记载的本期存货结存数量

3）实地盘存制下，根据(　　)计算确定本期发出存货金额。

A. 期初存货结存金额　B. 本期存货入库金额　C. 期末存货结存金额　D. 账面记载的本期存货发出金额　E. 账面记载的本期存货结存金额

4）永续盘存制下，可以(　　)，便于加强对存货的管理。

A. 提供存货的增加情况　B. 提供存货的减少情况　C. 提供存货的结存情况　D. 简化存货核算　B. 无须进行实地盘点

5）实物清查常用方法有(　　)。

A. 实地盘点法　B. 技术推算盘点法　C. 永续盘点法　D. 账面核对法　B. 估计法

6）实地盘点法可以用于(　　)清查。

A. 库存现金　B. 银行存款　C. 原材料　D. 库存商品　E. 应收账款

7）进行存货盘点前要进行的组织准备有(　　)。

A. 相关部门配合　B. 确定清查范围　C. 制订清查方案　D. 核对会计账簿　B. 账实核对相符

8）进行存货盘点前要进行的业务准备有(　　)。

A. 将未入账业务均登记入账　B. 总账明细账核对相符　C. 账证核对相符　D. 账实核对相符　E. 成立盘点小组

9）原材料盘盈账务处理涉及的科目包括(　　)。

A. “原材料”　B. “管理费用”　C. “营业外支出”　D. “营业外收入”　E. “其他应付款”

10）原材料盘亏账务处理涉及的科目包括(　　)。

A. “原材料”　B. “管理费用”　C. “其他应收款”　D. “营业外支出”　E. “营业外收入”

7.3　主观题

7.3.1　理论题

1. 简答题

1）对实物财产进行清查的常用方法有哪些？

2）存货盘存制度有哪几种？其含义是什么？

3）财产清查完毕后，对清查结果处理分哪几步进行？

4）《会计工作基础规范》对财产清查有何规定？

2. 理解题

1）如何理解财产清查在现代企业管理中的作用？

2）财产清查的一般程序是怎样的？

3）银行存款的未达账项是怎样产生的？

7.3.2　实务题

1. 规则复习

1）如何进行库存现金清查？

2）什么是未达账项？未达账项有哪些？

3）如何进行存货清查？

4）固定资产清查结果如何进行会计核算？

5）往来账款清查结果如何进行会计核算？

2. 业务解析

1）在银行存款对账业务中，企业对未达账项不进行会计处理，如何理解？

2）在银行存款对账过程中，如果理解银行存款余额调节表中调节后余额？

3）如何理解固定资产盘盈的会计核算？

7.3.3　案例题

银行存款余额调节表的编制训练

背景与情境：天顺公司在 2012 年 6 月 30 日的银行存款余额为 30 000 元，银行对账单上的余额为 32 000 元，经过逐笔核对发现有下列未达账项：

企业于 5 月 29 日收到的转账支票一张计 5 000 元，银行尚未入账。

企业于 6 月 30 日开出的转账支票 6 000 元。因持票人尚未到银行办理转账手续，银行尚未入账。

银行于 6 月 21 日记入企业存款户存款利息 1 500 元，但企业尚未入账。

银行于 6 月 28 日从企业存款中代付本月电费 500 元，企业未收到付款通知未入账。

天顺公司对上述未达账项编制了银行存款余额调节表，调整后企业账面存款余额与对账单存款余额一致，见表 7—1。

表 7—1　**银行存款余额调节表**

单位名称：天顺公司　　2012 年 6 月 30 日　　单位：元

项目	金额	项目	金额
企业账面的存款金额	30 000	银行对账单存款余额	32 000
加：银行已收企业未收的款项	1 500	加：企业已收银行未收的款项	6 000
减：银行已付企业未付的款项	1 500	减：企业已付银行未付的款项	5 000
调节后的存款余额	33 000	调节后的存款余额	33 000

问题：

1）企业的未达账项有哪些？

2）银行的未达账项有哪些？

3）银行存款余额调节表编制是否正确？

分析要求：

1）课业的结构、格式与体例要求：参照《训练手册》“7.5.1　‘案例题’课业范例”。

2）其他要求同“1.3.3　案例题”的“分析要求”。

7.3.4 实训题

1）天顺公司2010年5月31日在进行库存现金清查时，发现库存现金溢余100元，无法查明原因。

2）天顺公司在2010年6月30日进行库存现金清查时，发现库存现金短缺210元，其中200元应由出纳员承担责任，另外10元无法查明原因。

3）天顺公司财产清查发现库存甲材料因计量器具不准盈余30千克，单价5元/千克。

4）天顺公司财产清查中，发现库存乙材料定额内自然损耗50千克、水灾造成毁损100千克，保险公司赔偿400元，乙材料每千克4元。

5）天顺公司对企业全部的固定资产进行盘查，盘盈一台五成新的机器设备，该设备同类产品市场价格为5 000元。

6）天顺公司进行财产清查时，盘亏电脑设备一台，账面原价4 000元，已提折旧1 000元，经查电脑为管理员保管不当丢失。经批准，由管理员赔偿3 000元。

7）天顺公司进行财产清查时，发现机器设备毁损一台，账面原价2 000元，已提折旧1 500元，经查该设备为水灾毁损。经批准，转作营业外支出。

8）天明公司所欠本公司的货款500元，确认无法收回，按规定作坏账损失处理，已全额计提坏账准备。

9）天顺公司欠某公司的购货款5 000元，无法清偿。

“财产清查”业务胜任力训练

【实训目标】

见本章“学习目标”中的“实训目标”。

【能力与道德领域】

专业能力——财产清查

技能Ⅰ

名称：存货清查技能

规范与标准：

(1) 能正确掌握存货清查的概念。

(2) 能对存货清查相关资料进行正确的分析、判断。

(3) 能根据分析、判断的结果确定盘盈盘亏。

技能Ⅱ

名称：存货盘盈的账务处理技能

规范与标准：

(1) 能初步了解财产盘盈。

(2) 能正确地选择财产盘盈核算科目。

(3) 能正确地进行批准前账务处理。

(4) 能正确地进行批准后账务处理。

技能Ⅲ

名称：存货盘亏的账务处理技能

规范与标准：

(1) 能初步了解财产盘亏。
(2) 能正确地选择财产盘亏核算科目。
(3) 能正确地进行批准前账务处理。
(4) 能正确地进行批准后账务处理。
技能Ⅳ
名称：撰写《存货盘点方案编写实训报告》技能
规范与标准：
(1) 能合理设计存货盘点方案。
(2) 能较规范地制作存货盘点方案。
(3) 能规范撰写《存货盘点方案实训报告》。
(4) 本教材网络教学资源包中考核表7—2所列各项“考核指标”和“考核标准”。
职业核心能力——与人交流、解决问题、革新创新（初级）
各专业能力领域的“基本要求”、“技能点”和“规范与标准”见本教材“附录二”中的附表2—2。
职业道德——职业作风、职业守则（顺从级）
各道德领域的“规范与标准”见本教材“附录二”中的附表2—3。
【实训任务】
(1) 对“财产清查”专业能力领域各技能点实施阶段性基本训练。
(2) 对“与人交流”、“解决问题”和“革新创新”等职业核心能力领域各技能点实施“初级”强化训练。
(3) 对“职业作风”和“职业守则”等职业道德领域实施“顺从级”相关训练。
【实训要求】
(1) 实训前学生要了解并熟记本实训的“目标”、“能力与道德领域”、“任务”与“要求”，了解并熟记本教材网络教学资源包中《学生考核手册》考核表7—1和考核表7—2的“考核指标”与“考核标准”内涵，将其作为本实训的操练点和考核点来准备。
(2) 通过“实训步骤”，将“实训任务”所列三种训练整合并落实到本实训的“活动过程”和“成果形式”中。
(3) 实训后学生要对本次“存货盘点方案”编制的实训活动进行总结，在此基础上撰写实训报告。
【情境设计】
将学生分成若干实训组，分别选择一个企业的存货盘点方案进行实训。各实训组通过对所选企业或单位的存货盘点进行计划，编制出可行的清查方案，完成本实训操练题的各项实训任务，在此基础上撰写《存货盘点方案实训报告》。
【指导准备】
知识准备：
(1)“财产清查”的理论与实务知识。
(2) 本教材“附录一”附表1—1的“知识准备”中，与本章“职业核心能力‘强化训练项’”各技能点相关的“‘知识准备’参照范围”。
(3) 本教材“附录二”附表2—2和附表2—3中，涉及本章“职业核心能力领域

'强化训练项'"各技能点和"职业道德领域'相关训练项'"的"规范与标准"知识。

操作指导：

（1）教师向学生阐明"实训目的"、"能力与道德领域"和"知识准备"。

（2）教师就"知识准备"中的第（2）、（3）项，对学生进行培训。

（3）教师指导学生就操练项目的存货盘点事项进行收集、分析与整理资料。

（4）教师指导学生进行存货盘点方案的编制。

（5）教师指导学生撰写《存货盘点方案实训报告》。

【实训时间】

本章课堂教学内容结束后的课余时间，为期一周。

【实训步骤】

（1）将学生组成若干个实训组，每8~10位同学分成一组，每组确定1~2位同学负责。

（2）培训学生选取存货盘点的组织分工职责及参与部门。

（3）对学生进行存货盘点前准备的培训，确定存货盘点的范围。

（4）培训学生进行存货盘点程序的编制。

（5）盘点会议的安排。

（6）按盘点程序进行现场盘点。

（7）整理、分析、总结盘点结果。

（8）各实训组成员在实施上述训练的过程中，融入对"与人交流"、"解决问题"和"革新创新"等职业核心能力的各"技能点"的"初级"强化训练和对"职业作风"、"职业守则"等职业道德各"素质点"的"顺从级"相关训练，并对训练过程作简要记录与说明。

（9）各实训组成员整合上述操练的过程与结果，分别撰写作为最终成果形式的《存货盘点方案实训报告》。

（10）在班级交流、讨论和修订各组的《存货盘点方案实训报告》。

【成果形式】

实训课业：《存货盘点方案实训报告》

课业要求：

（1）报告格式与体例参照本书所附助学光盘中"课业范例"的范例7—2。

（2）各组完成的《存货盘点方案实训报告》须由指导教师、项目组长和项目组成员三方签字负责。

7.4 实训资料

7.4.1

库存现金盘点实训报告

【资料】

天顺公司进行库存现金盘点时发现下列情况：

（1）天顺公司2012年5月31日在进行库存现金清查时，发现库存现金溢余100元，无法查明原因。

(2) 天顺公司在2012年6月30日进行库存现金清查时，发现库存现金短缺210元，其中200元应由出纳员承担责任，另外10元无法查明原因。

【要求】

(1) 根据资料，正确地判断库存现金盘盈盘亏（技能Ⅰ）。

(2) 根据资料，正确地进行库存现金盘盈的账务处理（技能Ⅱ）。

(3) 根据资料，正确地进行库存现金盘亏的账务处理（技能Ⅲ）。

(4) 通过实训过程的全程参与和体验，在基本完成实训操练各项技能任务的基础上，独立撰写《库存现金盘点盘点实训报告》（技能Ⅳ）。

7.4.2

存货盘点实训报告

【资料】

天顺公司2012年6月30日在对存货进行清查时，发现下列情况：

(1) 天顺公司财产清查发现库存甲材料库存980千克，但甲材料明细账记载数量为950千克，单价5元/千克。后查明原因是计量器具不准造成的。

(2) 天顺公司财产清查中，发现库存乙材料数量为1 200千克，而乙材料明细账记载为1 500千克，乙材料单价为每千克20元，后查明是因水灾造成，且保险公司可赔偿5 000元。

(3) 天顺公司对丙库存商品进行盘存，发现库存丙商品18 000只，而丙商品明细账记载为17 500只，丙商品单位成本为每只2元。后查明是因为自然损耗。

【要求】

(1) 根据资料，正确地判断存货盘盈盘亏（技能Ⅰ）。

(2) 根据资料，正确地进行存货盘盈的账务处理（技能Ⅱ）。

(3) 根据资料，正确地进行存货盘亏的账务处理（技能Ⅲ）。

(4) 通过实训过程的全程参与和体验，在基本完成实训操练各项技能任务的基础上，独立撰写《存货盘点实训报告》（技能Ⅳ）。

7.4.3

固定资产盘点实训报告

【资料】 天顺公司2012年6月30日进行固定资产清查时发现下列情况：

(1) 天顺公司进行财产清查时，发现一台账外设备，该设备同类产品市场价格为2 000元。

(2) 天顺公司进行财产清查时，发现账面原价4 000元，已提折旧1 000元的电脑设备一台，在实际盘点时并不存在，后经查为管理员保管不当丢失。经批准，由管理员赔偿3 000元。

【要求】

(1) 根据资料，正确地判断固定资产盘盈盘亏（技能Ⅰ）。

(2) 根据资料，正确地进行固定资产盘盈的账务处理（技能Ⅱ）。

(3) 根据资料，正确地进行固定资产盘亏的账务处理（技能Ⅲ）。

(4) 通过实训过程的全程参与和体验，在基本完成实训操练各项技能任务的基础上，独立撰写《固定资产盘点实训报告》(技能Ⅳ)。

7.5 课业范例

7.5.1 “案例题”课业范例

固定资产盘盈财务处理案例分析报告

(成员：)

背景与情境：

某公司在年末的财产清查中，盘盈机器设备一台，该机器设备（全新）的市场价值是18 000元，盘盈设备六成新。该公司财务人员处理该固定资产时先记入“待处理财产损溢”科目，批准后，转入营业外收入，增加企业当年利润。

问题：

1) 该公司对盘盈机器设备的账务处理是否正确？为什么？

2) 应如何进行固定资产盘盈的账务处理？

3) 关于该公司固定资产清查程序与会计处理方法，你有哪些建议？

分析：

1) 该公司对盘盈固定资产的账务处理不正确。盘盈固定资产不计入当期损益，而是作为以前期间的会计差错，记入“以前年度损益调整”账户。这是因为固定资产出现由于企业无法控制的因素而造成盘盈的可能性极小，甚至是不可能的，企业出现固定资产盘盈必定是由企业以前会计期间少计、漏计产生的，所以应当作为会计差错进行更正处理。

2) 企业在盘盈固定资产时，应确定盘盈固定资产的原值、累计折旧和净值，并作如下会计分录：

(1) 报批前：

借：固定资产	18 000	
贷：累计折旧		7 200
以前年度损益调整		10 800

(2) 批准后：

借：以前年度损益调整	10 800	
贷：利润分配——未分配利润		10 800

3) 决策与建议。企业应定期对固定资产进行清查，每年至少应进行一次，发现问题及时处理。盘盈固定资产应作为以前期间的会计差错，记入“以前年度损益调整”；对盘亏的固定资产应查明原因分别作出处理。

7.5.2 “实训题”课业范例

存货盘点方案编制实训报告

(报告人：)

【资料】：

某公司2009年度年终进行存货盘点，相关要求如下：

1）存货盘点及往来账款清查的账面基准日期为2009年12月31日。

2）存货盘点及往来账款清查的期限从2009年12月31日起至2010年1月20日前结束。

3）公司财务科要提请公司总经理组建公司年终存货盘点工作小组（物资清点人员、会计及保管记账人员、监盘人员及盘点工作小组负责人），财务科设计存货盘点表格。

4）存货盘点的范围包括库存原材料、库存商品（产成品）及车间在产品。

5）存货盘点工作的具体要求：

①库存材料盘点：建议公司另外安排清点搬货人员，仓库保管员及材料核算会计同时登账；监盘人员为会计人员甲；审核人员为主办会计；盘点表数量盈亏由保管员负责编报，金额盈亏由材料核算会计负责编报。

②库存商品盘点：建议公司另外安排搬货人员，仓库保管员和成本核算会计同时登记；监盘人员为会计人员乙；审核人员为主办会计；盘点表数量盈亏由成品保管员负责编报，成本盈亏由成本核算会计负责编报。

③在产品盘点：建议公司另外安排清点搬货人员，车间统计员和成本核算会计同时登账；监盘人员为会计人员乙；盘点表数量盈亏由车间统计员负责编报，成本盈亏由成本核算会计负责编报。

【要求】

1）根据资料对存货盘点前准备工作进行归类（技能I训练）。

2）根据资料存货盘点具体工作要求进行分析（技能II训练）。

3）根据资料编制存货盘点方案（技能III训练）。

4）综合上述训练成果，撰写《实训报告》（技能IV训练）。

【实训课业】

一、关于“本组资料”的专业训练

技能I训练：存货盘点前准备工作进行归类

存货盘点前的准备工作包括组织准备和业务准备。

(1) 组织准备。为了使财产清查工作顺利地进行，会计、财产保管和相关部门应密切配合，做好清查前的各方面准备工作，并抽调有关专业人员组成清查小组。清查人员应学习有关政策规定，掌握有关法律、法规和相关业务知识，以提高财产清查工作的质量。确定清查对象范围，明确清查任务，制订实施方案，具体安排清查内容、时间、步骤、方法和必要的清查前准备，以便有组织、有计划、有步骤地进行财产清查。

(2) 业务准备。会计部门在清查之前将所有经济业务全部入账，并核对总账和所属明细账，保证账证相符，账账相符。财产保管部门将截至清查日的所有经济业务，登记实物账，结出实存数；财产规范存放，整齐排列，标明品种、规格和结存数量。相关部门要准备好计量衡器具，并准备好有关清查用的登记表册。

技能II训练：存货盘点具体工作要求进行分析

(1) 将学生组成若干个实训组，每8~10位同学分成一组，每组确定1~2人负责。

(2) 培训学生选取存货盘点的组织分工职责及参与部门。

(3) 对学生进行存货盘点前准备的培训，确定存货盘点的范围。

(4) 培训学生进行存货盘点程序的编制。

(5) 盘点会议的安排。

(6) 按盘点程序进行现场盘点。

(7) 整理、分析、总结盘点结果。

(8) 撰写作为最终成果形式的《存货盘点方案编制实训报告》。

(9) 在班级交流、讨论各组的《存货盘点方案编制实训报告》。

(10) 各组修订其《存货盘点方案编制实训报告》,并使之各具特色。

技能 III 训练:编制存货盘点方案编制

由各实训组成员编制存货盘点方案。

某公司存货盘点方案

一、盘点目的

为加强存货管理,保障存货的完整性、准确性,真实地反映存货的结存及利用状况,特制定本次盘点计划。

二、盘点小组

组长:

副组长:

成员:

三、盘点时间、地点、人员安排

仓库名称	盘点时间	盘点人员数量	负责人
第一仓库	12月31日9:00—17:00	3	***
第二仓库	12月31日9:00—17:00	3	***
生产车间	12月31日9:00—17:00	3	***

盘点部门及单位包括财务部、采购部、生产车间、会计师事务所。

请各部门组织相关人员参与盘点。

四、盘点范围

对各仓库所有产成品存货、原料、辅料、包装物、在产品实行全面盘点。对需要报废的存货,经质检人员检查后单独存放,待报废处理审批手续办妥后进行处理。

五、盘点程序

盘点前:

1. 由盘点工作组制定存货盘点计划:包括盘点的时间、参与人员、范围、程序。

2. 存货盘点前的准备工作。

a. 将外单位的存货和公司存货分开摆放,并挂标签区别,防止误搬外单位存货。

b. 仓库人员在正式盘点前进行仓库存货的分类整理,对比金蝶系统清单以及仓库台账清单,注明已过期存货、已损毁存货以及正常使用的存货等。

c. 整理仓库存货,将存货码放整齐,同类存货保持每层堆放数量一致,将纵深过多过高的存货分开摆放,以保证盘点人员每堆存货均可盘到。

d. 与销售部门及采购部门人员协调,12月30日下班后将实物已入库、出库的所有单据输入系统,并记录每个账套中最后一张出库单和入库单的编号,然后由供应链部从系统中引出存货清单，其中应根据冷库的盘点表需要分库位标明。

e. 打印盘点表，盘点表中应注明品名、规格、单位，并包含盘点表编号、盘点日期、数量、盘点人、监盘人等信息。

3. 原则上盘点当天存货不移动，即不发生出入库，如盘点当天由于经营需要发生出入库，在盘点前将当天预计出库存货调入待出库仓单独存放，将当天入库存货单独存放，并保留当天出入库原始凭证，待盘点后统一入账。

盘点中：

1. 由各盘点组组长按存货的类别确定盘点顺序，并确保搬移工作有序进行。

2. 由盘点表到实物：根据存货盘点表中列举的存货，对选定的样本进行数量清点并记录在存货盘点表上，如有差异，需记录并后续跟进分析。

3. 已超过保质期的盘点后另行堆放，待处理。

4. 针对正常使用的存货的盘点过程中注意存货是否存在损毁及过期的情况，选取一定数量的存货进行开箱查验。

5. 盘点时如发现盘点差异，需记录差异数量，待盘点完成后统一分析原因。

盘点后：

1. 盘点完毕，盘点人和监盘人在盘点表上签字，盘点表复印后一式三份，由采购部、财务部、会计师事务所分别保管。

2. 全部盘点完毕后，由盘点工作组编制存货盘点报告，将存货的实际盘存数量和账面余额比对，列明差异数。

3. 采购部和财务部共同对差异进行分析，查找原因。

4. 对盘点中发现的损坏、过期的存货列明清单，按照报废处理流程专题汇报、审批，经审批同意后销毁处理。

5. 本轮盘点后由供应链评估各分仓管理水平，并安排后续仓库管理工作。

六、附件

盘点表样表

二、关于“职业核心能力”与“职业道德”选项的融入性操练

实训前，我们对本章“实训题”中“知识准备”的内容进行了预习。通过参加“知识准备”第（2）、（3）项的培训，我们了解了本章涉及的“专业能力”各项技能、“职业核心能力”和“职业道德”选项的“规范与标准”。

在实训中，我们对“实训资料”的专业操练和《实训报告》的准备、撰写、讨论与交流的同时，有意识地融入了“与人交流”、“解决问题”和“革新创新”等“职业核心能力”强化训练和“职业作风”和“职业守则”等“职业道德”的相关训练。

三、关于《存货盘点方案编制实训报告》的撰写训练

<table>
<tr><td colspan="3">《存货盘点方案编制实训报告》</td></tr>
<tr><td>项目实训班级：0904201</td><td>项目小组：01</td><td>项目组成员：刘玲等</td></tr>
<tr><td>实训时间：2012 年 12 月 31 日</td><td colspan="2">实训地点：模拟企业</td></tr>
<tr><td colspan="3">实训目的：熟悉存货的概念、种类、财产清查的程序和方法</td></tr>
</table>

续表

实训步骤： （1）将学生组成若干个实训组，每8~10位同学分成一组，每组确定1~2人负责 （2）培训学生选取存货盘点的组织分工职责及参与部门 （3）对学生进行存货盘点前准备的培训，确定存货盘点的范围 （4）培训学生进行存货盘点程序的编制 （5）盘点会议的安排 （6）按盘点程序进行现场盘点 （7）整理、分析、总结盘点结果 （8）撰写作为最终成果形式的《存货盘点方案编制实训报告》 （9）在班级交流、讨论各组的《存货盘点方案编制实训报告》 （10）各组修订其《存货盘点方案编制实训报告》，并使之各具特色
实训结果：编制企业2012年12月31日存货清查方案
企业财务状况简单说明：
实训感言：通过本实训，熟悉了存货的概念、种类和内容等理论；掌握了存货清查的程序和方法；感悟到了会计工作要仔细、严谨、要善于与人沟通、与人合作。本次实训有助于理解、掌握第7章的基本概念、理论，有助于动手能力的提高
不足与今后改进：通过实训过程的体验，认识到会计工作不仅要解决实际问题，而且要求严谨细致
项目组长评定签字：　　　　　　　　　项目指导教师评定签字：

7.6 参考答案与提示

“7.2 客观题”参考答案

7.2.1 理论题

1. 单项选择题

1）D 2）B 3）A 4）C 5）A 6）B 7）A 8）D 9）A 10）D

2. 多项选择题

1）ACD 2）AC 3）ABCDE 4）ABCD 5）ACDE 6）ABCDE 7）ABCDE 8）ABC 9）ABCDE 10）ABCD

3. 判断题

1）√ 2）× 3）× 4）× 5）× 6）√ 7）× 8）× 9）× 10）×

7.2.2 实务题

1. 单项选择题

1）A 2）C 3）A 4）B 5）D 6）D 7）C 8）B 9）C 10）D

2. 多项选择题

1）ABCD 2）ACE 3）ABE 4）ABE 5）BCDE 6）AB 7）ABCD 8）ABCD 9）AE 10）BC

3. 混合选择题

1）B　2）C　3）A　4）B　5）ABD　6）ABCD　7）ABCD　8）ABC　9）ABCD　10）ABCD

4. 判断题

1）×　2）×　3）×　4）×　5）×　6）√　7）×　8）×　9）×　10）√

7.2.3　案例题

1）B　2）AB　3）AC　4）BC　5）A

7.2.4　实训题

1. 单项选择题

1）A　2）A　3）D　4）D　5）A　6）C　7）D　8）A　9）C　10）D

2. 多项选择题

1）BC　2）ABC　3）ABC　4）ABC　5）AB　6）ACD　7）ABC　8）ABC　9）AB　10）ABCD

"7.3　主观题"参考答案与提示

7.3.1　理论题

1. 简答题

参考答案：

1）参考答案：实物财产进行清查的主要方法有实地盘点法和技术推算盘点法等。实地盘点法是通过逐一清点或用计量器来确定实物的实存数量。其适用范围较广，大多数财产物资的清查都可以采用这种方法。技术推算盘点法是对于财产物资不是逐一清点计数，而是通过技术手段来推算财产物资的结存数量。这种方法只适用大量的难以逐一清点的财产物资的清查。

2）存货盘存制度，有实地盘存制和永续盘存制两种。实地盘存制是指通过实地盘点，确定各项存货的实际结存数，并据此倒推出各项存货本期发出或耗用数的一种存货盘存制度。实地盘存制的工作程序为：①通常在期末结账前，对材料、在产品和产成品等各项存货进行实地盘点，确定期末实存数量。②根据盘点的期末结存数和单价或单位成本计算出各项存货的期末结存金额。③根据各项存货的期初、期末结存数量和金额，本期入库数量和金额，计算出本期发出存货的数量和金额。永续盘存制是通过设置存货明细分类账，根据会计凭证逐日逐笔连续反映各项存货的收入、发出和结存情况的一种盘存制度。

3）财产清查结果分以下几步进行：核准盘盈、盘亏、毁损和其他损失的数字，查明性质与原因，明确责任，提出处理意见，报相关人员批准；调整账簿记录，做到账实相符；报经批准，进行会计处理。

4）《会计工作基础规范》对财产清查规定：各单位应当定期对会计账簿记录的有关数字与库存实物、货币资金、有价证券、往来单位或者个人等进行相互核对，保证账证相符、账账相符、账实相符。

2. 理解题

1）参考答案：(1) 确保会计资料真实可靠，账实相符。通过财产清查，可以查明各项财产的实有数与账面数是否相符，确定账实差异，明确盘盈盘亏的原因和责任。

（2）确保财产安全完整。通过财产清查，可以检查各种财产的储备和利用情况，查明财产保管等制度的执行情况。可以查明各项财产有无被挪用、贪污和盗窃的情况，还可以查明各项财产保管是否妥善，有无损坏、霉烂和变质等情况。以便采取得力措施，加强管理，确保财产安全完整。

（3）促进财产物资有效使用。通过财产清查及时发现并处理已无使用价值的财产，提高财产使用效率，改善经营管理。

（4）确保财经纪律贯彻执行。在财产清查中如果发现“白条抵库”、债权债务长期拖欠等问题，应及时查明原因，采取措施，确保各项财务活动合法进行。

2）财产清查的一般程序包括：准备工作、清查工作和报告工作三个过程。清查准备工作，包括组织准备和业务准备。财产清查工作包括核定各种实物、货币资金和往来款项的账实是否相符，关注财产的质量，填制盘存单。清查报告工作是指清查工作完毕后，整理盘存单，填制清查报告表，将账实核对的结果及其处理意见，书面报告有关部门审批，并根据审批情况进行账务处理。

3）未达账项是指由企业和银行双方收付款项的记账时间不一致而发生的一方已入账，而另一方未入账的款项。未达账项通常有四种：企业已收，银行未收，即企业存入银行的款项，企业已入账，增加企业的银行存款，但银行尚未完成记账手续，有关款项还未记入企业的银行存款账户。企业已付，银行未付，即企业已付款并凭付款凭证入账，减少企业的银行存款，但银行尚未实际划出款项，有关款项还未记本企业的银行存款减少。如企业开出转账支票并已入账，但银行尚未完成转账手续，未减少企业的银行存款。银行已收，企业未收，即银行已收款并登记入账，作为企业的存款增加，但企业未收到收款通知，因而还未登记入账。如银行付给企业的利息，银行代企业收到的款项等。银行已付，企业未付，即银行已支付并登记入账，作为企业的存款减少，但企业未接到付款通知，因而还未登记入账。如银行代企业支付的水电费等款项。

7.3.2　实务题

1. 规则复习

参考答案：

1）库存现金的清查采用实地盘点法，确定库存现金的实有数，然后与现金日记账的账面余额核对，确定账实是否相符。库存现金清查由会计人员和出纳员共同清点，并填写库存现金盘点表。对库存现金进行盘点前，出纳员必须将有关业务在现金日记账全部登记完毕。盘点时，一方面要注意账实是否相符，另一方面还要检查现金管理制度的遵守情况，如有无超过现金库存限额、“白条抵库”、挪用等情况。盘点结束后，编制“库存现金盘点表”。

2）未达账项，是指由企业和银行双方收付款项的记账时间不一致而发生的一方已入账，而另一方未入账的款项。未达账项通常有四种：

首先，企业已收，银行未收，即企业存入银行的款项，企业已入账，增加企业的银行存款。但银行尚未完成记账手续，有关款项还未记入企业的银行存款账户。

其次，企业已付，银行未付，即企业已付款并凭付款凭证入账，减少企业的银行存款，但银行尚未实际划出款项，有关款项还未记本企业的银行存款减少。

再次，银行已收，企业未收，即银行已收款并登记入账，作为企业的存款增加，但企业未收到收款通知，因而还未登记入账。如银行付给企业的利息，银行代企业收到的款项等。

最后，银行已付，企业未付，即银行已支付并登记入账，作为企业的存款减少，但企业未接到付款通知，因而还未登记入账。

3）存货清查采用实地盘点法，先确定存货清查的范围，建立存货清查小组，拟定清查计划，实施清查现场工作。在盘点时，实物保管人员必须在场，并参加盘点。对于盘点结果登记在“盘存单”上，并由盘点人员和实物保管人员签名。“盘存单”是记录盘点结果的书面证明，也是反映财产物资实存数的原始凭证。应根据“盘存单”和有关账簿记录，编制“实存账存对比表”，并进行相应会计处理。

4）固定资产盘盈不计入当期损益，而是作为以前期间的会计差错，记入“以前年度损益调整”。

批准前，按盘亏固定资产的账面价值借记“待处理财产损溢—待处理固定资产损溢”，按已计提的累计折旧借记“累计折旧”，按固定资产原价贷记“固定资产”。报经批准后，按可收回保险公司赔偿或过失人赔偿，借记“其他应收款”，净损失借记“营业外支出”科目，贷记“待处理财产损溢”科目。

5）在财产清查中，确认已经无法收回的应收款项应在上报有关部门批准后予以核销，冲减坏账准备。确实无法偿还的应付款项，按规定程序经批准后转作营业外收入。

2. 业务解析

1）“银行存款余额调节表”上的双方余额相等，一般可以说明双方记账没有差错。如果经调节仍不相等，要么是未达账项未全部查出，要么是一方或双方记账出现差错，需要进一步采用对账方法查明原因，加以更正。调节相等后的银行存款余额是当日可以动用的银行存款实有数，但不需要根据“银行存款余额调节表”进行账务处理。“银行存款余额调节表”不是原始凭证，对于银行已经入账，而企业尚未入账的未达账项，要待银行结算凭证到达后，才能据以入账。

2）调节相等后的银行存款余额是当日可以动用的银行存款实有数。

3）固定资产盘盈不计入当期损益，而是作为以前期间的会计差错，记入“以前年度损益调整”。这是因为固定资产出现由于企业无法控制的因素而造成盘盈的可能性极小，甚至是不可能的，企业出现了固定资产的盘盈必定是企业以前会计期间少计、漏计产生的，应当作为会计差错进行更正处理，企业在盘盈固定资产时，应确定盘盈固定资产的原值、累计折旧和净值。

7.3.3 案例题

分析提示：

1）企业的未达账项有两项：银行于6月21日记入企业存款户存款利息1 500元，但企业尚未入账。银行于6月28日从企业存款中代付本月电费500元，企业未收到付款通知未入账。

2）银行的未达账项有两项：企业于6月30日开出的转账支票6 000元，因持票人尚未到银行办理转账手续，银行尚未入账。企业于5月29日收到的转账支票一张计5 000元，银行尚未入账。

3）银行存款余额调节表编制不正确。正确的银行存款余额调节见表7—2：

表 7—2　　　　　　　　　　　　**银行存款余额调节表**

单位名称：天顺公司　　　　　　　2012 年 6 月 30 日　　　　　　　　　　单位：元

项目	金额	项目	金额
企业账面的存款金额	30 000	银行对账单存款余额	32 000
加：银行已收企业未收的款项	1 500	加：企业已收银行未收的款项	5 000
减：银行已付企业未付的款项	500	减：企业已付银行未付的款项	6 000
调节后的存款余额	31 000	调节后的存款余额	31 000

“7.4　实训资料”参考答案与提示

7.4.1

库存现金清查实训报告

一、关于“本组资料”的专业训练

技能Ⅰ训练：库存现金盘盈盘亏分类

账簿记载的各项财产的结存数与实有数应当一致。但账簿记录并不能完全反映客观实际，存在一些因素导致账簿记录的结存数与实际数不一致。为保证账簿记录的正确性，需要对各种财产进行定期或不定期的清查盘点工作，并与相关账簿进行核对。当账簿记载有财产价值而实际并不存在时即为盘亏，当实际存在某项资产而账簿记载并没有该项资产价值时即为盘盈。对资料进行分析判断，可知 5 月 31 日库存现金清查中现金溢余 100 元，为账无实有，盘盈 100 元。库存现金短缺 210 元，为账有实无，即盘亏 210 元。

技能Ⅱ训练：库存现金盘盈的账务处理

批准前，应记入“库存现金”的借方和“待处理财产损溢”的贷方。查清原因报经批准后分别情况进行处理。如为应支付给有关人员或单位的，则转入“其他应付款”，如为无法查明原因的，则转入“营业外收入”账户。

①报批前

借：库存现金　　　　　　　　　　　　　　　　　　　　　　　　　100

　贷：待处理财产损溢——待处理流动资产损溢　　　　　　　　　　　　100

②批准后

借：待处理财产损溢——待处理流动资产损溢　　　　　　　　　　　100

　贷：营业外收入　　　　　　　　　　　　　　　　　　　　　　　　100

技能Ⅲ训练：库存现金盘亏的账务处理

批准前，记入“库存现金”的贷方和“待处理财产损溢”的借方。查清原因、报经批准后分别情况进行处理。由责任人赔偿的转入“其他应收款”，无法查明原因的转入“管理费用”。

①报批前

借：待处理财产损溢——待处理流动资产损溢　　　　　　　　　　　210

　贷：库存现金　　　　　　　　　　　　　　　　　　　　　　　　　210

②批准后

借：其他应收款——李天　　　　　　　　　　　　　　　　　　　　200

　　管理费用　　　　　　　　　　　　　　　　　　　　　　　　　　10

　　贷：待处理财产损溢——待处理流动资产损溢　　210

二、关于“职业核心能力”与“职业道德”选项的融入性操练

（参照“7.5.2　‘实训题’课业范例”的“二”）

三、关于《库存现金清查实训报告》的撰写训练

（参照“7.5.2　‘实训题’课业范例”的“三”）

7.4.2

存货清查实训报告

一、关于“本组资料”的专业训练

（1）根据资料正确地判断存货盘盈盘亏（技能Ⅰ）

账簿记载的各项财产的结存数与实有数应当一致。但账簿记录并不能完全反映客观实际，存在一些因素导致账簿记录的结存数与实际数不一致。为保证账簿记录的正确性，需要对各种财产进行定期或不定期的清查盘点工作，并与相关账簿进行核对。当账簿记载有财产价值而实际并不存在时即为盘亏，当实际存在某项资产而账簿记载并没有该项资产价值时即为盘盈。对资料进行分析判断，12 月 31 日存货清查中甲材料实际库存 980 千克，明细账记载 950 千克，实际库存超过账面记载 30 千克，即盘盈 30 千克，金额为 150 元；乙材料实际库存 1 200 千克，明细账记载 1 500 千克，即盘亏 300 千克，金额为 6 000 元；丙库存商品实存数为 18 000 只，明细账记载 17 500 只，盘亏 500 只，金额为 1 000 元。实存账存对比表见表 7—3：

表 7—3　**实存账存对比表**

单位名称：天顺公司　　2012 年 12 月 31 日　　金额单位：元

编号	类别及名称	计量单位	单价	实存		账存		对比结果				备注
								盘盈		盘亏		
				数量	金额	数量	金额	数量	金额	数量	金额	
1	甲材料	千克	5	980	4 900	950	4 750	30	150			管理员过失
2	乙材料	千克	20	1 200	24 000	1 500	30 000			300	6 000	自然灾害
3	丙库存商品	只	2	18 000	36 000	17 500	35 000			500	1 000	自然耗损

（2）根据资料正确地进行存货盘盈的账务处理（技能Ⅱ）

在报经批准前，应借记有关存货科目，贷记“待处理财产损溢”。在报经批准后冲销管理费用。

①盘盈时。

借：原材料——甲材料　　150

　　贷：待处理财产损溢——待处理流动资产损溢　　150

②批准后。

借：待处理财产损溢——待处理流动资产损溢　　150

　　贷：管理费用　　150

（3）根据资料正确地进行存货盘亏的账务处理（技能Ⅲ）

企业发生存货盘亏时，在报经批准前应借记“待处理财产损溢——待处理流动资产损溢”科目，贷记有关存货科目；在报经批准后，对于入库的残料价值，记入“原材料”

等科目；对于应由保险公司或过失人支付的赔款记入“其他应收款”；剩余净损失，属于一般经营损失的部分记入“管理费用”，属于非常损失的部分记入“营业外支出”。

①报批前。

借：待处理财产损溢——待处理流动资产损溢　7 000

　贷：原材料——乙材料　6 000

　　　库存商品——丙商品　1 000

②批准后。

借：管理费用　1 000

　　营业外支出　1 000

　　其他应收款——保险公司　5 000

　贷：待处理财产损溢——待处理流动资产损溢　7 000

二、关于“职业核心能力”与“职业道德”选项的融入性操练

（参照“7.5.2　‘实训题’课业范例”的“二”）

三、关于《存货清查实训报告》的撰写训练

（参照“7.5.2　‘实训题’课业范例”的“三”）

7.4.3

固定资产清查实训报告

一、关于“本组资料”的专业训练

（1）根据资料正确地判断固定资产盘盈盘亏（技能Ⅰ）

账簿记载的各项财产的结存数与实有数应当一致。但账簿记录并不能完全反映客观实际，存在一些因素导致账簿记录的结存数与实际数不一致。当账簿记载有财产价值而实际并不存在时即为盘亏，当实际存在某项资产而账簿记载并没有该项资产价值时即为盘盈。天顺公司发现账外设备即为盘盈。账上记载有而在盘点是并不存在的电脑设备和毁损的机器设备均为盘亏。

（2）根据资料正确地进行固定资产盘盈的账务处理（技能Ⅱ）

固定资产盘盈不计入当期损益，而是作为以前期间的会计差错，记入“以前年度损益调整”。这是因为固定资产出现由于企业无法控制的因素而造成盘盈的可能性极小，甚至是不可能的，企业出现了固定资产的盘盈必定是企业以前会计期间少计、漏计产生的，应当作为会计差错进行更正处理。

①报批前。

借：固定资产　2 000

　贷：以前年度损益调整　2 000

②批准后。

借：以前年度损益调整　2 000

　贷：利润分配——未分配利润　2 000

（3）根据资料正确地进行固定资产盘亏的账务处理（技能Ⅲ）

批准前，按盘亏固定资产的账面价值借记“待处理财产损溢——待处理固定资产损溢”，按已计提的累计折旧借记“累计折旧”，按固定资产原价贷记“固定资产”。报经批准后，按可收回保险公司赔偿或过失人赔偿，借记“其他应收款”，净损失借记“营业外

支出”科目，贷记“待处理财产损溢”科目。

①报批前。

借：待处理财产损溢——待处理固定资产损溢　　3 000
　　累计折旧　　1 000
　贷：固定资产　　4 000

②批准后。

借：其他应收款　　3 000
　贷：待处理财产损溢——待处理固定资产损溢　　3 000

二、关于“职业核心能力”与“职业道德”选项的融入性操练

（参照“7.5.2　‘实训题’课业范例”的“二”）

三、关于《固定资产清查实训报告》的撰写训练

（参照“7.5.2　‘实训题’课业范例”的“三”）

第 8 章
财务会计报告

8.1 预习要览

8.1.1 内容提要与结构

1. 内容提要

财务会计报告，又称财务报告，是指企业对外提供的反映企业某一特定日期的财务状况和某一会计期间的经营成果、现金流量等会计信息的文件。

财务会计报告的目标有两个：（1）向财务会计报告使用者提供对其决策有用的信息。（2）反映企业管理层受托责任的履行情况。

财务会计报告的使用者主要包括投资者、债权人、政府及其有关部门和社会公众等。其中特别强调财务会计报告为投资者服务，把为投资者服务放到了首位。债权人要关心企业的财务风险和偿债能力，关心债权的安全。

财务会计报告包括财务报表和其他应在财务会计报告中披露的相关信息和资料，其中，财务报表由报表本身及其附注两部分构成，一套完整的财务报表至少应当包括资产负债表、利润表、现金流量表、所有者权益变动表以及附注。

财务报表可以按不同的标准进行分类：（1）按财务报表编报期间的不同，可以分为中期财务报表和年度财务报表；（2）按财务报表编报主体的不同，可以分为个别财务报表和合并财务报表。

财务会计报告编写的基本要求如下：（1）持续经营的编制基础；（2）不同期间的一致列报；（3）重要项目的单独反映；（4）项目列报的正确口径；（5）比较信息的提供标准；（6）其他要求。

资产负债表是反映企业某一特定日期财务状况的会计报表。资产负债表是静态会计报表。资产负债表反映企业某一日期资产的总额及构成，表明企业拥有或控制的资源及其分布情况；反映企业某一日期的负债总额及其构成，表明企业目前与未来需要支付的债务数额；反映企业所有者所拥有的权益，据以判断资本保值增值的情况，及对负债的保障程度。

资产负债表在形式上分为表头、表体两部分。表头包括报表名称、编制单位、编制日期和金额单位四个要素；表体包括资产、负债和所有者权益各项目名称和金额等内容。

资产负债表的编制依据是：资产=负债+所有者权益。

资产负债表“期末余额”的列报方法：(1) 根据总账科目余额直接填列。(2) 根据总账科目余额计算填列。(3) 根据明细科目余额计算填列。(4) 根据总账科目和明细科目余额分析计算填列。(5) 根据总账科目余额减去其备抵科目余额后的净额填列。

资产负债表“年初余额”栏内的各项数字，应根据上年末资产负债表“期末余额”栏内所列数字填列。如果本年度资产负债表规定的各个项目的名称和内容与上年度不一致，则应对上年年末资产负债表各项目的名称和数字按照本年度的规定进行调整，填入本表“年初余额”栏内。

利润表是反映企业一定期间经营成果的会计报表。它是动态会计报表。

利润表的格式主要有单步式和多步式两种。我国企业会计准则规定，企业应当采用多步式利润表。多步式利润表的内容主要包括营业利润、利润总额、净利润和每股收益。

$$\begin{matrix}\text{营业}\\\text{利润}\end{matrix}=\begin{matrix}\text{营业}\\\text{收入}\end{matrix}-\begin{matrix}\text{营业}\\\text{成本}\end{matrix}-\begin{matrix}\text{营业税金}\\\text{及附加}\end{matrix}-\begin{matrix}\text{销售}\\\text{费用}\end{matrix}-\begin{matrix}\text{管理}\\\text{费用}\end{matrix}-\begin{matrix}\text{财务}\\\text{费用}\end{matrix}-\begin{matrix}\text{资产减值}\\\text{损失}\end{matrix}+\begin{matrix}\text{公允价值}\\\text{变动损益}\end{matrix}+\begin{matrix}\text{投资}\\\text{收益}\end{matrix}$$

利润总额 = 营业利润 + 营业外收入 − 营业外支出

净利润 = 利润总额 − 所得税费用

基本每股收益 = 净利润 ÷ 普通股股份数

企业应当依照企业章程的规定向投资者提供财务会计报告。向有关单位和部门提供财务会计报告，除依照法律、行政法规或者国务院的规定外，任何组织或者个人不得要求企业提供部分或者全部财务会计报告及其有关数据。

对外提供的财务会计报告反映的会计信息应当真实、完整。企业应当依照法律、行政法规和国家统一的会计制度有关财务会计报告提供期限的规定，及时对外提供财务会计报告。

2. 内容结构

本章内容结构如图 8—1 所示：

- 财务会计报告
  - 财务会计报告概述
    - ➢ 财务会计报告的概念
    - ➢ 财务会计报告的构成
    - ➢ 财务报表的分类
    - ➢ 财务会计报告的编写要求
  - 资产负债表
    - ➢ 资产负债表概述
    - ➢ 资产负债表的结构与内容
    - ➢ 资产负债表的编制
  - 利润表
    - ➢ 利润表概述
    - ➢ 利润表的格式与内容
    - ➢ 利润表的编制
  - 财务会计报告的对外提供
    - ➢ 财务会计报告对外提供的对象
    - ➢ 财务会计报告对外报送的相关要求
    - ➢ 已对外提供的财务会计报告错误更正

图 8—1　本章内容结构

3. 主要概念和观念

1）主要概念

财务会计报告　财务报告　资产负债表　利润表

2）主要观念

资产负债表　利润表　财务会计报告对外提供

8.1.2　重点与难点

1. 重点理论

财务会计报告的概念　财务会计报告的分类　财务会计报告的组成及编制要求

2. 重点实务

资产负债表编制方法　利润表编制方法

3. 重点操作

财务会计报告的归类　财务会计报告的分析　财务会计报告编制

4. 难点

资产负债表的编制　利润表的编制

8.1.3　主要公式

1）营业利润计算公式：

营业利润=营业收入-营业成本-营业税金及附加-销售费用-管理费用-财务费用-资产减值损失+公允价值变动损益+投资收益

2）利润总额计算公式：

利润总额=营业利润+营业外收入-营业外支出

3）净利润计算公式：

净利润=利润总额-所得税费用

4）每股收益计算公式：

基本每股收益=净利润÷普通股股份数

8.2　客观题

8.2.1　理论题

1. 单项选择题

1）财务报告是反映企业财务状况、经营成果和现金流量情况的书面文件，由(　　)组成。

A. 资产负债表、利润表、财务状况变动表及有关附表　B. 资产负债表、利润表、现金流量表　C. 会计报表、报表附注及有关附表　D. 会计报表、会计报表附注和其他应在财务报告中披露的相关信息和资料

2）财务报表按编报主体的不同，可以分为(　　)。

A. 个别财务报表和合并财务报表　B. 合并报表和汇总报表　C. 年度报表和中期报表　D. 月度报表和年度报表

3）下列说法正确的是(　　)。

A. 财务报表就是会计报表　B. 财务报表包括会计报表　C. 会计报表包括财务报表　D. 财务报表与会计报表既相区别又相联系

4）会计报表表首部分应当概括地说明的基本信息不包括（　　）。

A. 编报企业的名称　B. 会计期间或截止日　C. 货币单位　D. 相关责任人签名或盖章

5）利润表是反映企业一定期间内(　　)的报表。

A. 财务状况　B. 经营成果　C. 现金流量　D. 所有者权益变动

6）多步式利润表是通过多步计算求出当期损益，一般把利润计算分解为(　　)。

A. 主营业务利润、营业利润、利润总额和净利润　B. 主营业务利润、其他业务利润、利润总额和净利润　C. 营业利润、利润总额和净利润　D. 营业利润、营业外利润和利润总额

7）资产负债表的作用不包括(　　)。

A. 可反映企业某一日期资产总额及其结构，表明企业拥有或控制的资源及其分布情况　B. 可反映企业某一日期的负债总额及其结构，表明企业目前与未来要支付的债务数额　C. 可反映企业所有者所拥有的权益，以判断资本保值增值情况及对负债的保障程度　D. 可反映企业某一期间的利润分配情况，以判断投资者获取利润分配的风险程度

8）在账户式资产负债表中，左边与右边平衡，编制原理为(　　)会计恒等式。

A. 资产=负债+所有者权益　B. 资产-负债=所有者权益　C. 收入=费用+利润　D. 利润=收入-费用

9）利润表编制原理为下列会计等式中的(　　)。

A. 资产=负债+权益　B. 收入-费用=利润　C. 资产=负债+所有者权益　D. 资产+费用=负债+所有者权益

10）国有企业应当至少每年一次向本企业的职工代表大会公布财务会计报告，重点说明的事项不包括(　　)。

A. 反映与职工利益密切相关的信息　B. 内部审计发现的问题及纠正情况　C. 注册会计师审计的情况　D. 固定资产的折旧方法和折旧年限的详细情况

2. 多项选择题

1）对财务会计报告的理解正确的有(　　)。

A. 财务会计报告是对外提供的　B. 财务报告综合反映企业的财务状况信息　C. 财务报告综合反映企业的经营成果信息　D. 财务会计报告是一个系统性的文件　E. 财务会计报告是为企业内部管理层提供的

2）财务会计报告的目标是(　　)。

A. 向财务会计报告使用者提供企业财务状况信息　B. 向财务会计报告使用者提供企业经营成果信息　C. 向财务会计报告使用者提供企业现金流量信息　D. 反映企业管理层受托责任履行情况　E. 有助于财务会计报告使用者作出经济决策

3）财务报告的使用者包括（　　）。

A. 投资者　B. 债权人　C. 社会公众　D. 税务部门　E. 工商部门

4）财务会计报告的构成包括(　　)。

A. 财务报表　B. 其他应在财务会计报告中披露的相关信息　C. 其他应在财务会计

报告中披露的相关资料　D. 报表格式的说明　E. 报表的种类说明

5）一套完整的财务报表至少包括(　　)。

A. 资产负债表　B. 利润表　C. 现金流量表　D. 所有者权益变动表　E. 会计报表附注

6）中期财务报表包括(　　)。

A. 月度财务报表　B. 季度财务报表　C. 半年度财务报表　D. 年度财务报表　E. 个别财务报表

7）符合财务会计报告编写要求的有(　　)。

A. 企业应当以持续经营为基础编制财务报表　B. 财务报表项目的列报在各个会计期间可根据实际情况变更　C. 企业在列报当期财务报表时，至少应当提供所有列报项目上一可比会计期间的比较数据　D. 重要项目应单独反映　E. 所有项目均应单独反映

8）在企业对外提供的财务会计报告上签名并盖章的是(　　)。

A. 企业负责人　B. 主管会计工作的负责人　C. 会计机构负责人（会计主管人员）　D. 总会计师　E. 制表人

9）企业向有关各方提供的财务会计报告，其(　　)应当一致。

A. 编制基础　B. 编制依据　C. 编制原则　D. 编制方法　E. 编制顺序

10）符合财务会计报告对外报送的相关要求的有(　　)。

A. 对外提供的财务会计报告反映的会计信息应当真实、完整　B. 企业应当依照有关财务会计报告提供期限的规定，及时对外提供财务会计报告　C. 财务会计报告需经注册会计师审计的，企业应当将审计报告随同财务会计报告一并对外提供　D. 接受企业财务会计报告的组织或者个人，在企业财务会计报告正式对外披露前，应当对其内容保密　E. 企业对外提供的财务会计报告应当依次编定页数，加具封面，装订成册，加盖公章

3. 判断题

1）财务会计报告的目标就是向使用者提供与企业财务状况、经营成果和现金流量等有关的会计信息。(　　)

2）以持续经营为基础编制财务报表不再合理的，仍按持续经营为基础编制财务报表，但应在附注中披露这一事实。(　　)

3）资产负债表是反映企业在某一特定时期内资产、负债和所有者权益及其构成情况的会计报表。(　　)

4）资产负债表的格式有账户式和报告式两种。(　　)

5）利润表是反映企业在某一特定时点经营成果的会计报表。(　　)

6）利润表的格式有单步式和多步式两种。(　　)

7）公司制企业只需依照公司章程规定的期限将财务会计报告送交各股东。(　　)

8）企业应当依照企业章程的规定，向投资者提供财务会计报告。(　　)

9）企业向有关各方提供的财务会计报告，应当依照各方要求采用不同的编制基础、编制依据、编制原则和编制方法。(　　)

10）发现已对外报送的财务报告有错误，及时办理更正手续，同时通知接受财务报告的单位更正即可。(　　)

8.2.2　实务题

1. 单项选择题

1）下列各项中属于资产负债表流动资产项目的有(　　)。

A. 其他应收款　B. 坏账准备　C. 固定资产　D. 库存现金

2）下列各项中属于资产负债表非流动资产项目的有(　　)。

A. 其他应收款　B. 固定资产　C. 累计折旧　D. 库存现金

3）下列各项中属于资产负债表所有者权益项目的有(　　)。

A. 本年利润　B. 利润分配　C. 应付利润　D. 未分配利润

4）下列各项中不以净额填列的是(　　)。

A. 应收票据　B. 货币资金　C. 固定资产　D. 应收账款

5）下列各项中属于资产负债表流动负债项目的有(　　)。

A. 应付债券　B. 长期借款　C. 预收款项　D. 坏账准备

6）资产负债表各资产项目一般按(　　)排列。

A. 流动性大小　B. 偿还期限长短　C. 账户性质　D. 金额大小

7）资产负债表各负债项目一般按(　　)排列。

A. 流动性大小　B. 要求清偿时间先后　C. 账户性质　D. 金额大小

8）资产负债表列示的金额为(　　)。

A. 本期期初余额　B. 本期期末余额　C. 本期借方发生额　D. 本期贷方发生额

9）月度利润表列示的金额为(　　)。

A. 本月月初余额　B. 本月月末余额　C. 本月实际发生额　D. 本月累计发生额

10）利润表上期金额为(　　)。

A. 本期期初的金额　B. 本期期末的金额　C. 上一期的金额　D. 上年同期的金额

2. 多项选择题

1）财务报告的使用者有(　　)。

A. 投资者　B. 债权人　C. 上级主管部门和国家经济管理机关　D. 企业内部管理人员　E. 潜在的投资者

2）“应付账款”项目，应根据(　　)科目所属各有关明细科目的期末贷方余额合计填列。

A.“应付账款”　B.“预付账款”　C.“应收账款”　D.“预收账款”　E.“其他应收款”

3）资产负债表“货币资金”项目，按总账科目期末余额合计数填列的有(　　)。

A. 库存现金　B. 银行存款　C. 其他货币资金　D. 交易性金融资产　E. 应收票据

4）下列属于资产负债表流动资产类项目的有(　　)。

A.“银行存款”　B.“应收账款”　C.“存货”　D.“预付账款”　E.“原材料”

5）资产负债表中“未分配利润”项目填制的依据是(　　)。

A. 实收资本　B. 应付利润　C. 本年利润　D. 利润分配　E. 盈余公积

6）根据总账科目余额直接填列的有(　　)。

A. 交易性金融资产 B. 短期借款 C. 应付票据 D. 应付职工薪酬 E. 固定资产

7）下列项目中，影响营业利润的有(　　)。

A. 主营业务收入 B. 管理费用 C. 营业外收入 D. 营业税金及附加 E. 所得税费用

8）下列项目中，影响利润总额的有(　　)。

A. 营业利润 B. 营业外收入 C. 营业外支出 D. 所得税费用 E. 净利润

9）下列项目中，影响净利润的有(　　)。

A. 营业收入 B. 营业成本 C. 营业外收入 D. 所得税费用 E. 营业税金及附加

10）“营业成本”项目应根据(　　)科目的发生额分析填列。

A. “主营业务成本” B. “其他业务成本” C. “营业税金及附加” D. “销售费用” E. “管理费用”

3. 混合选择题

1）以下内容中属于“职业态度”的“规范与标准”的是(　　)。

A. 在职业模拟、职业实践或职业生活的自觉行动中，具有体现职业道德内涵的一贯表现 B. 对将要从事的职业种类、职业方向与事业成就有积极的向往和执着的追求 C. 对职业选择或模拟选择有充分的认知和积极的倾向与行动 D. 在履行职业义务时具有强烈的道德责任感和较高的自我评价能力

2）以下内容中属于“职业作风”的“规范与标准”的是(　　)。

A. 在职业模拟、职业实践或职业生活的自觉行动中，具有体现职业道德内涵的一贯表现 B. 对将要从事的职业种类、职业方向与事业成就有积极的向往和执着的追求 C. 对职业选择或模拟选择有充分的认知和积极的倾向与行动 D. 在履行职业义务时具有强烈的道德责任感和较高的自我评价能力

3）“革新创新能力（初级）”的“知识准备参照范围”主要包括(　　)。

A. 激发学习动力的方法；学习的基本原理；确定目标的原则和方法；编写学习计划的基本规则；取得他人帮助和支持的方法与技巧 B. 学习的基本原理；学习的方法和技巧；计划落实、控制和调整的方法和技巧；节约时间的诀窍 C. 学习方法与学习效果的关系；检查目标进度的方法和技巧（总结、归纳、测量）；成功学习的基本要求 D. 能进行自我检查，正确地对待反馈信息和他人意见，对创新方案及实施做出客观评估，并根据实际条件加以调整

4）“财务会计报告编制”这一“专业能力领域”包括的技能点有(　　)。

A. 财务会计报告归类技能 B. 财务会计报告分析技能 C. 财务会计报告编制技能 D. 撰写《财务会计报告实训报告》技能

5）“财务会计报告的归类技能”的“规范与标准”有(　　)。

A. 能熟悉资产负债表结构中年初数和期末余额两种类型 B. 能正确掌握资产负债表、利润表的概念 C. 能根据资产负债表和利润表的相关资料进行正确的分析、判断 D. 能根据分析、判断的结果准确进行财务会计报表的归类

6）“财务会计报告的分析技能”的“规范与标准”有(　　)。

A. 能熟悉财务会计报告具体项目类型 B. 能正确地分析企业账簿资料对财务报表的影响及其结果 C. 能准确地判断账户资料在财务报表中反映的类型 D. 能正确掌握资产负债表的具体项目填列

7）“财务会计报告编制技能”的“规范与标准”有（　　）。

A. 能熟悉资产负债表结构中年初数和期末余额两种类型 B. 能正确掌握资产负债表的具体项目填列 C. 能正确掌握利润表的具体项目填列 D. 能根据经济业务进行财务会计报表编制

8）“撰写《财务会计报告编制实训报告》技能”的“规范与标准”有（　　）。

A. 能熟练掌握资产负债表和利润表的编制原理 B. 能正确、规范地制作资产负债表和利润表 C. 能合理设计《财务会计报告编制实训报告》的结构，层次较分明 D. 能较规范地制作资产负债表和利润表

4. 判断题

1）资产负债表表头包括报表名称、编制单位、编制日期和金额单位四个要素。（　　）

2）资产负债表“应收账款”项目根据“应收账款”总账余额和“坏账准备”总账余额填列。（　　）

3）资产负债表“预付账款项”项目根据“预付账款项”总账余额填列。（　　）

4）资产负债表“固定资产”项目根据“固定资产”总账科目余额填列。（　　）

5）资产负债表“短期借款”项目根据“短期借款”总账余额填列。（　　）

6）资产负债表“应付职工薪酬”项目根据“应付职工薪酬”总账余额填列。（　　）

7）资产负债表“长期借款”项目根据“长期借款”总账余额填列。（　　）

8）年度利润表“上期金额”栏反映上年度末利润表的实际发生额。（　　）

9）月度利润表“上期金额”栏反映上年度末利润表的实际发生额。（　　）

10）根据利润表编制原理，营业利润=营业收入-营业成本。（　　）

8.2.3 案例题

明星公司沦落为“造假先锋”——莱得艾德公司财务报告舞弊案例

背景与情境：莱得艾德公司是美国第三大连锁药店，创办于 1962 年 9 月。1995 年 3 月，创始人之子马丁·格拉斯出任公司的首席执行官兼董事会主席。自此，莱得艾德公司加快了扩张的步伐，通过兼并收购了 1 000 多家连锁药店，公司规模不断扩张，经营业绩稳定增长，其股票成为投资者和华尔街财务分析师追捧的明星股票。

然而，公司 1999 年度会计报告重新表述了 1997 年、1998 年财务年度的经营业绩，调增了 1997 年会计年度报告净利润 136.3 万美元，调减了 1998 会计年度报告净利润 1 056.5万美元。1999 年 10 月 11 日，莱得艾德公司宣布将再次重编前期的某些季度和年度的财务报表。10 月 18 日，马丁·格拉斯辞去了首席执行官和董事会主席的职务。11 月，SEC 和美国总检察长办公室宾夕法尼亚办事处宣布正式调查在马丁·格拉斯及其经营团队领导下的莱得艾德公司的会计和财务问题。

经德勤会计师事务所审计的 2000 会计年度财务报告中，莱得艾德公司重新表述了 1998 年、1999 年会计年度和 2000 会计年度第一和第二季度的财务报告，分别调减了 1998 年和 1999 年会计年度净利润 4.92 亿美元和 5.66 亿美元，累计调减的税前利润为 23 亿美元，累计调减 1999 年 2 月 27 日的留存收益达 16 亿美元之巨，使莱得艾德公司一跃成为

美国历史上会计报表重述金额最大的公司之一。

资料来源　葛家澍：《会计数字游戏：美国十大财务舞弊案例剖析》，北京，中国财政经济出版社，2003。引文略有调整。

要求：请根据上述案例，联系我国会计法律制度有关财务会计报告的规定，在下列题中填入适当选项：

1）财务会计报告的主要目标有（　　）。

A. 向财务会计报告使用者提供企业财务信息　B. 向财务会计报告使用者提供预测　C. 向财务会计报告使用者提供决策　D. 反映企业管理层受托责任履行情况

2）财务会计报告的基本要求有(　　)。

A. 对外提供的财务会计报告反映的会计信息应当真实、完整　B. 及时对外提供财务会计报告　C. 向有关各方提供的财务会计报告，其编制基础、编制依据、编制原则和方法应当一致　D. 不得提供编制基础、编制依据、编制原则和方法不同的财务会计报告

3）财务会计报告对外提供的对象有（　　）。

A. 企业的投资者　B. 企业的债权人　C. 有关政府部门　D. 税务部门　E. 企业管理层

4）如果发现对外报送的财务报告有错误，处理方式有(　　)。

A. 应当及时办理更正手续　B. 除更正本单位留存的财务报告外，同时通知接受财务报告的单位更正　C. 错误较多的，应当重新编报　D. 无须及时更正或重编，可在下一会计年度报告时更正或重编

5）对企业财务会计报告承担责任的人员有(　　)。

A. 企业负责人　B. 主管会计工作的负责人　C. 会计机构负责人　D. 人事部门负责人

8.2.4　实训题

1. 单项选择题

1）主要用以反映企业自身的财务状况、经营成果和现金流量情况，在自身会计核算基础上对账簿记录进行加工而编制的财务报表，是指(　　)。

A. 个别财务报表　B. 合并财务报表　C. 汇总报表　D. 基层报表

2）以母公司和子公司组成的企业集团为会计主体，根据母公司和所属子公司的财务报表，由母公司编制综合反映企业集团财务状况、经营成果及现金流量的财务报表，指(　　)。

A. 个别财务报表　B. 合并财务报表　C. 汇总报表　D. 基层报表

3）根据财务报表列报准则的规定，资产负债表采用(　　)格式。

A. 账户式　B. 报告式　C. 单步式　D. 多步式

4）根据财务报表列报准则的规定，利润表采用(　　)格式。

A. 账户式　B. 报告式　C. 单步式　D. 多步式

5）固定资产在资产负债表中按(　　)列示。

A. 固定资产总账余额　B. 扣除减值准备后的固定资产净值　C. 扣除累计折旧后的固定资产净值　D. 固定资产扣除累计折旧和减值准备的固定资产净额

6）“待处理财产损溢”在资产负债表中列示于(　　)。

A. 其他流动资产　B. 其他非流动资产　C. 单项列示　D. 不列示

7）会计中期利润表“上期金额”栏应根据(　　)填列。

A. 上年该期利润表“本期金额”栏内所列数字　B. 本期的前一期利润表“本期金额”栏内所列数字　C. 本年截止本期的各期累计金额　D. 本年截止本期前一期的各期累计金额

8）年度利润表中，上期金额指(　　)。

A. 本年度11月份利润表的本期金额　B. 本年度1—11月份利润表本期金额累计数　C. 上年度利润表的本期金额　D. 上年度利润表的上期金额

9）向有关单位和部门提供年度财务会计报告应(　　)报出。

A. 于次年4月30日前　B. 于次年5月31日前　C. 按有关法律法规规定的时间　D. 于次年6月30日前

10）如果发现对外报送的财务报告有错误，处理措施不正确的是(　　)。

A. 立即收回重编并重新报送　B. 及时办理更正手续　C. 除更正本单位留存的财务报告外，应同时通知接受财务报告的单位更正　D. 错误较多的，应当重新编报

2. 多项选择题

1）财务会计报告编写的基本要求正确的有(　　)。

A. 持续经营的编制基础　B. 不同期间的一致列报　C. 各项目的单独反映　D. 项目列报的正确口径　E. 数字精确无误

2）不同期间的一致列报是指(　　)。

A. 财务报表项目的列报应当在各个会计期间保持一致，不得随意变更　B. 当会计准则要求改变，财务报表项目的列报是可以改变的　C. 或企业经营业务的性质发生重大变化后，变更财务报表项目的列报能够提供更可靠、更相关的会计信息时，财务报表项目的列报是可以改变的　D. 财务报表项目的列报应当在各个会计期间保持一致，不得变更　E. 企业可根据需要自主安排确定财务报表项目列报在是否各个会计期间保持一致

3）财务报告表首要素正确的是(　　)。

A. 报表名称　B. 编报企业的名称　C. 报表时间或期间　D. 货币名称和单位　E. 编制人名称

4）资产负债表是(　　)会计报表。

A. 反映企业某一特定日期财务状况的　B. 静态　C. 动态　D. 反映企业某一特定时期经营成果的　E. 反映一定会计期间现金流量情况

5）利润表是(　　)会计报表。

A. 反映企业某一特定日期财务状况的　B. 静态　C. 动态　D. 反映企业某一特定时期经营成果的　E. 反映一定会计期间现金流量情况

6）根据总账科目余额直接填列的项目有(　　)等项目。

A. 银行存款　B. 交易性金融资产　C. 短期借款　D. 应付票据　E. 应付账款

7）根据明细科目余额计算填列的项目有(　　)。

A. 应收账款　B. 预收款项　C. 其他应收款　D. 应付账款　E. 其他应付款

8）根据企业会计准则规定，资产负债表填列金额为(　　)。

A. 年初余额　B. 期初余额　C. 期末余额　D. 年末余额　E. 本期发生额

9）根据企业会计准则规定，利润表填列金额为(　　)。

A. 年初余额　B. 本期金额　C. 上期金额　D. 年末余额　E. 本年累计额

10）对营业利润有影响的项目有(　　)。

A. 营业收入　B. 营业成本　C. 投资收益　D. 所得税费用　E. 营业外收入

8.3 主观题

8.3.1 理论题

1. 简答题

1）财务会计报告的概念是什么？

2）财务会计报告的目标是什么？

3）资产负债表各项目排列顺序的特点是什么？

2. 理解题

1）如何理解财务会计报告的含义？

2）如何理解资产负债表反映企业某一时点的财务状况？

3）如何理解利润表反映企业某一会计期间的经营成果？

8.3.2 实务题

1. 规则复习

1）资产负债表中期末数和年初数如何填列？

2）资产负债表期末数各项目填列方法有哪些？

3）多步式利润表主要包括哪几步？

4）利润表中营业利润如何计算？

5）财务报告如何向投资者提供？

2. 业务解析

1）编制资产负债表时，那些项目要根据明细科目余额计算填列？

2）如何理解利润表中上期数？

3）公司制企业对外报送财务会计报告有哪些特别规定？

8.3.3 案例题

报表编制应注重经济实质

背景与情境：佳华公司新聘用了李兵任公司会计，2012 年 8 月 31 日公司账户资料见表 8—1。

表 8—1　　**账户余额表**

编制单位：佳华公司　　2012 年 8 月 31 日　　单位：元

账户	借方余额	贷方余额	账户	借方余额	贷方余额
库存现金					
银行存款	176 960		短期借款		100 000

续表

账户	借方余额	贷方余额	账户	借方余额	贷方余额
应收账款——甲	180 000		应付账款——A	35 000	
应收账款——乙		200 000	应付账款——B		89 600
预付账款——丙	60 000		预收账款——C	40 000	
预付账款——丁		40 000	预收账款——D		102 000
原材料	130 000		应付职工薪酬		10 460
库存商品	98 000		应交税费		8 500
生产成本	36 000		实收资本		400 000
固定资产	217 200		本年利润	8 000	
累计折旧		20 000	利润分配		10 600
资产总计	898 160	260 000		83 000	721 160

李兵根据账户资料编制资产负债表，见表 8—2。

表 8—2　**资产负债表**

编制单位：佳华公司　2012 年 7 月 31 日　单位：元

资产	期末余额	年初余额	负债及所有者权益	期末余额	年初余额
流动资产：			流动负债：		
货币资金	176 960		短期借款	100 000	
交易性金融资产			应付款项	289 600	
应收账款	215 000		预收款项	142 000	
预付账款	100 000		应付职工薪酬	10 460	
其他应收款			应交税费	8 500	
存货	228 000		流动负债合计	550 560	
其他流动资产	16 000		非流动负债：		
流动资产合计	735 960		长期借款		
非流动资产：			非流动负债合计		
固定资产	217 200		负债合计	550 560	
无形资产			所有者权益：		
非流动资产合计	217 200		实收资本	400 000	
			未分配利润	2 600	
			所有者权益合计	402 600	
资产总计	953 160		负债和所有者权益总计	953 160	

问题：

1）公司的资产负债表是否正确？列举错误。

2）如何正确地处理资产负债表具体项目的编制？

3）请改正资产负债表中的错误。

分析要求：

1）课业的结构、格式与体例要求：参照《训练手册》“8.5.1　‘案例题’课业范例”。

2）其他要求同“1.3.3　案例题”的“分析要求”。

8.3.4　实训题

“财务报表编制”业务胜任力训练

【实训目的】

见本章“章名页”之“学习目标”中的“实训目标”。

【能力与道德领域】

专业能力——财务报表编制

技能Ⅰ

名称：财务报表的归类技能

规范与标准：

（1）能正确掌握资产负债表、利润表的概念。

（2）能根据资产负债表和利润表的相关资料进行正确的分析、判断。

（3）能根据分析、判断的结果准确进行财务会计报表的归类。

技能Ⅱ

名称：财务报表项目的分析技能

规范与标准：

（1）能熟悉财务报表具体项目类型。

（2）能正确地分析企业账簿资料对财务报表的影响及其结果。

（3）能准确地判断账户资料在财务报表中反映的类型。

技能Ⅲ

名称：财务报表编制技能

规范与标准：

（1）能熟练掌握资产负债表和利润表的编制原理。

（2）能正确、规范地制作资产负债表和利润表。

（3）能正确地将企业期初资产、负债和所有者权益归类结果过入资产负债表期初金额栏中，并根据“资产=负债+所有者权益”会计恒等式保证其平衡。

（4）能正确地将资产、负债和所有者权益分析结果过入资产负债表的期末金额栏中，并根据“资产=负债+所有者权益”会计恒等式保证其平衡。

（5）能正确地计算本期损益情况，计算填列利润表相关金额栏，并根据“收入-费用=利润”会计等式计算营业利润、利润总额和净利润。

技能Ⅳ

名称：撰写《财务报表编制实训报告》技能

（1）能合理设计《财务报表编制实训报告》的结构，层次较分明。

（2）能较规范地制作资产负债表和利润表。

（3）能较规范地撰写《财务报表编制实训报告》。

（4）本教材网络教学资源包中《学生考核手册》考核表8—2所列各项“考核指标”和“考核标准”。

职业核心能力——信息处理、解决问题、革新创新（初级）

上述能力领域的“基本要求”、“技能点”和“规范与标准”见主教材“附录二”中的附表2—2。

职业道德——职业态度、职业守则（顺从级）

各道德领域的“规范与标准”见主教材“附录二”中的附表2—3。

【实训任务】

（1）对“财务报表编制”专业能力领域各技能点实施基本训练。

（2）对“信息处理、解决问题、革新创新”等职业核心能力领域各技能点实施“初级”强化训练。

（3）对“职业观念”、“职业理想”、“职业态度”和“职业守则”等职业道德领域实施“顺从级”相关训练。

【实训要求】

（1）实训前学生要了解并熟记本实训的“目标”、“能力与道德领域”、“任务”与“要求”，了解并熟记本教材网络教学资源包中《学生考核手册》考核表8—1、表8—2的“考核指标”与“考核标准”内涵，将其作为本实训的操练点和考核点来准备。

（2）通过“实训步骤”，将“实训任务”所列三种训练整合并落实到本实训的“活动过程”和“成果形式”中。

（3）实训后学生要对本次“财务报表编制”的实训活动进行总结，在此基础上撰写实训报告。

【情境设计】

将学生分成若干实训组，选择一个企业一个月发生的一些经济业务情况进行实训。各实训组通过对所选企业账户发生额或余额资料的归类、分析，编制资产负债表和利润表，通过实践活动的参与和体验，完成本实训操练题的各项实训任务，在此基础上撰写《财务报表编制实训报告》。

【指导准备】

知识准备：

（1）“财务会计报告”的理论与实务知识。

（2）教材“附录一”附表1—1的“知识准备”中，与本章“职业核心能力‘强化训练项’”各技能点相关的“‘知识准备’参照范围”。

（3）本教材“附录二”附表2—2和附表2—3中，涉及本章“职业核心能力领域‘强化训练项’”各技能点和“职业道德领域‘相关训练项’”的“规范与标准”知识。

操作指导：

（1）教师向学生阐明“实训目的”、“能力与道德领域”和“知识准备”。

（2）教师就“知识准备”中的第（2）、（3）项，对学生进行培训。

（3）教师指导学生就操练项目“企业当期的损益类账户发生额情况和截至当期期末的资产、负债和所有者权益类账户的余额情况”进行分析、判断，并根据分析、判断的结果准确进行会计账户的归类。

（4）教师指导学生就操练项目“企业正确地编制期末资产负债表和当期利润表”进行分析。

（5）教师指导学生撰写《财务报表编制实训报告》。

【实训时间】

本章课堂教学内容结束后的双休日和课余时间，为期一周。

【实训步骤】

（1）将学生组成若干个实训组，每8位同学分成一组，每组确定1~2人负责。

（2）对学生进行会计报表编制的培训，熟悉实训目的、步骤。

（3）指导各实训组熟悉企业的相关资料，制作资产负债表和利润表。

（4）指导学生以组为单位，讨论完成资产负债表和利润表编制的第一步。分析各账户，将账户按资产、负债和所有者权益类及损益类归类。

（5）各实训组讨论完成资产负债表和利润表编制的第二步。根据资产、负债和所有者权益类账户余额，分析填列资产负债表。

（6）各实训组完成资产负债表和利润表编制的第三步。根据损益类账户发生额，分析填列利润表。

（7）各实训组成员在实施上述训练的过程中，融入对“信息处理”、“解决问题”和“革新创新”等职业核心能力的各“技能点”的“初级”强化训练和对“职业态度”、“职业守则”等职业道德各“素质点”的“顺从级”相关训练，并对训练过程作简要记录与说明。

（8）各实训组成员整合上述操练的过程与结果，分别撰写作为最终成果形式的《财务报表编制实训报告》。

（9）各实训组成员根据所编制的资产负债表和利润表撰写作为最终成果形式的《财务报表编制实训报告》。

（10）各组派代表在班级讨论、交流和修订《财务报表编制实训报告》。

【成果形式】

实训课业：《财务报表编制实训报告》

课业要求：

（1）实训报告的格式与体例参照本书所附助学光盘中“课业范例”的范例8—2。

（2）各组成员完成的《财务报表编制实训报告》必须由项目指导教师、项目组长、项目组成员三方签字负责。

8.4 实训资料

8.4.1

资产负债表编制实训报告

【资料】嘉实公司2010年1月31日有关账户余额见表8—3：

表8—3　　**2010年1月31日账户余额表**　　单位：元

科目	总账		明细账	
	借方	贷方	借方	贷方
库存现金	12 580			
银行存款	65 465			
应收账款	42 860			
A公司			60 000	
B公司				17 140
原材料	116 240			
甲材料			86 240	
乙材料			30 000	
库存商品	65 240			
丙商品			65 240	
预收账款		48 000		
C公司				48 000

【要求】

（1）资产负债表项目的归类（技能I）。

（2）资产负债表各项目分析（技能II）。

（3）资产负债表编制技能（技能III）。

（4）撰写《资产负债表编制实训报告》技能（技能Ⅳ）。

8.4.2

利润表编制实训报告

【资料】 嘉华公司7月份损益类账户发生额情况见表8—4：

表8—4　　**7月份损益发生额**　　单位：元

账户名称	本期借方发生额	本期贷方发生额
主营业务收入		382 500
其他业务收入		68 900
营业外收入		25 800
主营业务成本	226 860	
其他业务成本	46 530	
营业税金及附加	12 100	
销售费用	36 000	
管理费用	18 600	
财务费用	3 620	
营业外支出	16 600	
所得税费用	3 200	

要求：

（1）利润表项目的归类（技能 I）。

（2）利润表各项目分析（技能 II）。

（3）利润表编制技能（技能 III）。

（4）撰写《利润表编制实训报告》技能（技能Ⅳ）。

8.4.3

财务报表编制实训报告

【资料】 某公司 2011 年 12 月 31 日资产负债表年初数见表 8—5。

表 8—5　　**资产负债表**

编制单位：某公司　　2011 年 12 月 31 日　　单位：元

资产	期末余额	年初余额	负债和所有者权益（或股东权益）	期末余额	年初余额
流动资产：			流动负债：		
货币资金		68 600	短期借款		160 000
交易性金融资产			应付账款		104 000
应收账款		206 000	预收款项		48 000
预付款项		14 000	应付职工薪酬		8 600
其他应收款		20 000	应交税费		9 800
存货		356 800	流动负债合计		330 400
流动资产合计		665 400	非流动负债：		
非流动资产：			长期借款		
固定资产		860 000	非流动负债合计		
无形资产			负债合计		330 400
非流动资产合计		860 000	所有者权益（或股东权益）：		
			实收资本（或股本）		1 000 000
			未分配利润		195 000
			所有者权益合计		1 195 000
资产总计		1 525 400	负债和所有者权益（或股东权益）总计		1 525 400

2012 年 1 月该公司发生如下交易或事项：

（1）购入材料一批，发票账单已经收到，增值税专用发票上注明的货款为 100 000

元，增值税税额为 17 000 元。材料已验收入库。

（2）转账收回前期货款 100 000 元。

（3）应付短期借款利息 6 000 元。

（4）银行存款支付公司管理费用 40 000 元。

（5）销售商品一批，该批商品售价为 800 000 元，增值税为 136 000 元，实际成本为 520 000 元，商品已发出。

（6）分配工资费用，其中公司行政管理人员工资 30 000 元，生产工人工资 110 000元。

（7）生产车间生产 A 产品领用原材料 312 000 元。

（8）本月产品全部完工入库。

（9）按利润总额 25% 计算应交所得税。

（10）结转本年利润。

存货中库存商品 100 000 元，其他为原材料。除上述资料外，不考虑其他因素。

【要求】

（1）财务报表项目的归类（技能 I）。

（2）财务报表各项目分析（技能 II）。

（3）财务报表编制技能（技能 III）。

（4）撰写《财务报表编制实训报告》技能（技能Ⅳ）。

8.5 课业范例

8.5.1 “案例题”课业范例

虚假财务会计信息案例分析报告

（成员：　　　　　　　　　　　　　　）

背景与情境： 某科技公司 2009 年年报称，公司“技术服务收入 3 760 万元，占公司营业收入的 43.28%，纺织品销售加工收入 3 991.79 万元，占公司营业收入的 47.99%。”经查，该科技公司通过虚构合同履行的方式，虚构取得技术服务收入 3 760 万元，虚构取得纺织品加工收入 3 063 万元，虚增利润 3 662 万元。

问题：

1）该公司主要违背了哪些财务会计报告编写的基本要求？

2）该公司应如何正确编制 2009 年度财务会计报告？

3）关于该公司编制真实合法的财务会计报表，你有哪些建议？

分析：

1）该公司编制 2009 年度财务会计报告提供了虚假的会计信息，违背了真实可靠的财务会计报告编制基本要求。

2）企业应按真实的经济业务进行会计处理，登记会计账簿，并据以编制财务会计报告。该公司应冲销虚报的虚构技术服务收入 3 760 万元，虚构纺织品收入 3 063 万元，虚增利润 3 662 万元等虚假项目，真实反映财务信息。

3）该公司除了依照相关法律法规及会计准则规定进行会计核算，真实反映财务会计信息外，还应加强学习相关法律法规，要让单位负责人了解其应对单位会计工作承担最终的法律责任，应保证单位会计资料的真实可靠。

8.5.2 “实训题”课业范例

财务报表编制实训报告

【资料】某公司2012年资产负债表年初数见表8—6：

表8—6 资产负债表

编制单位：某公司　　2012年1月1日　　单位：元

资产	期末余额	年初余额	负债和所有者权益（或股东权益）	期末余额	年初余额
流动资产：			流动负债：		
货币资金		168 600	短期借款		160 000
交易性金融资产			应付账款		154 200
应收款项		218 320	预收款项		58 000
预付账款		24 320	应付职工薪酬		8 600
其他应收款		20 000	应交税费		9 600
存货		456 800	流动负债合计		390 400
流动资产合计		888 040	非流动负债：		
非流动资产：			长期借款		800 000
固定资产		1 560 000	非流动负债合计		800 000
无形资产			负债合计		1 190 400
非流动资产合计		1 560 000	所有者权益（或股东权益）：		
			实收资本（或股本）		1 000 000
			未分配利润		257 640
			所有者权益合计		1 257 640
资产总计		2 448 040	负债和所有者权益总计		2 448 040

表中，货币资金168 600元均为银行存款；存货456 800元，其中原材料326 200元，库存商品130 600元。假如2010年该公司发生如下交易或事项：

1）购入材料一批，发票账单已经收到，增值税专用发票上注明的货款为200 000元，增值税税额为34 000元。材料已验收入库。

2）转账收回前期货款200 000元。

3）应付短期借款利息25 000元。

4）转账支付广告费50 000元。

5）销售商品一批，该批商品售价为1 000 000元，增值税为170 000元，实际成本为680 000元，商品已发出。

6）出售材料一批，售价100 000元，销项税额17 000元，货款已收存银行。该材料成本为6万元。

7）分配工资费用，其中公司行政管理人员工资40 000元，生产工人工资100 000元。

8）生产车间生产A产品领用原材料412 300元。

9）银行存款支付车间办公等费用37 500元。

10）本月产品全部完工入库。

11）计算并确认应交城市维护建设税20 000元。

12）按利润总额的25%计算所得税费用（不考虑其他因素）。

13）按净利润的10%提取盈余公积。

【要求】

1）财务报表的归类技能（技能I训练）。

2）财务报表各项目的分析技能（技能II训练）。

3）财务报表的编制技能（技能III训练）。

4）撰写财务报表编制实训报告（技能IV训练）。

【实训课业】

一、关于“本组资料”的专业训练

技能I训练：财务会计报表的归类

资产负债表，就是反映企业某一特定日期财务状况的会计报表。资产负债表是静态会计报表。根据总账科目余额直接填列、根据总账科目余额计算填列、根据明细科目余额计算填列、根据总账科目和明细科目余额分析计算填列、根据总账科目余额减去其备抵科目余额后的净额填列。

利润表，是反映企业一定期间经营成果的会计报表。它是动态会计报表。根据损益类科目的发生额分析填列。

技能II训练：财务报表各项目分析

1）编制会计分录

(1) 借：原材料　200 000
　　应交税费——应交增值税（进项税额）　34 000
　贷：应付账款　234 000

(2) 借：银行存款　200 000
　贷：应收账款　200 000

(3) 借：财务费用　25 000
　贷：应付利息　25 000

(4) 借：销售费用　50 000
　贷：银行存款　50 000

(5) 借：应收账款　1 170 000
　贷：主营业务收入　1 000 000
　　应交税费——应交增值税（销项税额）　170 000

借：主营业务成本　680 000
　贷：库存商品　680 000

（6）借：应收账款　117 000
　　贷：其他业务收入　100 000
　　　　应交税费——应交增值税（销项税额）　17 000

借：其他业务成本　60 000
　贷：原材料　60 000

（7）借：生成成本　100 000
　　　　管理费用　40 000
　　贷：应付职工薪酬　140 000

（8）借：生产成本　412 300
　　贷：原材料　412 300

（9）借：制造费用　37 500
　　贷：银行存款　37 500

（10）借：生产成本　37 500
　　贷：制造费用　37 500

借：库存商品　549 800
　贷：生产成本　549 800

（11）借：营业税金及附加　20 000
　　贷：应交税费——应交城市维护建设税　20 000

（12）借：所得税费用　56 250
　　贷：应交税费——应交所得税　56 250

（13）借：主营业务收入　1 000 000
　　　　其他业务收入　100 000
　　贷：本年利润　1 100 000

（14）借：本年利润　875 000
　　贷：主营业务成本　680 000
　　　　其他业务成本　60 000
　　　　营业税金及附加　20 000
　　　　管理费用　40 000
　　　　销售费用　50 000
　　　　财务费用　25 000

借：本年利润　56 250
　贷：所得税费用　56 250

借：本年利润　168 750
　贷：利润分配　168 750

（15）借：利润分配　16 875
　　贷：盈余公积　16 875

2）登记账簿

银行存款

借方	贷方
期初余额：168 600	（4）50 000
（2）200 000	（9）37 500
发生额：200 000	87 500
期末余额：281 100	

原材料

借方	贷方
期初余额：326 200	（6）60 000
（1）200 000	（8）412 300
本期发生额：200 000	472 300
期末余额：53 900	

应收账款

借方	贷方
期初余额：218 320	（2）200 000
（5）1 170 000	
（6）117 000	
本期发生额：1 287 000	200 000
期末余额：1 305 320	

其他应收款

借方	贷方
期初余额：20 000	
本期发生额：	
期末余额：20 000	

库存商品

借方	贷方
期初余额：130 600	（5）680 000
（10）549 800	
本期发生额：549 800	680 000
期末余额：400	

短期借款

借方	贷方
	期初余额：160 000
	本期发生额：
	期末余额：160 000

应付账款

借方	贷方
	期初余额：154 200
	（1）234 000
	本期发生额：234 000
	期末余额：388 200

预收账款

借方	贷方
	期初余额：58 000
	本期发生额：
	期末余额：58 000

应付职工薪酬

借方	贷方
	期初余额：8 600
	（7）140 000
	本期发生额：140 000
	期末余额：148 600

应交税费

借方	贷方
（1）34 000	期初余额：9 600
	（5）170 000 （6）17 000
	（11）20 000 （12）56 250
期末余额：34 000	263 250
	期末余额：238 850

应付利息

借方	贷方
	期初余额：
	（3）25 000
	本期发生额：25 000
	期末余额：25 000

长期借款

借方	贷方
	期初余额：800 000
	本期发生额：
	期末余额：800 000

实收资本

借方	贷方
	期初余额：1 000 000
	本期发生额：
	期末余额：1 000 000

盈余公积

借方	贷方
	期初余额：
	（15）16 875
	本期发生额：
	期末余额：16 875

销售费用

借方	贷方
（4）50 000	（14）50 000
本期发生额：50 000	50 000
期末余额：0	

管理费用

借方	贷方
（7）40 000	（14）40 000
本期发生额：40 000	40 000
期末余额：0	

财务费用

借方	贷方
(3) 25 000	(14) 25 000
本期发生额： 25 000	25 000
期末余额： 0	

主营业务成本

借方	贷方
(5) 680 000	(14) 680 000
本期发生额： 680 000	680 000
期末余额： 0	

主营业务收入

借方	贷方
(13) 1 000 000	(5) 1 000 000
本期发生额：1 000 000	1 000 000
期末余额： 0	

其他业务成本

借方	贷方
(6) 60 000	(14) 60 000
本期发生额： 60 000	60 000
期末余额： 0	

其他业务收入

借方	贷方
(13) 100 000	(6) 100 000
本期发生额： 100 000	100 000
期末余额：0	

生产成本

借方	贷方
(7) 100 000	(10) 549 800
(8) 412 300	
(10) 37 500	
本期发生额： 549 800	549 800
期末余额： 0	

所得税费用

借方	贷方
(12) 56 250	(14) 56 250
本期发生额： 56 250	56 250
期末余额： 0	

本年利润

借方	贷方
(14) 875 000	(13) 1 100 000
(14) 168 750	
(14) 56 250	
本期发生额：1 100 000	1 100 000
期末余额： 0	

利润分配

借方	贷方
(15) 16 875	期初余额： 257 640
	(14) 168 750
本期发生额： 16 875	168 750
期末余额：	409 515

技能 III 训练：编制会计报表（见表 8—7、表 8—8）

表 8—7

资产负债表

编制单位：某公司　　　　2012 年 12 月 31 日　　　　单位：元

资产	期末余额	年初余额	负债和所有者权益（或股东权益）	期末余额	年初余额
流动资产：			流动负债：		
货币资金	281 100	168 600	短期借款	160 000	160 000
交易性金融资产			应付账款	388 200	154 200
应收账款	1 305 320	218 320	预收款项	58 000	58 000
预付款项	24 320	24 320	应付职工薪酬	148 600	8 600
其他应收款	20 000	20 000	应交税费	238 850	9 600
存货	54 300	456 800	应付利息	25 000	
流动资产合计	1 685 040	888 040	流动负债合计	1 018 650	390 400
非流动资产：			非流动负债：长期借款	800 000	800 000
固定资产	1 560 000	1 560 000	非流动负债合计	800 000	800 000
无形资产			负债合计	1 818 650	1 190 400
非流动资产合计	1 560 000	1 560 000	所有者权益（或股东权益）：		
			实收资本（或股本）	1 000 000	1 000 000
			盈余公积	16 875	
			未分配利润	409 515	257 640
			所有者权益（或股东权益）合计	1 426 390	1 257 640
资产总计	3 245 040	2 448 040	负债和所有者权益（或股东权益）总计	3 245 040	2 448 040

表 8—8　　**利润表**

会企 02 表

编制单位：某公司　　2012 年度　　单位：元

项目	本期金额	上期金额（略）
一、营业收入	1 100 000	
减：营业成本	740 000	
营业税金及附加	20 000	
销售费用	50 000	
管理费用	40 000	
财务费用	25 000	
资产减值损失		
加：公允价值变动收益（损失以“-”号填列）		
投资收益（损失以“-”号填列）		
其中：对联营企业和合营企业的投资收益		
二、营业利润（亏损以“-”号填列）	225 000	
加：营业外收入		
减：营业外支出		
其中：非流动资产处置损失		
三、利润总额（亏损总额以“-”号填列）	225 000	
减：所得税费用	56 250	
四、净利润（净亏损以“-”号填列）	168 750	
五、每股收益		
（一）基本每股收益		
（二）稀释每股收益		

二、关于“职业核心能力”与“职业道德”选项的融入性操练

实训前，我们对列入本章“实训题”【指导准备】中“知识准备”的那些知识进行了必要预习，接受了指导老师的全部“操作指导”。通过参加“知识准备”第（2）、(3）项的培训，使我们了解了本章涉及的“专业能力”各项技能、“职业核心能力”和“职业道德”选项的“规范与标准”，克服了实训过程中对相关操作规范的盲目性。

在实训中，我们在实施本组“实训资料”的专业操练和《实训报告》的准备、撰写、讨论与交流的同时，有意识地融入了“信息处理”、“解决问题”和“革新创新”等“职业核心能力”强化训练和“职业态度”和“职业守则”等“职业道德”的相关训练。

三、关于《财务会计报表编制实训报告》的撰写训练

会计报表编制实训报告		
项目实训班级：0904201	项目小组：01	项目组成员：刘玲
实训时间：2012 年 12 月 31 日	实训地点：学校实训室	
实训目的：熟悉会计报表的概念、种类、结构，操作会计报表的编制程序和方法，提高动手能力		
实训步骤：1. 编制会计分录 2. 登记 T 形账 3. 编制资产负债表 4. 编制利润表 5. 撰写实训报告		
实训结果：编制企业 2012 年 12 月 31 日会计报表编制实训报告		
企业财务状况简单说明：		
实训感言：通过本实训，熟悉了会计报表的概念、种类和结构等理论。掌握了会计报表编制的程序和方法，提高了会计报表编写操作技能。感悟到会计工作要仔细、严谨，要善于与人沟通、与人合作。本次实训有助于理解掌握第 8 章的基本概念、理论，有助于动手能力的提高		
不足与今后改进：		
项目组长评定签字：	项目指导教师评定签字：	

8.6 参考答案与提示

“8.2 客观题”参考答案

8.2.1 理论题

1. 单项选择题

1）D 2）A 3）C 4）D 5）B 6）C 7）D 8）A 9）B 10）D

2. 多项选择题

1）ABCD 2）ABCDE 3）ABCDE 4）ABC 5）ABCDE 6）ABC 7）ACD 8）ABCD 9）ABCD 10）ABCDE

3. 判断题

1）× 2）× 3）× 4）√ 5）× 6）√ 7）× 8）√ 9）× 10）×

8.2.2 实务题

1. 单项选择题

1）A 2）B 3）D 4）B 5）C 6）A 7）B 8）B 9）C 10）D

2. 多项选择题

1）ABCDE 2）AB 3）ABC 4）BCD 5）CD 6）ABCD 7）ABD 8）ABC 9）ABCDE 10）AB

3. 混合选择题

1）C　2）A　3）ABC　4）ABCD　5）BC　6）ABC　7）BCD　8）CD

4. 判断题

1）√　2）×　3）×　4）×　5）√　6）√　7）×　8）×　9）×　10）×

8.2.3　案例题

1）AD　2）ABCD　3）ABCD　4）ABC　5）ABC

8.2.4　实训题

1. 单项选择题

1）A　2）B　3）A　4）D　5）D　6）D　7）A　8）C　9）C　10）A

2. 多项选择题

1）ABD　2）ABC　3）ABCD　4）AB　5）CD　6）BCD　7）BD　8）AC　9）BC　10）ABC

"8.3　主观题"参考答案与提示

8.3.1　理论题

1. 简答题

1）财务会计报告，又称财务报告，是指企业对外提供的反映企业某一特定日期的财务状况和某一会计期间的经营成果、现金流量等会计信息的文件。

2）财务会计报告的目标有两个：(1）向财务会计报告使用者提供对其决策有用的信息。(2）反映企业管理层受托责任的履行情况。

3）根据财务报表列报准则的规定，资产负债表采用账户式格式。左边列报资产，按资产的流动性大小顺序排列，右边列报负债和所有者权益，按清偿时间先后顺序排列。

2. 理解题

1）从财务会计报告的概念中可以看出，财务会计报告具有三层含义：其一，财务会计报告是对外提供的。其二，财务会计报告综合反映企业的财务状况、经营成果等信息。其三，财务会计报告是一个系统性文件。

2）资产负债表是反映企业某一特定日期财务状况的会计报表。即反映企业某一日期资产的总额及构成，反映企业某一日期的负债总额及其构成，反映企业所有者所拥有的权益。

3）利润表是反映企业一定期间经营成果的会计报表。即反映企业一定会计期间的收入情况，反映企业一定会计期间的费用耗费情况，反映企业生产经营活动的成果，即营业利润、利润总额和净利润实现情况。

8.3.2　实务题

1. 规则复习

1）资产负债表"年初余额"栏内的各项数字，应根据上年末资产负债表"期末余额"栏内所列数字填列。如果本年度资产负债表规定的各个项目的名称和内容与上年度不一致，则应对上年年末资产负债表各项目的名称和数字按照本年度的规定进行调整，填入本表"年初余额"栏内。

资产负债表"期末余额"的列报方法可根据总账科目余额直接填列；根据总账科目

余额计算填列；根据明细科目余额计算填列；根据总账科目和明细科目余额分析计算填列；根据总账科目余额减去其备抵科目余额后的净额填列。

2）资产负债表“期末余额”各项目填列方法有以下几种：

根据总账科目余额直接填列。如“交易性金融资产”、“短期借款”、“应付票据”、“应付职工薪酬”等项目。

根据总账科目余额计算填列。如“货币资金”项目，根据“库存现金”、“银行存款”、“其他货币资金”科目的期末余额的合计数填列。

根据明细科目余额计算填列。如“应付账款”项目，根据“应付账款”、“预付账款”科目所属相关明细科目的期末贷方余额计算填列；“预收款项”项目应根据“应收账款”和“预收账款”两个科目所属明细科目的期末贷方余额计算填列。

根据总账科目和明细科目余额分析计算填列。如“长期借款”项目，根据“长期借款”总账科目余额扣除“长期借款”科目所属明细科目中反映的将于1年内到期的长期借款部分分析计算填列。

根据总账科目余额减去其备抵科目余额后的净额填列。如“应收账款”项目，根据“应收账款”科目期末余额减去“坏账准备”科目期末余额后的净额填列；“固定资产”项目，应根据“固定资产”科目的期末余额减去“累计折旧”和“固定资产减值准备”科目余额后的净额填列。

3）第一步计算营业利润；第二步计算利润总额；第三步计算净利润；第四步计算每股收益

4）$\text{营业利润}=\text{营业收入}-\text{营业成本}-\text{营业税金及附加}-\text{销售费用}-\text{管理费用}-\text{财务费用}-\text{资产减值损失}+\text{公允价值变动损益}+\text{投资收益}$

5）企业应当依照企业章程的规定向投资者提供财务会计报告。公司制企业对外报送财务会计报告有特别规定，有限责任公司应当依照公司章程规定的期限将财务会计报告送交各股东。股份有限公司的财务会计报告应当在召开股东大会年会的20日前置备于本公司，供股东查阅；公开发行股票的股份有限公司必须公告其财务会计报告。

2. 业务解析

参考答案：

1）“应付账款”项目，根据“应付账款”、“预付账款”科目所属相关明细科目的期末贷方余额计算填列；“预收账款”项目应根据“应收账款”和“预收账款”两个科目所属明细科目的期末贷方余额计算填列。

2）在编制年度利润表时，“本期金额”栏反映本年度的实际发生额，“上期金额”栏反映上年度末利润表的实际发生额。在编制中期利润表时，“上期金额”栏反映上年同期利润表的本期金额。

3）公司制企业对外报送财务会计报告有特别规定，有限责任公司应当依照公司章程规定的期限将财务会计报告送交各股东。股份有限公司的财务会计报告应当在召开股东大会年会的20日前置备于本公司，供股东查阅；公开发行股票的股份有限公司必须公告其财务会计报告。

8.3.3 案例题

分析提示：

1）公司的资产负债表不正确。其中应收账款项目不对；预付账款不对；应付账款不对；预收账款不对；存货不对；固定资产不对；流动资产合计数不对；非流动资产合计数不对。

2）“应收账款”项目，应根据“应收账款”和“预收账款”科目所属各明细科目的期末借方余额合计，减去“坏账准备”科目中有关应收账款计提的坏账准备期末余额后的金额填列。

“预付款项”项目，应根据“预付账款”和“应付账款”科目所属各明细科目的期末借方余额的合计数，减去“坏账准备”科目中有关预付款项计提的坏账准备期末余额后的金额填列。

“应付账款”项目，应根据“应付账款”和“预付账款”科目所属各有关明细科目的期末贷方余额合计填列。

“预收款项”项目，应根据“预收账款”和“应收账款”科目所属各有关明细科目的期末贷方余额合计填列。

“存货”项目，应根据“材料采购”、“原材料”、“周转材料”、“库存商品”、“发出商品”、“委托加工物资”、“生产成本”等科目的期末余额合计，减去“存货跌价准备”科目期末余额后的金额填列。材料采用计划成本核算的，还应加或减材料成本差异。

“固定资产”项目，应根据“固定资产”科目的期末余额减去“累计折旧”和“固定资产减值准备”科目期末余额后的金额填列。

3）应收账款项目不对，应为 220 000 元；预付款项不对，应为 95 000 元；应付账款不对，应为 129 600 元；预收款项不对，应为 302 000 元；存货不对，应为 264 000 元；固定资产不对，应为 197 200 元；流动资产合计不对，应为 755 960 元；非流动资产合计不对，应为 197 200 元。

“8.4 实训资料”参考答案与提示

8. 4. 1

资产负债表编制实训报告

一、关于“本组资料”的专业训练

技能 I 训练：资产负债表项目的归类

资产负债表，就是反映企业某一特定日期财务状况的会计报表。资产负债表是静态会计报表。根据资产、负债和所有者权益的期末余额填列。

技能 II 训练：资产负债表各项目分析

资产负债表各项目可根据总账科目余额直接填列、根据总账科目余额计算填列、根据明细科目余额计算填列、根据总账科目和明细科目余额分析计算填列、根据总账科目余额减去其备抵科目余额后的净额填列。货币资金根据库存现金和银行存款期末余额相加填列；应收账款项目根据应收账款和预收账款明细账户借方余额相加填列；存货根据原材料和库存商品期末余额相加填列；预收款项根据预收账款明细账户贷方余额填列。

技能 III 训练：资产负债表编制技能

根据资料填列货币资金、应收账款、存货、预收款项等项目见表 8—9。

表 8—9　　　　**资产负债表（部分）**

单位：嘉实公司　　　　2012 年 1 月 31 日　　　　单位：元

资产	期末余额	年初余额	负债和所有者权益	期末余额	年初余额
流动资产：			流动负债：		
货币资金	78 045		短期借款		
交易性金融资产			应付账款		
应收账款	60 000		预收款项	65 140	
预付款项			应付职工薪酬		
其他应收款			应交税费		
存货	181 480		流动负债合计		
流动资产合计			实收资本		
固定资产					
无形资产			未分配利润		
非流动资产合计			所有者权益合计		
资产总计			负债和所有者权益		

二、关于“职业核心能力”与“职业道德”选项的融入性操练

（参照“8.5.2　‘实训题’课业范例”的“二”）

三、关于《资产负债表编制实训报告》的撰写训练

（参照“8.5.2　‘实训题’课业范例”的“三”）

8.4.2

利润表表编制实训报告

一、关于“本组资料”的专业训练

技能Ⅰ训练：利润表项目的归类

利润表，反映企业某一期间经营成果的会计报表。利润表是动态会计报表。根据各损益类账户的发生额填列，见表 8—10。

表 8—10　　　　**嘉华公司 7 月份损益类账户发生额表**　　　　单位：元

账户名称	本期借方发生额	本期贷方发生额
主营业务收入		382 500
其他业务收入		68 900
营业外收入		25 800
主营业务成本	226 860	
其他业务成本	46 530	
营业税金及附加	12 100	
销售费用	36 000	
管理费用	18 600	
财务费用	3 620	
营业外支出	16 600	
所得税费用	3 200	

技能Ⅱ训练：利润表各项目分析

利润表各项目本期金额根据损益类账户本期发生额直接填列或分析计算填列。营业收

入项目根据主营业务收入和其他业务收入本期发生额相加填列；营业成本根据主营业务成本与其他业务成本本期发生额相加填列。营业税金及附加、销售费用、管理费用、财务费用、营业外收入、营业外支出、所得税费用项目根据对应的账户本期发生额直接填列。各利润项目分析计算填列。

技能III训练：利润表编制技能

根据资料填列利润表见表8—11：

表8—11 **利润表**

编制单位：嘉华公司 2012年7月 单位：元

项　目	本期金额	上期金额（略）
一、营业收入	451 400	
减：营业成本	273 390	
营业税金及附加	12 100	
销售费用	36 000	
管理费用	18 600	
财务费用	3 620	
加：投资收益（损失以"-"号填列）		
二、营业利润（亏损以"-"号填列）	107 690	
加：营业外收入	25 800	
减：营业外支出	16 600	
三、利润总额（亏损总额以"-"号填列）	116 890	
减：所得税费用	3 200	
四、净利润（净亏损以"-"号填列）	113 690	

二、关于"职业核心能力"与"职业道德"选项的融入性操练

（参照"8.5.2 '实训题'课业范例"的"二"）

三、关于《利润表编制编制实训报告》的撰写训练

（参照"8.5.2 '实训题'课业范例"的"三"）

8.4.3

财务报表编制实训报告

一、关于"本组资料"的专业训练

技能I训练：财务报表项目的归类

资产负债表，就是反映企业某一特定日期财务状况的会计报表。资产负债表是静态会计报表。根据资产、负债和所有者权益的期余额填列。

利润表，反映企业某一期间经营成果的会计报表。利润表是动态会计报表。根据各损益类账户的发生额填列。

技能II训练：财务报表各项目分析

首先对各经济业务进行分析编制记账凭证、登记账簿，然后分析各报表项目，按照财务报表项目的归类进行报表填列。具体过程如下：

1）编制会计凭证

（1）借：原材料	100 000	
应交税费——应交增值税（进项税额）	17 000	
贷：应付账款		117 000
（2）借：银行存款	100 000	
贷：应收账款		100 000
（3）借：财务费用	6 000	
贷：应付利息		6 000
（4）借：管理费用	40 000	
贷：银行存款		40 000
（5）借：应收账款	936 000	
贷：主营业务收入		800 000
应交税费——应交增值税（销项税额）		136 000
借：主营业务成本	520 000	
贷：库存商品		520 000
（6）借：生产成本	110 000	
管理费用	30 000	
贷：应付职工薪酬		140 000
（7）借：生产成本	312 000	
贷：原材料		312 000
（8）借：库存商品	422 000	
贷：生产成本		422 000
（9）借：主营业务收入	800 000	
贷：本年利润		800 000
（10）借：本年利润	596 000	
贷：主营业务成本		520 000
管理费用		70 000
财务费用		6 000
（11）借：所得税费用	51 000	
贷：应交所得税		51 000
（12）借：本年利润	51 000	
贷：所得税费用		51 000

2）登记账簿

略。

3）根据账簿记录分析各报表项目的填列

略。

技能 III 训练：财务报表编制技能

根据上述分析，填列资产负债表和利润表见表 8—12、表 8—13。

表 8—12

资产负债表

编制单位：某公司　　2012 年 1 月 31 日　　单位：元

资产	期末余额	年初余额	负债和所有者权益（或股东权益）	期末余额	年初余额
流动资产：			流动负债：		
货币资金	128 600	68 600	短期借款	160 000	160 000
交易性金融资产			应付账款	221 000	104 000
应收账款	1 042 000	206 000	预收款项	48 000	48 000
预付款项	14 000	14 000	应付职工薪酬	148 600	8 600
其他应收款	20 000	20 000	应交税费	179 800	9 800
存货	46 800	356 800	应付利息	6 000	
流动资产合计	1 251 400	665 400	流动负债合计	763 400	330 400
非流动资产：			非流动负债：		
固定资产	860 000	860 000	长期借款		
无形资产			非流动负债合计		
非流动资产合计	860 000	860 000	负债合计	763 400	330 400
			所有者权益（或股东权益）：		
			实收资本（或股本）	1 000 000	1 000 000
			未分配利润	348 000	195 000
			所有者权益（或股东权益）合计	1 348 000	1 195 000
资产总计	2 111 400	1 525 400	负债和所有者权益（或股东权益）总计	2 111 400	1 525 400

表 8—13

利润表

会企 02 表

编制单位：某公司　　2012 年 1 月　　单位：元

项目	本期金额	上期金额
一、营业收入	800 000	
减：营业成本	520 000	
营业税金及附加		
销售费用		
管理费用	70 000	
财务费用	6 000	
资产减值损失		
加：公允价值变动收益（损失以“-”号填列）		
投资收益（损失以“-”号填列）		
其中：对联营企业和合营企业的投资收益		
二、营业利润（亏损以“-”号填列）	204 000	
加：营业外收入		
减：营业外支出		
其中：非流动资产处置损失		
三、利润总额（亏损总额以“-”号填列）	204 000	
减：所得税费用	51 000	
四、净利润（净亏损以“-”号填列）	153 000	
五、每股收益		
（一）基本每股收益		
（二）稀释每股收益		

二、关于“职业核心能力”与“职业道德”选项的融入性操练

（参照“8.5.2 ‘实训题’课业范例”的“二”）

三、关于《财务报表编制实训报告》的撰写训练

（参照“8.5.2 ‘实训题’课业范例”的“三”）

第 9 章
会计工作组织

9.1 预习要览

9.1.1 内容提要与结构

1. 内容提要

会计工作组织，主要是通过设置会计机构，配备会计人员，制定与执行会计规章制度，实施与改进会计工作的技术手段，管理会计档案，进行会计工作与其他经济管理工作间的协调，形成一个高效运行的会计工作体系。

会计工作组织为了适应会计工作的综合性、政策性和严密细致性的特点，设置会计机构、配备会计人员及执行会计法律制度。《会计法》第 36 条规定："各单位应依据会计业务的需要，设置会计机构，或者在有关机构中设置会计人员并指定会计主管人员；不具备设置条件的，应当委托经批准设立从事会计代理记账业务的中介机构代理记账。"

会计从业资格是指进入会计职业、从事会计工作的一种法定资质，是进入会计职业的"门槛"。《会计法》第38 条规定："从事会计工作的人员，必须取得会计从业资格证书。"

会计专业职务是区别会计人员业务技能的技术等级。会计专业职务分为高级会计师、会计师、助理会计师和会计员。高级会计师（又分为正高级会计师和副高级会计师）为高级职务、会计师为中级职务、助理会计师和会计员为初级职务。

会计专业技术资格是指担任会计专业职务的任职资格。分为初级资格、中级资格和高级资格。

会计工作岗位，是指一个单位会计机构内部根据业务分工而设置的职能岗位。会计工作岗位可以一人一岗、一人多岗或者一岗多人。但出纳人员不得兼管稽核、会计档案保管、收入、费用和债权债务等账目的登记工作。会计工作岗位一般可分为：总会计师、会计机构负责人或者会计主管人员、出纳、财产物资核算、工资核算、成本费用核算、财务成果核算、资金核算、往来结算、总账报表、稽核和档案管理等。开展会计电算化和管理会计的单位，可以根据需要设置相应工作岗位，也可以与其他工作岗位相结合。

会计人员工作交接指会计人员在工作调动、离职或因病暂时不能工作时，应与接管人员办理交接手续的一种工作程序。

会计档案指会计凭证、会计账簿和财务会计报告等会计核算专业材料，是记录和反映单位经济业务的重要史料和证据。各单位每年形成的会计档案，由会计机构整理立卷，装订成册，在会计年度终了后，可暂由会计机构保管一年，期满之后，原则上应当由会计机构编制移交清册，移交本单位档案机构统一保管；未设立档案机构的，应当在会计机构内部指定专人保管。各单位保存的会计档案不得借出。如有特殊需要，经本单位负责人批准，可以提供查阅或者复制，并办理登记手续。各单位应当建立健全会计档案查阅、复制登记制度。会计档案的保管期限分为永久、定期两类。定期保管期限分为3年、5年、10年、15年和25年。会计档案的保管期限，从会计年度终了后的第一天算起。保管期满的会计档案，可以按照以下程序销毁：（1）由本单位档案机构会同会计机构提出销毁意见，编制会计档案销毁清册。列明销毁会计档案的名称、卷号、册数、起止年度、档案编号、应保管期限、已保管期限和销毁时间等内容。（2）单位负责人在会计档案销毁清册上签署意见。（3）销毁会计档案时，应当由档案机构和会计机构共同派员监销。国家机关销毁会计档案时，应当由同级财政部门、审计部门派员参加监销；财政部门销毁会计档案时，应当由同级审计部门派员参加监销。（4）监销人在销毁会计档案前，应当按照会计档案销毁清册所列内容清点核对所要销毁的会计档案。销毁后，应当在会计档案销毁清册上签名盖章，并将监销情况报告本单位负责人。（5）保管期满但未结清的债权债务原始凭证和涉及其他未了事项的原始凭证，不得销毁，应当单独抽出立卷，保管到未了事项完结时为止。单独抽出立卷的会计档案，应当在会计档案销毁清册和会计档案保管清册中列明。正在项目建设期间的建设单位，其保管期满的会计档案不得销毁。

会计电算化指以电子计算机为主，将现代电子技术、信息技术和网络技术具体应用到会计业务处理工作中的会计信息系统。实行会计电算化的单位，对于机制记账凭证，要认真审核，做到会计科目使用正确，数字准确无误。打印出的机制记账凭证要加盖制单人员、审核人员、记账人员和会计机构负责人（会计主管人员）印章或者签字。总账和明细账应当定期打印。发生收款和付款业务的，在输入收款凭证和付款凭证的当天必须打印出现金日记账和银行存款日记账，并与库存现金核对无误。

2. 内容结构

本章内容结构如图9—1所示：

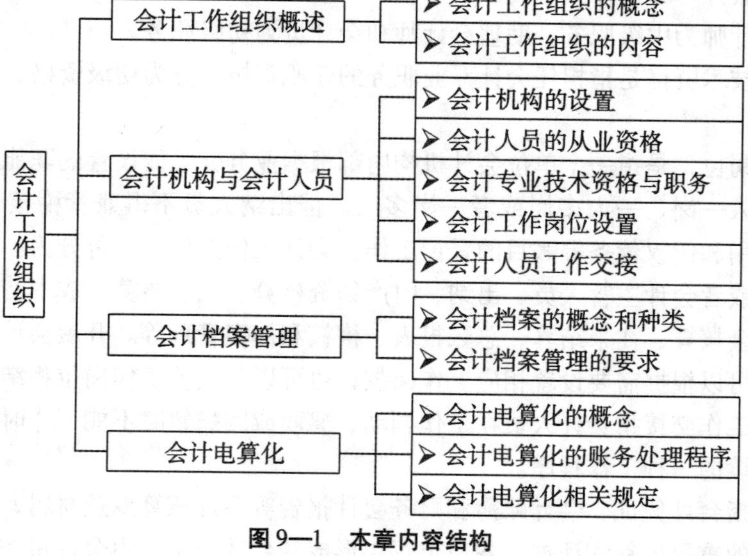

图9—1　本章内容结构

3. 主要概念和观念

1）主要概念

会计工作组织　会计人员工作交接　会计档案　会计电算化

2）主要观念

会计机构与会计人员　会计档案管理　会计电算化

9.1.2 重点与难点

1. 重点理论

会计工作组织的概念　会计工作组织的内容　会计档案的概念和内容

2. 重点实务

会计机构的设置　会计人员管理　会计电算化记账程序

3. 重点操作

会计工作组织的设置与运作

4. 难点

会计工作组织的运作

9.2 客观题

9.2.1 理论题

1. 单项选择题

1）在我国，从事会计工作的人员，其基本任职条件是(　　)。

A. 具有会计专业技术资格　B. 担任会计专业职务　C. 具有会计从业资格证书　D. 具有中专以上专业学历

2）各单位应根据(　　)的需要设置会计机构。

A. 工商部门　B. 税务部门　C. 本行业会计业务　D. 本单位会计业务

3）一个单位是设置会计机构还是在有关机构中设置专职的会计人员，由各单位根据(　　)的要求来决定。

A. 工商部门　B. 本单位所在行业　C. 会计业务的繁简和实际情况　D. 行业会计业务

4）会计机构负责人因调动工作办理交接手续时，负责监交的人员应该是(　　)。

A. 单位负责人　B. 上级主管部门人员　C. 人事部门负责人　D. 内部审计机构负责人

5）一般会计人员办理会计工作交接时，负责监交的人员应该是(　　)。

A. 单位负责人　B. 会计机构负责人　C. 审计部门　D. 财政部门

6）在规模小、会计业务简单的单位(　　)。

A. 一定要单独设置会计机构　B. 可以在有关机构中配备专职会计人员　C. 一定要代理记账　D. 可以不进行会计核算

7）单位负责人的直系亲属不得在本单位担任的会计工作岗位是(　　)。

A. 会计机构负责人　B. 出纳　C. 稽核　D. 会计档案的保管

8）持证人员从事会计工作，应当自从事会计工作之日起90日内，向单位所在地的会计从业资格管理机构办理(　　)。

A. 注册登记　B. 离岗登记　C. 变更登记　D. 注销登记

9）持证人员离开会计工作岗位超过(　　)的，应当向原注册登记的会计从业资格管理机构办理离岗备案。

A. 1个月　B. 2个月　C. 3个月　D. 6个月

10）会计电算化条件下总账和明细账应当(　　)。

A. 只电子存档　B. 只纸质存档　C. 定期打印存档　D. 不定期打印存档

2. 多项选择题

1）组织会计工作的要求有(　　)。

A. 遵守国家的法律法规和制度　B. 符合单位生产经营的特点　C. 加强制度建设　D. 健全和执行内部控制制度　E. 保证会计工作质量前提下，兼顾工作效率

2）各单位应依据会计业务的需要(　　)。

A. 设置会计机构　B. 在有关机构中设置会计人员并指定会计主管人员　C. 委托经批准设立从事会计代理记账业务的中介机构代理记账　D. 不进行会计核算　E. 选择进行会计核算

3）不得参加会计从业资格考试，不得取得或重新取得会计从业资格证的有(　　)。

A. 提供虚假财务会计报告被依法追究刑事责任的人员　B. 职务侵占被依法追究刑事责任的人员　C. 非会计职务相关的违法行为被追究刑事责任的人员　D. 会计职务相关的违法行为被追究刑事责任的人员　E. 会计职务相关的违法行为未被追究刑事责任，但被吊销从业资格证的人员

4）会计从业资格证书登记管理包括(　　)。

A. 上岗注册登记　B. 离岗备案　C. 变更登记　D. 注销登记　E. 调转登记

5）会计专业职务分为(　　)。

A. 正高级会计师　B. 高级会计师　C. 会计师　D. 助理会计师　E. 会计员

6）会计工作岗位包括(　　)。

A. 稽核员　B. 医院门诊收费员　C. 医院药房收费员　D. 内部审计员　E. 总账会计

7）会计档案种类包括(　　)。

A. 会计凭证类　B. 会计账簿类　C. 财务报告类　D. 财务制度类　E. 其他类

8）不得销毁的会计档案有(　　)。

A. 保管期满但未结清的债权债务原始凭证　B. 涉及其他未了事项的原始凭证　C. 正在项目建设期间的建设单位　D. 年度财务报告　E. 月度财务报告

9）会计电算化应当具备以下基本条件(　　)。

A. 使用的会计核算软件达到要求　B. 配有专门或主要用于会计核算工作的电子计算机　C. 电子计算机与手工会计核算同时运行三个月以上　D. 有严格的操作管理制度　E. 有严格的会计档案管理制度

10）会计电算化记账主要过程包括(　　)。

A. 初始设置　B. 记账凭证处理　C. 账簿处理　D. 生成报表　E. 会计电算化流程设计

3. 判断题

1）只有中专以上的会计专业人员才能报名参加会计从业资格的考试。（　）

2）从事会计工作的人员，必须取得会计从业资格证书。（　）

3）会计从业资格可全部免予考试取得。（　）

4）会计工作岗位可以一人一岗、一人多岗或者一岗多人。（　）

5）出纳可以登记收入、费用、债权债务等账目。（　）

6）银行对账单属于会计档案资料。（　）

7）各单位当年形成的会计档案，由会计管理部门进行整理并立卷。（　）

8）销毁会计档案时，应当由财政部门监销。（　）

9）会计档案期满后均可销毁。（　）

10）会计电算化条件下只要定期打印账簿，无须打印凭证。（　）

9.2.2　实务题

1. 单项选择题

1）会计工作岗位不可以(　　)。

A. 一人一岗　B. 一人多岗　C. 一岗多人　D. 会计兼出纳

2）会计从业资格证自被吊销之日起 5 年内不得参加会计从业资格考试，不得重新取得会计从业资格证书的情形有(　　)。

A. 挪用公款被追究刑事责任　B. 做假账被追究刑事责任　C. 做假账被行政处分，吊销会计从业资格证　D. 会计违规行为被行政警告，未吊销会计从业资格证

3）出纳人员可以兼管(　　)账目的登记工作。

A. 稽核　B. 会计档案保管　C. 收入　D. 固定资产明细账

4）定期保管期限为 5 年的会计档案有(　　)。

A. 月度会计报表　B. 会计凭证　C. 会计账簿　D. 库存现金日记账

5）年度财务会计报告应保存(　　)。

A. 3 年　B. 5 年　C. 25 年　D. 永久保存

6）财政部门销毁会计档案时，应当由(　　)派员参加监销。

A. 上级审计部门　B. 同级审计部门　C. 上级财政部门　D. 同级财政部门

7）按规定销毁会计档案后，监销人应当在(　　)上签名盖章。

A. 会计档案　B. 销毁清册上　C. 保管清册上　D. 移交清册上

8）正在项目建设期间的建设单位，其保管期满的会计档案(　　)。

A. 不得销毁　B. 立即销毁　C. 可以销毁　D. 可以不销毁

9）会计电算化条件下，凭证处理不包括(　　)。

A. 录入记账凭证　B. 凭证审核　C. 记账　D. 对账

10）用电子计算机进行会计核算与手工会计核算同时运行(　　)，取得相一致的结果。

A. 3 个月　B. 3 个月以下　C. 3 个月以上　D. 6 个月以上

2. 多项选择题

1）持会计从业资格初次上岗从事会计工作应(　　)。

A. 到当地财政部门办理注册登记　B. 持会计从业资格证书　C. 持所在单位出具的从事会计工作的证明　D. 自从事会计工作之日起90日内办理　E. 自取得会计从业资格证日起90日内办理

2）发生(　　)时，应办理会计从业资格证变更登记。

A. 持证人员的学历变更　B. 持证人员的学位变更　C. 会计专业技术职务资格变更　D. 发生接受继续教育　E. 辞职后在当地另一单位从事会计工作

3）会计人员办理移交手续前，必须及时做好以下工作(　　)。

A. 已经受理的经济业务尚未填制会计凭证的，应当填制完毕　B. 尚未登记的账目，应当登记完毕，并在最后一笔余额后加盖经办人员印章　C. 整理应该移交的各项资料，对未了事项写出书面材料　D. 编制移交清册　E. 在移交清册上签字

4）会计人员工作交接程序为(　　)。

A. 办理移交手续前，相关会计人员必须做好准备工作　B. 相关会计人员交接　C. 专人负责监交并在移交清册上签名或盖章　D. 交接双方在移交注册上签名或者盖章　E. 提交工作交接报告

5）会计档案借阅要求有(　　)。

A. 各单位保存的会计档案不得借出　B. 经本单位负责人批准，可以提供查阅　C. 经本单位财务部负责人批准后可进行复制　D. 各单位应当建立健全会计档案查阅、复制登记制度　E. 经本单位负责人批准后可以借出

6）各单位每年形成的会计档案应该(　　)。

A. 由会计机构整理立卷，装订成册　B. 会计年度终了后，可暂由会计机构保管一年　C. 期满之后，应当由会计机构编制移交清册，移交本单位档案机构统一保管　D. 未设立档案机构的，应当在会计机构内部指定专人保管　E. 会计档案只能在会计机构内保管

7）会计档案销毁时要求(　　)。

A. 由本单位档案机构会同会计机构提出销毁意见，编制会计档案销毁清册　B. 单位负责人在会计档案销毁清册上签署意见　C. 销毁会计档案时，应当由档案机构和会计机构共同派员监销　D. 监销人在销毁会计档案前，应当按照会计档案销毁清册所列内容清点核对所要销毁的会计档案　E. 到期档案均应销毁

8）会计电算化记账环境下，凭证处理的主要操作有(　　)。

A. 录入记账凭证　B. 凭证审核　C. 记账　D. 凭证查询　E. 查询总账

9）会计电算化记账环境下，账簿处理主要操作有(　　)。

A. 对账　B. 结账　C. 总账查询　D. 明细账查询　E. 凭证记账

10）会计电算化记账环境下，生成报表主要操作有(　　)。

A. 设置报表格式　B. 设置数据取数公式　C. 审核公式　D. 生成报表　E. 对账

3. 混合选择题

1）“自我学习能力（初级）”的“技能点”是(　　)。

A. 确定短期学习目标、实施短期学习计划、检查学习进度　B. 确定中期学习目标、实施中期学习计划、检查学习进度　C. 确定长期学习目标、实施长期学习计划、检查学习进度　D. 确定短期学习目标、实施短期学习计划

2）以下内容中属于“职业情感”的“规范与标准”是(   )。

A. 对职业或职业模拟有愉快的主观体验、稳定的情绪表现、健康的心态、良好的心境，具有强烈的职业认同感、职业荣誉感和职业敬业感 B. 对将要从事的职业种类、职业方向与事业成就有积极的向往和执着的追求 C. 对职业选择或模拟选择有充分的认知与积极的倾向和行动 D. 在履行职业义务时具有强烈的道德责任感和较高的自我评价能力

3）“自我学习能力（初级）”的“规范与标准”是(   )。

A. 能明确学习动机，并计划时间、寻求指导 B. 能按照行动要点展开工作，按时完成任务，使用不同方式、选择和运用不同的学习方法实现目标，并能对计划及时做出调整 C. 能对学习情况提出看法、改进意见和提高学习能力的设想 D. 能汇总学习成果、成功经验和已实现的目标

4）下列内容属于“会计职业守则”的“规范与标准”是(   )。

A. 对职业、职业选择、职业工作、职业道德和会计伦理等问题具有正确的看法 B. 在履行职业义务时具有强烈的道德责任感和较高的自我评价能力 C. 爱岗敬业、诚实守信、廉洁自律、客观公正、坚持原则、提高技能、参与管理、强化服务 D. 对职业选择或模拟选择有充分的认知与积极的倾向和行动

5）“会计工作组织的概念和基本理论运用”这一“专业能力领域”包括的技能点有(   )。

A. 熟悉会计机构的设置 B. 熟悉会计从业资格证的管理 C. 熟悉会计电算化记账程序 D. 熟悉会计档案保管技能

6）“会计工作组织基本政策运用技能”的“规范与标准”有(   )。

A. 能熟悉财务报告的报送 B. 能辨别会计工作组织的各项具体内容 C. 熟悉会计机构设置相关政策规定 D. 熟悉会计岗位设置相关政策规定

7）“会计工作组织的分析技能”的“规范与标准”有(   )。

A. 熟悉会计工作组织业务流程 B. 能正确地分析会计机构的职能和各岗位职责 C. 能准确地判断会计工作岗位中各种不相容职务 D. 能分辨会计从业资格与会计专业技术资格

8）“会计工作组织设置与运作技能”的“规范与标准”有(   )。

A. 能正确掌握会计工作组织的概念 B. 能辨别会计工作组织的各项具体内容 C. 能熟练掌握会计机构的设置 D. 能正确规范地设置会计工作岗位

4. 判断题

1）持证人员离开会计工作岗位的，应立即向原注册登记的会计从业资格管理机构备案。 (   )

2）只有从事会计工作的会计从业资格证持证人员才须接受继续教育。 (   )

3）会计从业资格证持证人员每年参加继续教育培训时间不得少于24小时。 (   )

4）取得了会计专业技术资格就获得了相应的会计专业技术职务。 (   )

5）高级会计师专业技术职务通过考试即可取得。 (   )

6）档案管理部门的人员管理会计档案，不属于会计岗位。 (   )

7）因病暂时不能工作，也应与接管人员办理交接手续。 (   )

8）接替人员应当继续使用移交的会计账簿，不得自行另立新账，以保持会计记录的连续性。 (   )

9）会计档案的保管期限，从会计年度终了后的第一天算起。（　　）

10）会计电算化条件下，发生收款和付款业务的，在输入收款凭证和付款凭证的当天必须打印出库存现金日记账和银行存款日记账。（　　）

9.2.3　案例题

会计档案的保管

背景与情境：小朋大学期间在工商管理专业学习。他一直希望找一家企业从事与管理相关的工作，所以没有参加会计从业资格的考试，没有会计从业资格证。毕业后，由于工作难找，他受聘于一家国有企业当会计部门档案管理员，负责会计档案的整理、归档和保管，协调与单位档案部门的工作。刚入职时，发生了如下几件事：第一件事，小朋要整理上年度会计档案，整理好后，将其移交给单位档案部门。第二件事，有一天人事部副部长张强找小朋借上年度会计资料，查阅上年度职工福利情况，小朋将上年度报表和相关凭证账簿资料柜打开，由张强自行查阅、复制。第三件事，单位档案部门要求清理过期档案，并进行销毁。刚刚开始工作，小朋感觉到很不顺手，面对成堆的会计资料，不知如何入手。也不知道如何与单位档案部门协调会计档案的保管工作。

要求：请根据上述案例，联系我国会计法律制度会计档案的相关规定，在下列题中填入适当选项：

1）小朋任会计部门档案管理员，下列说法正确的有(　　)。

A. 会计部门档案管理员不是会计岗位，无须取得会计从业资格证　B. 会计部门档案管理员是会计岗位，必须取得会计从业资格证　C. 小朋可以先入职，再来考取会计从业资格证　D. 小朋必须先考取会计从业资格证，然后才能当会计档案管理员

2）下列各项中属于会计档案的有(　　)。

A. 会计凭证　B. 会计账簿　C. 会计报表　D. 银行对账单

3）其他部门和人员借阅档案时，应遵守的规定有(　　)。

A. 会计档案不得借出　B. 经本单位负责人批准，可以提供查阅或者复制　C. 按本单位会计档案查阅、复制登记制度进行　D. 会计档案涉及单位财务重要资料，不对外提供查阅

4）会计档案销毁时，正确的说法有(　　)。

A. 由档案部门和会计部门共同提出销毁意见，编制会计档案销毁清册　B. 单位负责人在会计档案销毁清册上签署意见　C. 销毁会计档案时，应当由档案机构和会计机构共同派员监销　D. 按照会计档案销毁清册所列内容清点核对所要销毁的会计档案

5）当年形成的会计档案，处理方法符合规定的有(　　)。

A. 在会计年度终了后，可暂由会计机构保管一年　B. 期满之后，移交本单位档案机构统一保管　C. 单位未设立档案机构的，应当在会计机构内部指定专人保管　D. 不管单位有无档案机构，均由会计部门管理

9.2.4　实训题

1. 单项选择题

1）各单位应依据(　　)设置会计机构。

A. 各单位会计业务的需要 B. 主管部门的要求 C. 法律规定 D. 会计准则的规定

2）单位在有关机构中设置会计人员并指定会计主管人员由（ ）决定。

A. 各单位会计业务的繁简和实际情况 B. 主管部门的要求 C. 法律规定 D. 会计准则的规定

3）取得会计从业资格证书说法正确的是（ ）。

A. 从事会计工作必须取得会计从业资格证书 B. 可以先从事会计工作，然后取得会计从业资格 C. 无需会计从业资格证书，也可以从事会计工作 D. 会计从业资格证书可以通过考核的方式取得

4）因违反会计法律规定，行政处罚吊销会计从业资格证书的人员（ ）。

A. 自被吊销之日起5年内不得参加会计从业资格考试，不得重新取得会计从业资格证书 B. 自被吊销之日起3年内不得参加会计从业资格考试，不得重新取得会计从业资格证书 C. 自被吊销之日起2年内不得参加会计从业资格考试，不得重新取得会计从业资格证书 D. 终生不得重新取得会计从业资格证书

5）持证人员从事会计工作，应当自从事会计工作之日起（ ）内，办理注册登记。

A. 30 日 B. 60 日 C. 90 日 D. 120 日

6）持证人员离开会计工作岗位超过（ ）个月的，应向原注册登记的会计从业资格管理机构备案。

A. 3 B. 6 C. 9 D. 12

7）根据《会计从业资格管理办法》规定持证人员接受继续教育，每年参加继续教育培训（面授）时间不得少于（ ）小时。

A. 12 B. 24 C. 36 D. 48

8）一般会计人员办理交接手续，由（ ）监交。

A. 单位的会计机构负责人（会计主管人员） B. 单位负责人负责监交 C. 同级财政部门 D. 同级审计部门

9）下列各项中，会计工作岗位是（ ）。

A. 单位内部审计 B. 社会审计 C. 政府审计工作 D. 会计机构负责人

10）对于会计档案管理岗位，在会计档案正式移交之前，属于（ ）。

A. 会计岗位 B. 审计岗位 C. 保管岗位 D. 管理岗位

2. 多项选择题

1）保管期满不得销毁的会计档案有（ ）。

A. 未结清的债权债务 B. 年度会计报告 C. 正在项目建设期间的建设单位会计档案 D. 库存现金日记账 E. 总账

2）定期保管期限为25年的会计档案有（ ）。

A. 年度会计报告 B. 库存现金日记账 C. 银行存款日记账 D. 明细账 E. 总账

3）各单位保存的库存会计档案（ ）。

A. 不得借出 B. 不得查阅或复制 C. 特殊情况，经本单位负责人批准，可以提供查阅或者复制，并办理登记手续 D. 应当建立健全会计档案查阅、复制登记制度 E. 无须建立专门的会计档案查阅制度

4）下列属于会计档案的有(　　)。

A. 会计凭证　B. 会计账簿　C. 会计规章制度　D. 会计报告　E. 财务预算

5）会计专业技术资格分为(　　)。

A. 初级资格　B. 中级资格　C. 高级资格　D. 总会计师资格　E. 会计从业资格

6）出纳人员不得兼任的岗位有(　　)。

A. 稽核　B. 会计档案保管　C. 收入、费用账目的登记工作　D. 债权债务账目的登记工作　E. 现金日记账

7）会计工作岗位包括(　　)。

A. 会计机构负责人或者会计主管人员　B. 出纳　C. 稽核　D. 工资核算　E. 内部审计

8）会计工作岗位不包括(　　)。

A. 财务成果核算　B. 医院门诊收费　C. 药房收费　D. 路桥收费　E. 出纳

9）企业会计档案中定期档案保管期限分为(　　)。

A. 3 年　B. 5 年　C. 15 年　D. 25 年　E. 30 年

10）永久保管的会计档案有(　　)。

A. 年度会计报表　B. 涉外会计凭证　C. 涉外账簿　D. 总账　E. 明细账

9.3 主观题

9.3.1 理论题

1. 简答题

1）会计法对会计机构设置有何规定？

2）会计工作岗位设置有何要求？

3）会计档案的含义是什么？

2. 理解题

1）比较会计从业资格证的上岗登记与离岗备案的不同意义。

2）比较会计档案与文书档案的区别。

3）会计电算化与手工方式进行会计核算的异同。

9.3.2 实务题

1. 规划复习

1）会计职业禁入有哪些规定？

2）会计从业资格如何办理调转？

3）会计工作交接如何进行？

4）会计档案借阅有何要求？

5）会计档案销毁有何要求？

2. 业务解析

1）如何理解会计工作岗位设置？

2）如何理解会计工作交接双方责任？

3）会计档案归档要求有哪些？

9.3.3　案例题

背景与情境：张平和李华是同班同学，他们均通过会计从业资格证的考试获取了会计从业资格证。大学毕业后张平和李华均在获取会计从业资格证当地就业从事会计工作。一年后张平"跳槽"到当地的另一家企业继续从事会计工作，他不知道会计从业资格证是否要去当地财政局进行登记，而李华则辞掉原会计工作，回到她户籍地继续从事会计工作，她跨省调转工作，不知道会计从业资格证该如何调转。

问题：

1）持证人员在同一会计从业资格管理机构管辖范围内调转工作单位，会计从业资格证如何进行调转登记？

2）持证人员在不同会计从业资格管理机构管辖范围内调转工作单位，会计从业资格证如何进行调转登记？

分析要求：

1）课业的结构、格式与体例要求：参照《训练手册》"9.5.1　'案例题'课业范例"。

2）其他要求同"1.3.3　案例题"的"分析要求"。

9.3.4　实训题

"会计工作组织的设置与运作"业务胜任能力训练

【实训目的】

见本章"章名页"之"学习目标"中的"实训目标"。

【能力与道德领域】

专业能力——会计工作组织的设置与运作

技能Ⅰ

名称：会计工作组织基本政策运用技能

规范与标准：

(1) 能正确掌握会计工作组织的概念。

(2) 能辨别会计工作组织的各项具体内容。

(3) 熟悉会计机构设置相关政策规定。

(4) 熟悉会计岗位设置相关政策规定。

(5) 熟悉会计职责分工相关政策规定。

技能Ⅱ

名称：会计工作组织的分析技能

规范与标准：

(1) 熟悉会计工作组织业务流程。

(2) 能正确地分析会计机构的职能和各岗位职责。

(3) 能准确地判断会计工作岗位中各种不相容职务。

技能Ⅲ

名称：会计工作组织设置与运作技能

规范与标准：

（1）能熟练掌握会计机构的设置。

（2）能正确规范地设置会计工作岗位。

（3）能对各岗位会计人员进行会计职责分工。

技能Ⅳ

名称：撰写企业《会计工作组织设置与运作实训报告》技能

规范与标准：

（1）能合理设计《会计工作组织设置与运作实训报告》的结构，层次较分明。

（2）能用较规范的文字撰写《会计工作组织设置与运作实训报告》。

（3）本教材网络教学资源包中《学生考核手册》的考核表9—2所列各项“考核指标”和“考核标准”。

职业核心能力——自我学习、解决问题、革新创新（初级）

上述能力领域的“基本要求”、“技能点”和“规范与标准”见本教材“附录二”中的附表2—2。

职业道德——职业情感、职业守则（顺从级）

各道德领域的“规范与标准”见本教材“附录二”中的附表2—3。

【实训任务】

（1）对“会计工作组织设置与运作”专业能力领域各技能点实施阶段性基本训练。

（2）对“自我学习”、“解决问题”、“革新创新”等职业核心能力领域各技能点实施“初级”强化训练。

（3）对“职业情感”和“职业守则”等职业道德领域实施“顺从级”相关训练。

【实训要求】

（1）实训前学生要了解并熟记本实训的“目标”、“能力与道德领域”、“任务”与“要求”，了解并熟记本教材网络教学资源包中《学生考核手册》考核表9—1、考核表9—2中的“考核指标”与“考核标准”内涵，将其作为本实训的操练点和考核点来准备。

（2）通过“实训步骤”，将“实训任务”所列三种训练整合并落实到本实训的“活动过程”和“成果形式”中。

（3）实训后学生要对本次“会计工作组织设置与运作”的实训活动进行总结，在此基础上撰写实训报告。

【情境设计】

将学生分成若干实训组，选择一个企业一个月发生的一些经济业务情况进行实训。各实训组通过对所选企业经济业务会计分录的编制、过账、企业本期发生额及余额试算平衡表的编制等实践活动的参与和体验，完成本实训操练题的各项实训任务，在此基础上撰写《试算平衡表编制实训报告》。

【指导准备】

知识准备：

（1）“会计工作组织”的理论与实务知识。

（2）本教材“附录一”附表1—1的“知识准备”中，与本章“职业核心能力‘强化训练项’”各技能点相关的“‘知识准备’参照范围”。

（3）本教材“附录二”附表2—2和附表2—3中，涉及本章“职业核心能力领域‘强化训练项’”各技能点和“职业道德领域‘相关训练项’”的“规范与标准”知识。

操作指导：

（1）教师向学生阐明“实训目的”、“能力与道德领域”和“知识准备”。

（2）教师就“知识准备”中的第（2）、（3）项，对学生进行培训。

（3）教师指导学生就操练项目企业会计工作组织设置与运作情况进行熟悉、分析和判断，并根据分析、判断的结果进行会计工作组织的设置。

（4）教师指导学生对操练项目企业完成会计机构设置任务。

（5）教师指导学生就操练项目企业完成会计人员岗位设置和职责分配。

（6）教师指导学生撰写《会计工作组织设置与运作实训报告》。

【实训时间】

本章课堂教学内容结束后的双休日和课余时间，为期一周。

【实训步骤】

（1）将学生组成若干个实训组，每8位同学分成一组，每组确定1～2人负责。

（2）对学生进行会计工作组织设置与运作的培训，熟悉实训目的、步骤。

（3）指导各实训组熟悉操练项目企业的相关资料。

（4）指导学生以组为单位，讨论完成企业会计工作组织设置与运作的第一步，即会计机构设置任务。

（5）指导学生完成会计工作组织设置与运作的第二步，即在会计机构中设置会计人员并进行职责分工。

（6）各实训组成员在实施上述训练的过程中，融入对“自我学习”、“解决问题”和“革新创新”等职业核心能力的各“技能点”的“初级”强化训练和对“职业情感”、“职业守则”等职业道德各“素质点”的“顺从级”相关训练，并对训练过程作简要记录与说明。

（7）各实训组成员根据会计工作组织设置与运作情况撰写作为最终成果的《会计工作组织设置与运作实训报告》。

（8）各组派代表在班级交流《会计工作组织设置与运作实训报告》。

（9）各组成员根据班级交流情况对《会计工作组织设置与运作实训报告》进行完善。

【成果形式】

实训课业：《会计工作组织设置与运作实训报告》

课业要求：

（1）实训报告的格式与体例参照“课业范例”的范例2—2。

（2）各组成员完成的《会计工作组织设置与运作实训报告》必须由项目指导教师、项目组长、项目组成员三方签字负责。

9.4 实训资料

9.4.1

出纳岗位设置与运作实训报告

【资料】

某公司是一家新成立企业，经营规模小，经济业务简单，会计事务简单，人员较少，公司会计事务还没有开展，公司正在计划设置会计部门或将会计事务委托代理记账机构进行代理记账。

【要求】

(1) 出纳岗位设置基本政策运用技能（技能I训练）。

(2) 出纳岗位的分析技能（技能II训练）。

(3) 出纳岗位设置与运作技能（技能III训练）。

(4) 通过实训过程的全程参与和体验，在基本完成实训操练各项技能任务的基础上，撰写企业《出纳岗位设置与运作实训报告》（技能IV训练）。

9.4.2

会计档案销毁实训报告

【资料】

某单位档案管理部门对到期会计档案进行清理，打算对保管期超过20年的会计凭证档案进行销毁处理，这些档案中无未结清的债权债务原始凭证和涉及其他未了事项的原始凭证。也不属于项目建设期间的建设单位。档案部门会同会计部门办理此项工作。

【要求】

(1) 会计档案销毁基本政策运用技能（技能I训练）。

(2) 会计档案销毁具体分析技能（技能II训练）。

(3) 会计档案销毁操作技能（技能III训练）。

(4) 通过实训过程的全程参与和体验，在基本完成实训操练各项技能任务的基础上，撰写企业《会计档案销毁实训报告》（技能IV训练）。

9.4.3

出纳人员工作交接实训报告

【资料】

2012年12月8日出纳员张英因工作调动，要将出纳工作移交给李威，由会计主管贺胜监交。移交时库存现金日记账余额1 286.46元，实存相符，并与总账相符；银行存款日记账余额68 486元，经编制“银行存款余额调节表”并核对相符。移交的会计凭证、账簿、文件有本年度现金日记账一本；本年度银行存款日记账二本；空白现金支票10张（00811411号至00811420号）；空白转账支票5张（0096016号至0096020号）；转讫印章一枚；现金收讫印章一枚；现金付讫印章一枚。

【要求】

（1）出纳人员工作交接基本政策运用技能（技能I训练）。

（2）出纳人员工作交接的分析技能（技能II训练）。

（3）出纳人员工作交接技能（技能III训练）。

（4）通过实训过程的全程参与和体验，在基本完成实训操练各项技能任务的基础上，撰写企业《出纳人员工作交接实训报告》（技能IV训练）。

9.5 课业范例

9.5.1 "案例题"课业范例

会计工作案例分析报告

（成员：　　　　　　　　　　）

背景与情境：某置业投资咨询发展有限公司，以公司会计兼出纳毛女士利用职务便利占有公款13.4万余元为由起诉到法院，要求毛女士如数返还该笔钱款并办理财务账册移交。2008年12月9日，在法院组织下，毛女士返还了该公司2006年度明细账，法院遂一审判决某公司返还钱款之诉不予支持。

毛女士2005年1月受聘担任某公司的财务，后兼任会计出纳工作。2008年2月起，该公司通过书面及手机短信方式，要求毛女士来公司办理移交，毛女士回复因意外骨折无法如约。同年5月5日，毛女士也通过手机短信通知该公司，不愿意与公司自行协商解决。对于该公司要求毛女士移交财务账册的请求，在法庭组织下，毛女士已将2006年度明细账原件交还于该公司。对于现金流水账，毛女士表示不是正规的财务账册，而是为了保护自己所登记的备忘录，该备忘录已遗失。法院以为某公司提供的证据不能证明在毛女士处的就是公司的现金流水账，现毛女士予以否认且已遗失，法院对某公司的诉讼请求无法支持，遂法院作了一审判决。

资料来源　佚名：《会计兼出纳管理弊端案例》，中华会计网校，http://www.chinaacc.com/new/635_648_/2009_7_7_su0086484211177900210848.shtml，2009-07-07。原文经过整理。

问题：

1）该公司出纳离职时未办理交接手续，是否符合规定？

2）该公司会计工作岗位设置存在什么问题？

3）要避免该公司上述情况的发生，你有哪些建议？

分析：

1）该公司出纳离职时未办理交接手续，不符合会计制度的规定。会计人员在办理完交接手续后，方可离职。即使是短时间的临时离职，也要办理交接手续。该公司出纳将账册带回家，并未到公司上班，是不符合规定的。即使要辞退员工，也应先办理完毕移交手续。

2）该公司未按规定设置会计岗位，导致公司会计管理混乱，按照会计制度规定，要求会计岗位和出纳岗位分离，绝不能由会计人员兼任出纳。

3）首先要严格遵守会计法律法规，规范进行会计核算和管理。对于会计工作移交也应按规定进行，对不相容职务必须分离，不能以节约成本为由违背这一规定。同样，会计法律法规是最基本的底线，必须不折不扣地执行，不能心存侥幸，违反规定进行会计核算和管理。

9.5.2 “实训题”课业范例

出纳员工作交接实训报告

（报告人：　　　　　　　　　　　　　　）

【资料】

2012 年 12 月 8 日出纳员张英因工作调动，要将出纳工作移交给李威，由会计主管贺胜监交。移交时库存现金日记账余额 1 286.46 元，实存相符，并与总账相符；银行存款日记账余额 68 486 元，经编制“银行存款余额调节表”并核对相符。移交的会计凭证、账簿、文件有本年度现金日记账一本；本年度银行存款日记账二本；空白现金支票 10 张（00811411 号至 00811420 号）；空白转账支票 5 张（0096016 号至 0096020 号）；转讫印章一枚；现金收讫印章一枚；现金付讫印章一枚。

【要求】

1）根据资料对出纳员工作交接范围进行归类（技能 I 训练）。

2）根据资料对出纳员工作交接进行业务分析（技能 II 训练）。

3）出纳员办理出纳工作交接的手续和过程（技能 III 训练）。

4）综合上述实训成果，撰写《实训报告》（技能Ⅳ训练）。

【实训课业】

一、关于“本组资料”的专业训练

技能 I 训练：出纳员工作交接范围的归类

项目组根据会计工作交接的相关要求，对资料进行分析判断，明确出纳人员进行工作交接的范围包括以下方面：具体出纳业务的交接；会计资料的交接；印鉴移交等。

技能 II 训练：出纳员工作交接业务的分析

具体出纳业务的交接包括库存现金和银行存款的交接库存现金：2012 年 12 月 8 日库存现金账面余额1 286.46元，实存相符，并与总账相符。银行存款余额 68 486 元，经编制“银行存款余额调节表”核对相符。

技能 III 训练：出纳员办理交接工作的手续及过程

具体业务移交：库存现金的移交，2012 年 12 月 8 日库存现金账面余额 1 286.46 元，实存相符，并与总账相符。张英在现金日记账余额处签名，将款项移交给李威。银行存款余额 68 486 元，经编制“银行存款余额调节表”核对相符。张英在银行存款日记账余额处签名，将银行存款日记账移交给李威。

会计资料移交：除现金日记账和银行存款日记账外，将空白现金支票 10 张；空白转账支票 5 张；未达账项说明一份移交给李威。

印鉴移交：转讫印章一枚、现金收讫印章一枚和现金付讫印章一枚移交给李威。

交接双方和监交人签字：在整个移交过程中，由会计主管贺胜监交。交接完毕后，由前出纳员张英在移交人处签名。新任出纳员李威在接交人处签名。会计主管贺胜在监交人处签名。

二、关于“职业核心能力”与“职业道德”选项的融入性操练

实训前，我们对列入本章“实训题”【指导准备】中“知识准备”的那些知识进行

了必要预习，接受了指导老师的全部“操作指导”。通过参加“知识准备”第（2）、(3)项的培训，使我们了解了本章涉及的“专业能力”各项技能、“职业核心能力”和“职业道德”选项的“规范与标准”，克服了实训过程中对相关操作规范的盲目性。

在实训中，我们在实施本组“实训资料”的专业操练和《实训报告》的准备、撰写、讨论与交流的同时，有意识地融入了“自我学习”、“解决问题”、“革新创新”等“职业核心能力”强化训练和“职业情感”和“职业守则”等“职业道德”的相关训练。

三、关于《出纳员工作交接书实训报告》的撰写训练

《出纳员工作交接书实训报告》

项目实训班级：0904201	项目小组：01	项目组成员：刘玲
实训时间：2012年12月8日	实训地点：手工记账实验室	
实训目的：熟悉会计工作交接的概念、移交的程序和相关规定。		
实训步骤：由每三人组成一个项目小组，分别为原出纳张英，新任出纳李威和会计主管贺胜，由项目小组完成以下交接任务：①具体业务移交：移交库存现金，2012年12月8日库存现金账面余额1 286.46元，实存相符，并与总账相符。张英在现金日记账余额处签名，并将款项移交给李威。银行存款余额68 486元，经编制“银行存款余额调节表”核对相符。张英在银行存款日记账余额处签名，将银行存款日记账移交给李威。②会计资料移交：除库存现金日记账和银行存款日记账外，将空白现金支票10张；空白转账支票5张；未达账项说明一份移交给李威。③印鉴移交：转讫印章一枚、现金收讫印章一枚和现金付讫印章一枚移交给李威。④交接双方和监交人签字：在整个移交过程中，由会计主管贺胜监交。交接完毕后，由前出纳员张英在移交人处签名。新任出纳员李威在接交人处签名。会计主管理贺胜在监交人处签名		
实训结果：填制会计工作交接表（见附件）		
移交情况简单说明：会计工作交接要经过会计具体业务交接、会计资料交接和印鉴交接以及监交人对整个过程监督几个环节。移交完成后，交接人对移交前的相关工作承担责任，接交人对交接后的相关工作承担责任		
实训感言：通过本实训，熟悉了会计工作交接的概念、程序和相关规定。掌握了会计工作交接的具体方法和步骤。感悟到会计工作要仔细、严谨，要善于与人沟通、与人合作。本次实训有助于理解掌握第9章的基本概念、理论，有助于动手能力的提高		
不足与今后改进：		
项目组长评定签字：	项目指导教师评定签字：	

9.6 参考答案与提示

“9.2 客观题”参考答案

9.2.1 理论题

1. 单项选择题

1）C　2）D　3）C　4）A　5）B　6）B　7）A　8）A　9）D　10）C

2. 多项选择题

1）ABCDE　2）ABC　3）ABD　4）ABCE　5）ABCDE　6）AE　7）ABCE

8）ABCD 9）ABCDE 10）ABCD

3. 判断题

1）× 2）√ 3）× 4）√ 5）× 6）√ 7）√ 8）× 9）× 10）×

9.2.2 实务题

1. 单项选择题

1）D 2）C 3）D 4）A 5）D 6）B 7）B 8）A 9）D 10）C）

2. 多项选择题

1）ABCD 2）ABCDE 3）ABCD 4）ABCD 5）ABD 6）ABCD 7）ABCD 8）ABCD 9）ABCD 10）ABCD

3. 混合选择题

1）A 2）A 3）B 4）C 5）ABCD 6）BCD 7）ABC 8）CD

4. 判断题

1）√ 2）× 3）√ 4）× 5）× 6）× 7）√ 8）√ 9）√ 10）√

9.2.3 案例题

1）BD 2）ABCD 3）ABC 4）ABCD 5）ABC

9.2.4 实项训题

1. 单项选择题

1）A 2）B 3）A 4）A 5）C 6）B 7）B 8）A 9）D 10）A

2. 多项选择题

1）ABC 2）BC 3）ACD 4）ABD 5）ABC 6）ABCD 7）ABCD 8）BCD 9）ABCD 10）ABC

“9.3 主观题”参考答案与提示

9.3.1 理论题

1. 简答题

参考答案：

1）《会计法》第36条规定：“各单位应依据会计业务的需要，设置会计机构，或者在有关机构中设置会计人员并指定会计主管人员；不具备设置条件的，应当委托经批准设立从事会计代理记账业务的中介机构代理记账。”

2）会计工作岗位，是指一个单位会计机构内部根据业务分工而设置的职能岗位。会计工作岗位可以一人一岗、一人多岗或者一岗多人。但出纳人员不得兼管稽核、会计档案保管、收入、费用和债权债务等账目的登记工作。

3）会计档案是指会计凭证、会计账簿和财务报告等会计核算专业材料，是记录和反映单位经济业务的重要史料和证据。

2. 理解题

参考答案：

1）上岗注册登记，会计从业资格证书实行注册登记制度。持证人员从事会计工作，应当自从事会计工作之日起90日内，填写注册登记表，并持会计从业资格证书和所在单位出具的从事会计工作的证明，向单位所在地的会计从业资格管理机构办理注册登记。

离岗备案，持证人员离开会计工作岗位超过6个月的，应当填写注册登记表，并持会计从业资格证书，向原注册登记的会计从业资格管理机构备案。

2）会计档案是指会计凭证、会计账簿和财务报告等会计核算专业材料。会计相关的规章制度等文件材料属于文书档案，不属于会计档案。

3）会计电算化账务处理程序，是指根据会计业务资料，利用会计核算软件完成凭证录入、审核、修改、查询、记账、对账、结账和生成报表的过程。各单位会计电算化流程因单位规模、对电算化的要求和使用财务软件的不同而不同，但电算化会计核算的最基本处理程序是一样的，主要过程包括初始设置、凭证处理、账簿处理和生成报表。

手工会计核算主要过程由凭证处理、账簿登记和编制会计报表组成。这些过程均由手工完成，而不是利用财务软件进行。

9.3.2　实务题

1. 规划复习

1）因有提供虚假财务会计报告，做假账，隐匿或故意销毁会计凭证、会计账簿和财务会计报告，贪污、挪用公款，职务侵占等与会计职务有关的违法行为，被依法追究刑事责任的人员，不得参加会计从业资格考试，不得取得或者重新取得会计从业资格证书。

其他被依法吊销会计从业资格证书的人员，自被吊销之日起5年内不得参加会计从业资格考试，不得重新取得会计从业资格证书。

2）持证人员在同一会计从业资格管理机构管辖范围内调转工作单位，且继续从事会计工作的，应当自离开原工作单位之日起90日内，填写调转登记表，持会计从业资格证书、调出单位开具的已办理会计工作移交证明和调入单位开具的从事会计工作证明，向调入单位所在地的会计从业资格管理机构办理调入手续。

持证人员在不同会计从业资格管理机构管辖范围调转工作单位，且继续从事会计工作的，应当填写调转登记表，持会计从业资格证和原单位开具的已办理会计工作移交证明向原注册登记会计从业资格管理机构办理调出手续；并自办理调出手续之日起90日内，持会计从业资格证书、调转登记表和调入单位开具的从事会计工作证明，向调入单位所在地的会计从业资格管理机构办理调入手续。

3）（1）会计人员办理移交手续前，必须及时做好以下工作。已经受理的经济业务尚未填制会计凭证的，应当填制完毕。尚未登记的账目，应当登记完毕，并在最后一笔余额后加盖经办人员印章。整理应该移交的各项资料，对未了事项写出书面材料。编制移交清册，列明应当移交的会计凭证、会计账簿、会计报表、印章、现金、有价证券、支票簿、发票、文件以及其他会计资料和物品等内容。实行会计电算化的单位，从事该项工作的移交人员还应当在移交清册中列明会计软件及密码、会计软件数据磁盘及有关资料、实物等内容。

（2）专人负责监交。一般会计人员办理交接手续，由单位的会计机构负责人（会计主管人员）负责监交；会计机构负责人（会计主管人员）办理交接手续，由单位负责人负责监交，必要时上级主管部门可以派人会同监交。

（3）移交人员在办理移交时，要按移交清册逐项移交；接替人员要逐项核对点收。

（4）交接完毕后，交接双方和监交人员要在移交清册上签名或者盖章，并在移交清册上注明单位名称、交接日期、交接双方和监交人员的职务和姓名、移交清册页数以及需要说明的问题和意见等。

（5）接替人员应当继续使用移交的会计账簿，不得自行另立新账，以保持会计记录的连续性。

4）各单位保存的会计档案不得借出。如有特殊需要，经本单位负责人批准，可以提供查阅或者复制，并办理登记手续。各单位应当建立健全会计档案查阅、复制登记制度。

5）保管期满的会计档案，可以按照以下程序销毁：

（1）由本单位档案机构会同会计机构提出销毁意见，编制会计档案销毁清册。列明销毁会计档案的名称、卷号、册数、起止年度、档案编号、应保管期限、已保管期限和销毁时间等内容。

（2）单位负责人在会计档案销毁清册上签署意见。

（3）销毁会计档案时，应当由档案机构和会计机构共同派员监销。国家机关销毁会计档案时，应当由同级财政部门、审计部门派员参加监销；财政部门销毁会计档案时，应当由同级审计部门派员参加监销。

（4）监销人在销毁会计档案前，应当按照会计档案销毁清册所列内容清点核对所要销毁的会计档案。销毁后，应当在会计档案销毁清册上签名盖章，并将监销情况报告本单位负责人。

（5）保管期满但未结清的债权债务原始凭证和涉及其他未了事项的原始凭证，不得销毁，应当单独抽出立卷，保管到未了事项完结时为止。单独抽出立卷的会计档案，应当在会计档案销毁清册和会计档案保管清册中列明。正在项目建设期间的建设单位，其保管期满的会计档案不得销毁。

2. 业务解析

参考答案：

1）《会计法》第36条规定："各单位应依据会计业务的需要，设置会计机构，或者在有关机构中设置会计人员并指定会计主管人员；不具备设置条件的，应当委托经批准设立从事会计代理记账业务的中介机构代理记账。"

（1）设置会计机构。

设置会计机构是指各单位可以根据本单位的会计业务繁简情况和会计管理工作的需要决定是否设置会计机构。一个单位是设置会计机构，还是在有关机构中设置专职的会计人员，完全由各单位根据会计业务的繁简和实际情况来决定。

（2）指定会计主管人员。

规模小、经济业务简单、业务量相对较少的单位，可以不单独设置会计机构，将会计职能并入其他职能部门，并设置会计人员同时指定会计主管人员。

（3）实行代理记账。

代理记账是指从事代理记账业务的社会中介机构接受委托人的委托办理会计业务。委托人是指委托代理记账机构办理会计业务的单位。代理记账机构是指从事代理记账业务的中介机构。

2）参考答案：

交接工作完成后，移交人员所移交的会计凭证、会计账簿、财务会计报告和其他会计资料是在其经办会计工作期间内发生的，应当对这些会计资料的合法性、真实性承担法律责任；即使接替人员在交接时因疏忽没有发现所接会计资料在合法性、真实性方面的问题，如事后发现仍由原移交人员负责，原移交人员不能以会计资料已经移交为理由而推脱责任。

3）参考答案：

各单位每年形成的会计档案，由会计机构整理立卷，装订成册，在会计年度终了后，可暂由会计机构保管一年，期满之后，原则上应当由会计机构编制移交清册，移交本单位档案机构统一保管；未设立档案机构的，应当在会计机构内部指定专人保管。

9.3.3　案例题

分析提示：

1）在同一会计从业资格管理机构管辖范围内调转工作单位，且继续从事会计工作的，应当自离开原工作单位之日起 90 日内，填写调转登记表，持会计从业资格证书、调出单位开具的已办理会计工作移交证明和调入单位开具的从事会计工作证明，向调入单位所在地的会计从业资格管理机构办理调入手续。

2）在不同会计从业资格管理机构管辖范围调转工作单位，且继续从事会计工作的，应当填写调转登记表，持会计从业资格证和原单位开具的已办理会计工作移交证明向原注册登记会计从业资格管理机构办理调出手续；并自办理调出手续之日起 90 日内，持会计从业资格证书、调转登记表和调入单位开具的从事会计工作证明，向调入单位所在地的会计从业资格管理机构办理调入手续。

"9.4　实训资料"参考答案与提示

9.4.1

出纳岗位设置与运作实训报告

一、关于"本组资料"的专业训练

技能 I 训练：出纳岗位设置基本政策运用技能

《会计法》第 36 条规定："各单位应依据会计业务的需要，设置会计机构，或者在有关机构中设置会计人员并指定会计主管人员；不具备设置条件的，应当委托经批准设立从事会计代理记账业务的中介机构代理记账。"会计工作岗位可以一人一岗、一人多岗或者一岗多人。但出纳人员不得兼管稽核、会计档案保管、收入、费用和债权债务等账目的登记工作。

技能 II 训练：出纳岗位的分析技能

由于本单位处于创立期，经营规模小，经济业务简单，会计事务少，根据会计法相关规定，该单位可以设置独立会计机构，分别设置会计人员和出纳人员，也可以委托经批准设立的会计代理记账机构从事代理记账。

技能 III 训练：出纳岗位设置与运作技能

根据上述分析，本企业可以自行设置会计机构。由于经营规模小，经济业务简单，会计事务少，会计机构内可简化设置会计人员和出纳人员，会计工作岗位可以一人多岗。但应注意出纳人员不得兼管稽核、会计档案保管、收入、费用和债权债务等账目的登记工作。

本企业也可以委托代理记账机构进行代理记账，有关会计事务由代理记账机构处理。

但是本企业仍应自行配备出纳人员。

二、关于“职业核心能力”与“职业道德”选项的融入性操练

（参照“9.5.2 ‘实训题’课业范例”的“二”）

三、关于《出纳岗位设置与运作实训报告》的撰写训练

（参照“9.5.2 ‘实训题’课业范例”的“三”）

9.4.2

会计档案销毁实训报告

一、关于“本组资料”的专业训练

技能Ⅰ训练：会计档案销毁基本政策运用技能

保管期满的会计档案，以下两个情形外，可以按规定的程序销毁。其一，保管期满但未结清的债权债务原始凭证和涉及其他未了事项的原始凭证，不得销毁，应当单独抽出立卷，保管到未了事项完结时为止。单独抽出立卷的会计档案，应当在会计档案销毁清册和会计档案保管清册中列明。其二，正在项目建设期间的建设单位，其保管期满的会计档案不得销毁。

技能Ⅱ训练：会计档案销毁具体分析技能

根据会计档案基本政策，本单位保管期限超过20年的会计凭证档案已超过规定的保管期限。通过对计划销毁的会计凭证进行清查，发现没有未结清的债权债务原始凭证和其他未了事项原始凭证，也没有项目建设期内的会计凭证，因此可以按规定的程序予以销毁。

技能Ⅲ训练：会计档案销毁操作技能

本单位会计档案应按下列程序进行销毁：

其一，由本单位档案机构会同会计机构提出销毁意见，编制会计档案销毁清册，列明销毁会计档案的名称、卷号、册数、起止年度和档案编号、应保管期限、已保管期限、销毁时间等内容。

其二，单位负责人在会计档案销毁清册上签署意见。

其三，销毁会计档案时，应当由档案机构和会计机构共同派员监销。国家机关销毁会计档案时，应当由同级财政部门、审计部门派员参加监销。财政部门销毁会计档案时，应当由同级审计部门派员参加监销。

其四，监销人在销毁会计档案前，应当按照会计档案销毁清册所列内容清点核对所要销毁的会计档案；销毁后，应当在会计档案销毁清册上签名盖章，并将监销情况报告本单位负责人。

二、关于“职业核心能力”与“职业道德”选项的融入性操练

（参照“9.5.2 ‘实训题’课业范例”的“二”）

三、关于《会计档案销毁实训报告》的撰写训练

（参照“9.5.2 ‘实训题’课业范例”的“三”）

9.4.3

出纳人员工作交接实训报告

一、关于“本组资料”的专业训练

技能Ⅰ训练：出纳人员工作交接基本政策运用技能

会计人员工作交接是指会计人员在工作调动、离职或因病暂时不能工作时，应与接管人员办理交接手续的一种工作程序。我国《会计法》第41条规定："会计人员调动工作或者离职，必须与接管人员办清交接手续。"

技能 II 训练：出纳人员工作交接的分析技能

①会计人员办理移交手续前，必须及时做好以下工作。已经受理的经济业务尚未填制会计凭证的，应当填制完毕。尚未登记的账目，应当登记完毕，并在最后一笔余额后加盖经办人员印章。整理应该移交的各项资料，对未了事项写出书面材料。编制移交清册，列明应当移交的会计凭证、会计账簿、会计报表、印章、现金、有价证券、支票簿、发票、文件以及其他会计资料和物品等内容。

②专人负责监交。一般会计人员办理交接手续，由单位的会计机构负责人（会计主管人员）负责监交；会计机构负责人（会计主管人员）办理交接手续，由单位负责人负责监交，必要时上级主管部门可以派人会同监交。

③移交人员在办理移交时，要按移交清册逐项移交；接替人员要逐项核对点收。

④交接完毕后，交接双方和监交人员要在移交清册上签名或者盖章，并在移交清册上注明单位名称、交接日期、交接双方和监交人员的职务和姓名、移交清册页数以及需要说明的问题和意见等。

技能 III 训练：出纳人员工作交接技能

步骤一：具体业务移交

库存现金的移交：2012年12月8日库存现金账面余额1 286.46元，实存相符，并与总账相符。张英在库存现金日记账余额处签名，将款项移交给李威。

银行存款余额68 486元，经编制"银行存款余额调节表"核对相符。张英在银行存款日记账余额处签名，将银行存款日记账移交给李威。

步骤二：会计资料移交

除库存现金日记账和银行存款日记账外，将空白现金支票10张，空白转账支票5张，未达账项说明一份移交给李威。

步骤三：印鉴移交

转讫印章一枚、现金收讫印章一枚和现金付讫印章一枚移交给李威。

步骤四：交接双方和监交人签字

在整个移交过程中，由会计主管贺胜监交。交接完毕后，由前出纳员张英在移交人处签名。新任出纳员李威在接交人处签名。会计主管贺胜在监交人处签名。

二、关于"职业核心能力"与"职业道德"选项的融入性操练

（参照"9.5.2　'实训题'课业范例"的"二"）

三、关于《出纳人员工作交接实训报告》的撰写训练

（参照"9.5.2　'实训题'课业范例"的"三"）

附录一 职业核心能力强化训练“知识准备”参照范围

章后“单元训练”和书后“综合训练”实训“操练题”的“职业核心能力‘强化训练’”，需要在操练前，由教师对学生进行“知识准备”的培训，其“参照范围”详见“附表1—1”。

附表1—1 职业核心能力强化训练“知识准备”参照表

领域	等级	技能点	“知识准备”参照范围
自我学习	初级	确定短期学习目标	激发学习动力的方法；学习的基本原理；确定目标的原则和方法；编写学习计划的基本规则；取得他人帮助和支持的方法与技巧
		实施短期学习计划	学习的基本原理；学习的方法和技巧；计划落实、控制和调整的方法和技巧；节约时间的诀窍
		检查学习进度	学习方法与学习效果的关系；检查目标进度的方法和技巧（总结、归纳、测量）；成功学习的基本要求
	中级	确定中期学习目标	学习的基本原理；确定目标的原则和方法；编写学习计划的基本规则；取得他人帮助和支持的方法或技巧
		实施中期学习计划	学习的基本原理；学习的方法和技巧；计划落实、控制和调整的方法和技巧；关于方法的知识；时间管理的诀窍
		检查学习进度	成功学习的基本要点；项目目标检查、总结、归纳的方法；学习迁移的原理与应用知识；学习的观察、认知记忆及提高效率的规律；养成良好学习习惯的方法
	高级	确定长期学习目标	收集和运用信息的方法；有效资源利用的策略；项目论证和测评的方法；编写计划和检查调控计划执行的方法；团队合作的策略和方法
		实施长期学习计划	学习的方法和技巧；有关学习与实践关系的原理；计划落实、控制和调整的方法和技巧；关于思维方法的知识；目标管理的诀窍
		检查学习进度	成功学习的基本要点；项目目标检查、总结、归纳的方法；学习迁移的原理与应用知识；学习的观察、认知记忆及提高效率的规律；养成良好学习习惯的方法
信息处理	初级	获取信息	信息的含义、特征与种类；信息收集的原则、渠道和方式；文献和网络索引法；一般阅读法；计算机和网络相关知识
		整理信息	信息的分类方法与原则；信息筛选方法与要求；信息资料手工存储方法；计算机信息存贮方法；计算机其他相关知识
		传递信息	信息传递的种类与形式；口语和文字符号的信息传递技巧；现代办公自动化技术；计算机和网络相关技术
	中级	获取信息	信息的特征与种类；信息收集的范围、渠道与原则；信息收集方法（观察法、询访法）；计算机相关知识；网络相关知识
		开发信息	信息筛选、存储的方法与原则；信息资料的分析、加工的方法；新信息生成或信息预测的方法
		展示信息	口语和文字符号信息展示的技巧；多媒体制作与使用技术；计算机相关应用技术
	高级	获取信息	调查研究的方法和原理；信息收集的范围、方法（问卷法、检索法、购买法、交换法）和原则；信息收集方案选择；计算机和网络相关技术
		开发信息	信息资料鉴别方法；信息资料核校方法；信息资料分析方法；信息资料编写方法（主题提炼、标题选择、结构安排、语言组织）；信息资料加工方法；计算机信息生成知识
		展示信息	口语和文字符号的信息表达技巧；多媒体制作技术；科学决策知识；信息反馈方式与要求；网页设计与网络使用知识；知识产权知识

续表

领域	等级	技能点	"知识准备"参照范围
数字应用	初级	采集、解读数据信息	获取数据的方法（测量法、调查法、读取法）；数的意义（整数、小数、分数及百分数）；常用测量器具的功能与使用方法，常用单位，单位的换算；近似的概念与精度；图表（数表、扇形统计图、条形统计图、示意图）知识
		进行数字计算	计算方法（笔算、口算、珠算、计算器计算）；整数、分数四则运算；近似计算法；验算（逆算法、估算法、奇偶对应法）
		展示和使用数据信息	评价指标；最大值，最小值；平均值；精度
	中级	解读数据信息	获取数据信息的渠道与方法（测量法、调查法、读取法）；数的意义（整数、分数、正数、负数）；总量与分量，比例；误差，精度，估计；复合单位（如速度、速率等）；图表（数表、扇形统计图、条形统计图、折线图、示意图）知识
		进行数据计算	计算方法（笔算、计算器计算、查表、excel 等软件）；整式、分式四则运算，乘方，开方；近似计算（误差估计）；验算（逆算法、估算法、奇偶对应法）
		展示和使用数据信息	评价指标；最大值，最小值；平均值，期值，方差；绝对误差，相对误差；图表的制作
	高级	解读数据信息	数据信息源的筛选原则（多样性、代表性、可靠性）；数据的采集方案；图表（数表、坐标、比例尺）；频率，频率稳定性；平均，加权平均；误差分析，估算
		进行数据计算	计算方法（笔算、计算器计算、查表、编程计算，excel 等软件）；整式、分式四则计算，乘方，开方；函数（幂函数、指数函数、对数函数、三角函数、反三角函数、复合函数）近似计算（误差分析）；验算（逆算法、估算法）
		展示和使用数据信息	评价指标；最大值，最小值；平均值，期值，方差；绝对误差，相对误差；图表的制作
与人交流	初级	交谈讨论	与人交谈主题相关的信息和知识；正确使用规范语言的基本知识；口语交谈方式和技巧；身体语言运用技巧
		阅读和获取资料	资料查询和搜索的方法；一般阅读的方法；文件资料归类的方法；词典类工具书的功能和使用方法；各种图表的功能；网上阅读的方法
		书面表达	与工作任务相关的知识；实用文体的应用；图表的功能和应用；素材选用的基本方法；写作的基本技法；逻辑和修辞初步技法
	中级	交谈讨论	与交谈主题相关的知识和信息；正确使用规范语言的基本知识；口语交谈的技巧；身体语言运用技巧；掌握交谈心理的方法；交谈的辅助手段或多媒体演示技术；会谈和会议准备基本要点
		简短发言	与发言主题相关的知识和信息；当众讲话的技巧（包括运用身体语言的技巧）；简短发言的辅助手段或多媒体演示技术
		阅读和获取资料	资料查询和搜索方法；快速阅读的原理与方法；文件归类的方法；各种图表的功能
		书面表达	与工作任务相关的知识；实用文体的应用；图表的功能和应用；素材选用的基本方法；文稿排版和编辑的技法；写作的基本技法；逻辑和修辞常用技法
	高级	交谈讨论	与会谈主题相关的知识和信息；语言交流的艺术和技巧；交谈的辅助手段或多媒体演示技术；总结性话语运用的技巧；谈判的心理和技巧；会议准备的基本要点；主持会议的相关程序
		当众讲演	与发言主题相关的知识和信息；演讲的技巧和艺术；演讲辅助手段或多媒体演示技术
		阅读和获取资料	资料查询和搜索方法；快速阅读的技巧；各种图表的功能
		书面表达	与工作任务相关的知识；实用文体的应用；图表的功能和应用；素材选用的基本方法；文稿排版和编辑的技法；写作的基本技法；逻辑和修辞技法

续表

领域	等级	技能点	“知识准备”参照范围
与人合作	初级	理解合作目标	活动要素的群体性与分工合作的关系；职业团队的概念、特征与种类，组织的使命、目标、任务；自身的职业价值，个人在组织中的作用
		执行合作计划	服从的基本概念，指令、命令的含义；求助的意义，人的求助意识；职业生活的互助性，帮助他人的价值
		检查合作效果	工作进度的概念，影响工作进度的因素；工作进程的检查，调整工作程序；工作汇报的程序、要领
	中级	制订合作计划	聚合型团队、松散型团队和内耗型团队的特征；组织内部的冲突情况，剖析内耗型团队的心理根源；合作双方的利益需求和社会心理需求
		完成合作任务	民族、学历、地域、年龄等差异；人的工作和生活习惯、办事规律；宽容的心态，容忍的方法
		改善合作效果	使他人接受自己意见、改变态度的策略；在会议上提出意见和建议的规则；改变自己的态度，接受他人批评指责的心理准备
	高级	调整合作目标	领导科学与管理方法；组织文化的形成与发展；目标管理与时间管理
		控制合作进程	人际交往与沟通的知识和相关能力；有效激励的方法与技巧；批评的途径、方法和注意事项
		达到合作目标	信息的采集与整理，组织经济效益的统计学知识；员工绩效测评的基本方法和程序；合作过程的风险控制意识和防范
解决问题	初级	分析问题提出方案	分析问题的方法；归纳问题的方法；对比选择的方法；判断和决策的方法；关于相关问题本身的专业知识和发展规律的认识
		实施计划解决问题	撰写工作计划的相关知识；信息检索、文献查询的有关方法；逻辑判断、推理的相关知识；解决问题的技巧
		验证方案改进方式	分析和检查问题的方法；跟踪调查的方法；工作总结的规则和写作方法
	中级	分析问题提出方案	分析问题的方法；归纳问题的方法；对比选择的方法；判断和决策的方法；关于相关问题本身的专业知识和变化规律的认识
		实施计划解决问题	应用写作学中关于撰写工作计划的相关知识；信息检索、文献查询的有关方法；逻辑判断、推理的相关知识；解决问题的技巧；与他人合作的知识和方法
		验证方案改进计划	分析和检查问题的方法；跟踪调查的方法；工作总结的规则和写作方法
	高级	分析问题提出对策	决策科学的系统知识；形式逻辑、辩证逻辑思维的系统知识和方法；分析问题的系统知识和技巧；群体创新技法的系统知识；数学建模方法；关于相关问题本身的专业知识和变化规律的认识
		实施方案解决问题	关于撰写工作计划的系统知识；信息检索、文献查询的系统知识和方法；有关价值工程、现场分析和形态分析的知识；解决问题的技巧；有关进度评估的知识；与人合作的系统知识和方法
		验证方案改进计划	分析和检查问题的方法；跟踪调查的方法；工作总结的规则和写作方法；创新技法

续表

领域	等级	技能点	“知识准备”参照范围
革新创新	初级	揭示不足提出改进	关于思维和创造思维的一般知识；关于思维定势的突破思维障碍的知识；关于相关事物本身的专业知识和发展规律的认识
		做出创新方案	列举类技法和设问类技法的原理、特点、适用范围和具体操作的知识；有关分解类技法、组合类技法、分解组合类技法的原理、特点、适用范围和具体操作方法的知识；收集信息、案例的知识和方法
		评估创新方案	有关创新成果价值评定的知识；可行性分析的知识；撰写可行性报告的知识
	中级	揭示不足提出改进	有关思维障碍形成的知识；横向、逆向、灵感思维的知识；换向、换位思维的知识；逻辑判断和推理知识；关于相关事物本身的专业知识和发展规律的认识
		做出并实施创新方案	有关类比类技法和移植类技法的知识；有关德尔斐法和综摄法的知识；有关还原法、换向思考类技法的知识
		评估创新方案	有关项目可行性测评的技术；有关最佳方案评估的知识；撰写评估报告的知识
	高级	揭示不足提出改进	创新能力构成和提升的知识；有关事物运动、变化和发展的知识；灵活运用各种思维形式的知识；关于相关事物本身的专业知识和发展规律的认识
		做出并实施创新方案	有关价值工程、现场分析和形态分析的知识；针对不同事物运用不同创新方法的知识；综合运用各种创新方法的知识
		评估创新方案	可持续创新的知识；有关创新原理的知识；有关知识产权的知识；技术预测和市场预测知识

资料来源 劳动和社会保障部职业技能鉴定中心：《职业核心能力标准》（共7册），北京，人民出版社，2007。本表参照“资料来源”所列文献相关内容提炼与编制。

附录二　案例分析、职业核心能力和职业道德训练与考核参照规范

附表 2—1　**案例分析题考核表**

考核指标		考核内容	分项成绩
形成性考核 $\sum 50$	个人准备 $\sum 20$	案例概况；讨论主题；问题理解；揭示不足；创新意见；决策标准；可行性方案	
	小组讨论 $\sum 15$	上课出席情况；讨论发言的参与度；言语表达能力；说服力大小；思维是否敏捷	
	班级交流 $\sum 15$	团队协作；与人交流；课堂互动等方面的满意度；讨论参与的深度与广度	
课业考核 $\sum 50$	分析依据 $\sum 8$	分析依据的客观性与充分性	
	分析步骤 $\sum 8$	分析步骤的恰当性与条理性	
	理论思考 $\sum 8$	理论思考的正确性、深刻性与全面性	
	解决问题 $\sum 8$	理解问题与解决问题能力的达标性	
	革新创新 $\sum 10$	揭示不足与提出改进能力的达标性	
	文字表达 $\sum 8$	文字表达能力的强弱性	
总成绩 $\sum 100$			
教师评语	签名： 20　年　月　日		
学生意见	签名： 20　年　月　日		

附表 2—2　　**职业核心能力考核参照规范与标准**

领域	等级	基本要求	技能点	规范与标准
自我学习	初级	具备学习的基本能力，在常规条件下能运用这些能力适应工作和学习要求	确定短期学习目标	能明确学习动机和目标，并计划时间、寻求指导
			实施短期学习计划	能按照行动要点开展工作、按时完成任务，使用不同方式、选择和运用不同的学习方法实现目标，并能对计划及时做出调整
			检查学习进度	能对学习情况提出看法、改进意见和提高学习能力的设想
	中级	主要用理解式接受法，对有兴趣的任务可以用发现法掌握知识信息；在更广泛的工作范围内灵活运用这些能力以适应工作岗位各方面需要	确定中期学习目标	能明确提出多个学习目标，列出实现各目标的行动要点，确定实现目标的计划，并运筹时间
			实施中期学习计划	能开展学习和活动，通过简单的课程和技能训练，提高工作能力
			检查学习进度	能证明取得的学习成果，并能将学到的东西用于新的工作任务
	高级	能较熟练灵活地运用各种学习法在最短时间内掌握急需知识信息；能广泛地搜集、整理、开发和运用信息，善于学习、接受新的事物，以适应复杂工作和终身发展的要求	确定长期学习目标	能根据各种信息和资源确定要实现的多个目标及途径，明确可能影响计划实现的因素，确认实现目标的时限，制订行动要点和时间表，预计困难和变化
			实施长期学习计划	能保证重点、调整落实、处理困难、选择方法，通过复杂的课程和技能训练提高工作能力
			检查学习进度	能汇总学习成果、成功经验和已实现的目标，证明新学到的东西能有效运用于新选择的职业或工作任务
信息处理	初级	具备进入工作岗位最基本的信息处理能力，在常规条件下能收集、整理并传递适应既定工作需要的信息	获取信息	能通过阅读、计算机或网络获取信息
			整理信息	能使用不同方法、从多个资源中选择、收集和综合信息，并通过计算机编辑、生成和保存信息
			传递信息	能通过口语、书面形式，用合适的版面编排、规范的方式展示、电子手段传输信息
	中级	在更广泛的工作范围内获取需要的信息，进行信息开发处理，并根据工作岗位各方面的需要展示组合信息	获取信息	能定义复杂信息任务，确定搜寻范围，列出资源优先顺序，通过询访法和观察法搜寻信息
			开发信息	能对信息进行分类、定量筛选、运算分析、加工整理，用计算机扩展信息
			展示信息	能通过演说传递信息，用文字图表、计算机排版展示组合信息，用多媒体辅助信息传达
	高级	广泛地收集、深入地整理开发、多样地传递、灵活地运用信息，以适应复杂的工作需要；具备信息处理工作的设计与评估能力，并表现出较强的组织与管理能力	获取信息	能分析复杂信息任务，比较不同信息来源的优势和限制条件，选择适当技术，使用各种电子方法发现和搜寻信息
			开发信息	能辨别信息真伪，定性核校、分析综合、解读与验证资料，建立较大规模的数据库，用计算机生成新的信息
			展示信息	能用新闻方式发布、平面方式展示、网络技术传递，利用信息预测趋势、创新设计，收集信息反馈，评估使用效果

续表

领域	等级	基本要求	技能点	规范与标准
数字应用	初级	具备进入工作岗位最基本的数字应用能力，在常规条件下能运用这些能力适应既定工作的需要	采集、解读数据信息	能按要求测量并记录结果，准确统计数目，解读简单图表，读懂各种数字，并汇总数据
			进行数字计算	能进行简单计算并验算结果
			展示和使用数据信息	能正确使用单位，根据计算结果说明工作任务
	中级	在更广泛的工作范围内，灵活地运用数字应用能力以适应工作岗位各方面的需要	解读数据信息	能从不同信息源获取信息，读懂、归纳、汇总数据，编制图表
			进行数据计算	能从事多步骤、较复杂的计算，使用公式计算结果
			展示和使用数据信息	能使用适当方法展示数据信息和计算结果，设计并使用图表，根据结果准确说明工作任务
	高级	具备熟练把握数字和通过数字运算来解决实际工作中的问题的能力，适应更复杂的工作需要	解读数据信息	能组织大型数据采集活动，通过调查和实验获取、整理与加工数据
			进行数据计算	能从事多步骤的复杂计算，并统计与分析数据
			展示和使用数据信息	能选择合适的方法阐明和比较计算结果，检查并论证其合理性，设计并绘制图表，根据结果做出推论，说明和指导工作
与人交流	初级	具备进入工作岗位最基本的与人交流能力，在常规条件下能运用这些能力适应既定工作的需要	交谈讨论	能围绕主题，把握讲话的时机、内容与长短，倾听他人讲话，多种形式回应；使用规范易懂的语言、恰当的语调和连贯的语句清楚地表达意思
			阅读和获取资料	能通过有效途径找到所需资料，识别有效信息，归纳内容要点，整理确认内容，会做简单笔记
			书面表达	能选择基本文体，利用图表、资料撰写简单文稿，并掌握基本写作技巧
	中级	在更广泛的工作范围内，灵活运用这些能力以适应工作岗位各方面的需要	交谈讨论	能始终围绕主题参与，主动把握讲话时机、方式和内容，理解对方谈话内容，推动讨论进行，全面准确传达一个信息或观点
			简短发言	能为发言作准备，当众讲话并把握讲话内容、方式，借助各种手段说明主题
			阅读和获取资料	能根据工作要求从多种资料筛选有用信息，看懂资料的观点、思路和要点，并整理汇总资料
			书面表达	能掌握应用文体，注意行文格式；组织利用材料，充实内容要点；掌握写作技巧，清楚表达主题；注意文章风格，提高说服力
	高级	在工作岗位上表现出更强的组织和管理能力，通过运用与人交流的能力适应更复杂的工作需要	交谈讨论	始终把握会议主题，听懂他人讲话内容并做出反应，主持会议或会谈，全面准确表述复杂事件或观点
			当众讲演	能为讲演作准备，把握讲演的内容、方式，借助各种手段强化主题
			阅读和获取资料	能为一个问题或课题找到相关资料，看懂资料的思路、要点、价值和问题，分析、筛选和利用资料表达主题
			书面表达	能熟悉专业文书，把握基本要求；有机利用素材，说明内容要点；掌握写作技巧，清楚恰当表达主题；采用适当风格，增强说服力

续表

领域	等级	基本要求	技能点	规范与标准
与人合作	初级	理解个人与他人、群体的合作目标，有效地接受上级指令；准确、顺利地执行合作计划；调整工作进度，改进工作方式；检查工作效果	理解合作目标	能确定合作的基础和利益共同点，掌握合作目标要点和本单位人事组织结构，明确个人在团队中的职责和任务
			执行合作计划	能接受上级指令，准确、顺利地执行合作计划
			检查合作效果	能通过检查工作进展情况，改进工作方式，促进合作目标实现
	中级	与本部门同事、内部横向部门、外部相关部门共同制订合作计划；协调合作过程中的矛盾关系，按照计划完成任务；在合作过程中遇到障碍时提出改进意见，推进合作进程	制订合作计划	能与本部门同事、组织内部横向部门、组织外部相关部门共同制订合作计划
			完成合作任务	能与他人协同工作，处理合作过程中的矛盾
			改善合作效果	能判断合作障碍，表达不同意见，接受批评建议，弥补双方失误
	高级	根据情况变化和合作各方的需要，调整合作目标；在变动的工作环境中，控制合作进程；预测和评价合作效果，达成合作目的	调整合作目标	能发现各方问题，协调利益关系，进行有效沟通，调整合作计划与工作顺序
			控制合作进程	能整合协调各方资源，妥善处理矛盾，排除消极因素，激发工作热情
			达到合作目标	能及时全面检查工作成效，不断改善合作方式
解决问题	初级	具备进入工作岗位最基本的解决问题能力，在常规条件下能根据工作的需要，解决一般简单和熟悉的问题	分析问题提出方案	能用几种常用的办法理解问题，确立目标，提出对策或方案
			实施计划解决问题	能准备、制订和实施被人认可并具有一定可行性的计划
			验证方案改进方式	能寻找方法，实施检查，鉴定结果，提出改进方式
	中级	在有限的资源条件下，根据工作岗位的需要，解决较复杂的问题	分析问题提出方案	能描述问题，确定目标，提出并选择较佳方案
			实施计划解决问题	能准备、制订和实施获得支持的较具体计划，并充分利用相关资源
			验证方案改进计划	能确定方法，实施检查，说明结果，利用经验解决新问题
	高级	在工作岗位上表现出更强的解决问题能力，在多种资源条件下，根据工作需要解决复杂和综合性问题	分析问题提出对策	在提出解决问题的对策时，能分析探讨问题的实质，提出解决问题的最优方案，并证明这种方案的合理性
			实施方案解决问题	在制订计划、实施解决办法时，能制订并实施获得认可的详细计划与方案，并能在实施中寻求信息反馈，评估进度
			验证方案改进计划	在检查问题、分析结果时，能优选方法，分析总结，提出解决同类问题的建议与方案

续表

领域	等级	基本要求	技能点	规范与标准
革新创新	初级	在常规工作条件下，能根据工作需要，初步揭示事物的不足，运用创新思维和创新技法进行创新活动	揭示不足提出改进	能揭示事物不足，提出改进意见
			做出创新方案	能在采纳各方意见的基础上，确定创新方案的目标、方法、步骤、难点和对策，指出创新方案需要的资源和条件
			评估创新方案	能进行自我检查，正确地对待反馈信息和他人意见，对创新方案及实施做出客观评估，并根据实际条件加以调整
	中级	根据工作发展需要，在更广泛的工作范围内揭示事物的不足，较熟练地运用创新思维和创新技法进行创新活动，并对创新成果进行分析总结	揭示不足提出改进	能在新需求条件下揭示事物的不足，提出改进事物的创新点和具体方案
			做出并实施创新方案	能从多种选择中确认最佳方案，并利用外界信息、资源和条件实施创新活动
			评估创新方案	能按常规方式和专业要求，对创新改进方法和结果的价值进行评估，根据实际条件进行调整，并指导他人的创新活动
	高级	在工作岗位上表现出更强的创新能力，在复杂的工作领域，能根据工作需要揭示事物的不足，熟练运用创新思维和创新技法进行创新活动，对创新成果进行理论分析、论证、总结和评估，并指导他人的创新活动	揭示不足提出改进	能通过客观分析事物发展与需求之间的矛盾揭示事物的不足，提出首创性的改进意见和方法
			做出并实施创新方案	能根据实际需要，设计并实施创新工作方案，并在条件变化时坚持创新活动
			评估创新方案	能按常规方式和专业要求，对创新方法和结果进行检验和预测风险；针对问题调整工作方案，总结经验，指导他人，提出进一步创新改进的方法

资料来源　劳动和社会保障部职业技能鉴定中心：《职业核心能力培训测评标准》（试行）（共7册）及其《训练手册》（共6册），北京，人民出版社，2007。本表参照“资料来源”所列文献相关内容提炼与编制。

附表2—3　　**职业道德考核参照规范与标准**

领域	规范与标准
职业观念	对职业、职业选择、职业工作、营销人员职业道德和企业营销伦理等问题具有正确的看法
职业情感	对职业或职业模拟有愉快的主观体验、稳定的情绪表现、健康的心态、良好的心境，具有强烈的职业认同感、职业荣誉感和职业敬业感
职业理想	对将要从事的职业种类、职业方向与事业成就有积极的向往和执着的追求
职业态度	对职业选择或模拟选择有充分的认知和积极的倾向与行动
职业良心	在履行职业义务时具有强烈的道德责任感和较高的自我评价能力
职业作风	在职业模拟、职业实践或职业生活的自觉行动中，具有体现职业道德内涵的一贯表现
职业守则	爱岗敬业，诚实守信，廉洁自律，客观公正，坚持原则，提高技能，参与管理，强化服务

附表5　　**能力考核采分系数表**

系数	达标程度
90% ~100%	能依照全部考核要求，圆满、高质地完成此种能力所属各项技能操作，其效率与稳定性俱佳
80% ~89%	能依照多数考核要求，圆满、高质地完成此种能力所属各项技能操作，其效率与稳定性较佳
70% ~79%	能依照多数考核要求，较圆满、高质地完成此种能力所属各项技能操作，其效率与稳定性一般
60% ~69%	能依照多数考核要求，基本完成此种能力所属各项技能操作，其效率与稳定性一般
60%以下	只能依照少数考核要求，基本完成此种能力所属各项技能操作，其效率与稳定性较低

主要参考文献

[1] 周兴荣等:《会计综合业务模拟实验教程》，重庆，重庆大学出版社，2008。

[2] 赵筠等:《基础会计习题与实训》（2 版），大连，东北财经大学出版社，2009。

[3] 杨桂洁等:《会计基础与实务》，北京，人民邮电出版社，2009。

[4] 赵丽生等:《基础会计习题与实训》（2 版），大连，东北财经大学出版社，2009。

[5] 王书力等:《基础会计》，北京，人民邮电出版社，2009。

[6] 徐艳清等:《会计岗位技能实训》，北京，对外经济贸易大学出版社，2009。

[7] 董菊红等:《税务会计实务》，北京，对外经济贸易大学出版社，2009。

[8] 湖北省会计学会:《财经法规与会计职业道德》，武汉，湖北人民出版社，2009。

[9] 常小勇等:《会计学基础》，北京，人民邮电出版社，2010。

[10] 秦玉霞:《财务会计与实务操作》，北京，北京交通大学出版社，2010。

[11] 毛波军:《基础会计》，北京，科学出版社，2010。

[12] 赵金燕:《会计综合实训》，北京，北京理工大学出版社，2011。

[13] 中华人民共和国财政部:《小企业会计准则》，上海，立信会计出版社，2012。

[14] 陈文铭等:《基础会计习题与案例》（3 版），大连，东北财经大学出版社，2012。